N.LLE HOLLANDE
NOUVELLE GALLES MÉRIDIONALE
NOUVELLE GUINÉE
OCÉAN
BORNEO
SUMATRA
MER DE CHINE
Archip. des Philippines
Archip. Marianes ou Ladrones 1521
Les N.lles Philippines ou Carolines 1686
Archip. Sandwich
Archip. Gilbert
Archip. Marshall
Archipel des Marquises
Archip. Dangereux
Archip. des Amis 1643
Archip. des Nouvelles Hébrides
Terre de Dampiers 1688
Terre de C.F. de Witt 1628
Terre Edel 1619
Terre de Van-Diemen 1642
Détroit de Bass
Nouvelle Zélande
Krusenstern 1804
Magellan 1521
Kotzebue 1816
GOLFE DU MEXIQUE
FOKIEN
Canton
Siam
G. de Siam
Formose
Luçon
Méridiens Ouest.
Gravé à Paris par Ambroise Tardieu, Graveur du Dépôt Général de la Marine.

Peter Lahnstein

Adelbert von Chamisso

Der Preuße aus Frankreich

List Verlag

Umschlagentwurf: Design Team, München
Umschlagbild: Adelbert von Chamisso.
Anonymes Gemälde. Freies Deutsches Hochstift, Frankfurt a. M.
(Bildarchiv Preußischer Kulturbesitz, Berlin)

Vorsatzkarte: Nach einem zeitgenössischen Kartenwerk,
gestochen von Ambroise Tardieu, Paris
(Bildarchiv Preußischer Kulturbesitz, Berlin)

Die Vorlagen für den Tafelteil stellte ebenfalls
das Bildarchiv Preußischer Kulturbesitz, Berlin
zur Verfügung

ISBN 3-471-78030-0

Satz: Leingärtner, Nabburg
Druck und Bindung: May & Co, Darmstadt

Inhalt

Anhang

Statt eines Vorworts:

Denn dieses scheint die Hauptaufgabe der Biographie zu sein, den Menschen in seinen Zeitverhältnissen darzustellen und zu zeigen, inwiefern ihm das ganze widerstrebt, inwiefern es ihn begünstigt, wie er sich eine Welt- und Menschenansicht daraus gebildet und wie er sie, wenn er Künstler, Dichter, Schriftsteller ist, wieder nach außen abgespiegelt.

Goethe, aus dem Vorwort zu *Dichtung und Wahrheit.*

Entwurzelt

»In vielen Städten und Flecken findet man jetzt keinen Edelmann mehr, weil sie alle nach Deutschland und Brabant ausgewandert sind« – so berichtete aus Paris, 20. Mai 1791, die Berliner Vossische Zeitung. Den Beginn der großen Revolution fixieren die Franzosen, und mit ihnen die Welt, auf den 14. Juli 1789, den Tag, an dem ohne besondere Anstrengung die Bastille erobert worden war. Selten ist ein historisches Ereignis so schnell zum Markstein erklärt worden. Bereits die erste Wiederkehr dieses Tages wurde in Paris mit großem Pomp begangen. Zwar goß es in Strömen, aber die Leute ließen sich ihre gute Laune nicht verderben und sagten: das seien Aristokratentränen. Noch war dem König ein Platz zugewiesen in dem großen Arrangement, und seiner Gemahlin, der verhaßten Österreicherin. Und nicht nur in ganz Frankreich wurde der *quatorze juillet* mit Jubel gefeiert. Die Lust, diesen Tag festlich zu begehen, hatte sich weit über die Grenzen verbreitet. Vor Hamburgs Toren zum Beispiel, in Harvestehude, feierte man im Grünen, und der alte Klopstock war der Ehrengast; man schrieb 1790.

Aber schon in diesem Jahr packten viele Aristokraten Schmuck, Papiere und einiges an Garderobe zusammen und kutschierten eilig der Grenze zu. Im Spätsommer 1790 las man in Schubarts *Chronik:* »Ein baumstarker französischer Aristokrat, dessen Stammbaum die Arche Noä bestreift, sagte jüngst in einer großen deutschen Stadt: Ich werde so lange aus Frankreich bleiben, bis England, Spanien, Holland, Preußen und das Reich die alte Verfassung wieder werden hergestellt haben. Dies muß geschehen; denn wenn mein Vaterland seine dermalige Konstituzion behaupten sollte, so schäze ich jede Nachtwächterspudelmütze höher als eine Königskrone . . .«

Als der populäre Deputierte Charles de Lameth, anfänglich ein Vertreter des Adels, der sich zu den Deputierten des dritten Standes gesellt hatte, von einem Herrn de Castries im Duell schwer verwundet worden und Castries ins Ausland geflüchtet war, stürmte das Volk (»das Volk«, »der Pöbel« – wer will das in solchen Situationen entscheiden?) sein Haus, um es zu verwüsten. Da solche Exzesse noch neu waren, griff die Nationalgarde ein »und stillte den Aufstand; auch das Haus ward dadurch gerettet. Als die Leute aus demselben kamen, so kehrten sie die Taschen um und sagten: Mit Recht vernichtet ein gekränktes Volk das Eigentum eines nichtswürdigen Aristokraten; allein es entwendet nichts«. So Schubarts Chronik, die übrigens unter der Herrschaft Carl Eugens von Württemberg erschien. Nach und nach erlahmten die Ordnungskräfte, und der patriotischen Zerstörungswut wurden kaum noch Schranken gesetzt. Immer mehr Herrensitze wurden demoliert und danach meist gänzlich abgeräumt.

England, vor allem aber die österreichischen Niederlande (das heutige Belgien) und Deutschland wurden überschwemmt von Emigrierten, den »weißen Möven der Bourbonen, Vorboten des Sturmes«, wie Gustav Freytag sie nennt. Was sie zur Flucht bewog, waren andere Gründe als die, welche hundert Jahre zuvor die Hugenotten über Frankreichs Grenzen getrieben hatten; jene hatten Besitz und Vaterland verlassen um ihres Glaubens willen; und wo sie Aufnahme fanden, größtenteils in Deutschland – in Kassel, in Hanau, zu Tausenden in Berlin – erwiesen sie sich als unschätzbarer Zuwachs; charaktervolle, kenntnisreiche Leute, tüchtig und unternehmend. Zufall oder nicht: Im Sommer 1790 beschließt die Nationalversammlung, die Güter der Hugenotten sollten diesen zurückerstattet werden, wenn sie zur Rückkehr gewillt und in der Lage seien, ihre Rechte nachzuweisen.

Hugenottentugenden sind der Mehrzahl der Emigranten aus den Jahren 1790, 1791, 1792 nicht nachzurühmen. Es gab vortreffliche Menschen darunter – es würde sonst dieses Buch nicht geschrieben. Aber auch in einem Bericht vom Leben des Adelbert von Chamisso soll nicht verschwiegen werden, daß die Masse der französischen Aristokraten und ihres Anhangs in Deutschland weithin bald als eine Landplage empfunden wurde; besonders in Koblenz, wo sie zu Tausenden saßen, müßig, ohne Rückhalt und Haltung, sich hemmungslos amüsierend, weil sie nichts anderes gelernt hatten; viele wohl im Taumel einer Untergangsstimmung.

»Hier in Koblenz gibt's vom zwölften Jahr an keine Jungfer mehr; die verfluchten Franzosen haben hier weit und breit alles so zusammengekirrt, daß es eine Sünde und Schande ist.« Diesen Ausspruch hat Laukhard notiert, ein genauer Beobachter. Er lag 1792 als Soldat eine Weile in Koblenz im Quartier. Seine hanebüchenen Schilderungen sind um so glaubhafter, als sie auch Gespräche mit ehrenwerten und klarblickenden Emigrierten wiedergeben. Es ist verständlich, daß nicht nur die allermeisten Mädchen und Frauen der Stadt, »selbst viele alte Betschwestern nicht ausgenommen«, zur Verfügung dieser Gäste standen, sondern daß Dirnen von weither hier zusammenströmten. Als die Obrigkeit versuchte, etwas gegen die sich rapid ausbreitende Syphilis zu unternehmen, wurden in der Stadt über 700 infizierte Frauen gezählt. Bei alledem trugen viele Emigrierte eine aufreizende Arroganz zur Schau. Sie spielten sich als Vertreter der Kulturnation auf und nannten die deutsche Sprache, die zu erlernen sie zu faul waren, ein Schweinegegrunz.

Setzen wir neben die Beobachtungen des zum gemeinen Soldaten erniedrigten Magisters Laukhard eine Bemerkung Goethes, nach seiner Heimkehr aus der verunglückten Kampagne in Frankreich. Er notiert im November 1792 aus einem Ort an der Mosel: »Wir landeten bei einem artigen Wirtshaus, wo uns eine alte Wirtin wohl empfing, manches erduldete Ungemach beklagte, den Emigrierten aber besonders alles Böse gönnte. Sie habe, sagte sie, an ihrem Wirtstische gar oft mit Grauen gesehen, wie diese gottesvergessenen Menschen das liebe Brot kugel- und brockenweise sich an den Kopf geworfen, so daß sie und ihre Mägde es nachher mit Tränen zusammengekehrt.«

Die großen Schwärme von Aristokraten verließen frühzeitig das Land. Graf Louis Marie de Chamisso auf Schloß Boncourt in der nördlichen Champagne, unweit St. Menehould, hatte es nicht eilig; als die meisten seiner Standesgenossen bereits emigriert waren, blieb er, unbehelligt, abwartend, sorgenvoll; doch wohnte die Familie seit 1790 bei Verwandten in der unweit gelegenen Stadt Chalons. Er blieb sogar, nachdem in der Nacht vom 21. Juni 1791 in Varennes, nicht weit von Boncourt entfernt, die Flucht des Königspaars kläglich gescheitert, die Fliehenden unter Bewachung nach Paris zurückgeführt und von nun an faktisch Gefangene waren. Übrigens hatten die nach London emigrierten Aristokraten schon sieben Wochen danach Gelegenheit, in einem Theater den Fluchtversuch ihres Königs als Pantomime aufgeführt zu sehen.

Die Chamisso (oder Chamissot, wie sie sich auch schrieben) gehörten zum lothringischen Uradel. Wenn ihr Stammbaum, um Schubarts Bild zu brauchen, nicht die Arche Noah streifte, so reicht er doch tief ins Mittelalter, urkundlich bis zum Jahr 1305, und wahrscheinlich bis zurück in die Karolingerzeit. Boncourt, in einer Waldlandschaft auf einem Hügel über dem gleichnamigen Dorf gelegen, war eine mittelalterliche Burganlage mit einem Wohntrakt aus neuerer Zeit, Backsteinbau mit steilem Schieferdach.

An einem Tag – vielleicht war es bei Nacht – im Mai 1792 verließ die gräfliche Familie die Heimat. Die Flucht ging nach Norden, in die österreichischen Niederlande. Die Grenze war nicht weit – eine Entfernung ungefähr wie von Aachen nach Bonn. Auf fremdem Boden schließt sich der Vater sofort dem Emigrantenheer des Marschalls von Broglie an. Lüttich, Luxemburg, Trier, Den Haag gehören zu den ersten Stationen der heimatlos gewordenen Familie. Belgien zuckte unter den elektrischen Schlägen, die die Französische Revolution aussandte, aber die österreichische Armee war noch einmal Herr der Lage. Schubarts *Chronik* berichtete Ende 1790 aus Brüssel: »Wie schnell sich hier alles verändert! Verschwunden sind die Kokarden, der Adler sitzt über dem Löwen und pikt ihn mit herzlicher Traulichkeit in die Mähne, die Freiheitsstange mit dem Freiheitshute liegt im Staube . . .« Das hielt noch ein paar Jahre, dann nahm die fast dreihundertjährige Herrschaft des Hauses Österreich über dieses Land ein Ende.

Die gräfliche Familie war fortgezogen von Boncourt. Blieben treue Bedienstete, um die notwendigste Ordnung zu halten, hinzuhalten? Wir wissen es nicht. Tatsache ist, daß der Besitz von der Behörde des Distrikt Givry en Argonne eingezogen wurde. Ein Käufer war nicht zu finden. So wird denn, am 7. Januar 1793, das Mobiliar versteigert und das Gebäude auf Abbruch verkauft. Türen, Fenster, Öfen, Parkett, Balkenwerk und Dachpfannen und zuletzt das Mauerwerk finden Liebhaber, die damit ihre Häuser, Scheunen, Ställe bauen oder ausbessern – das Ende ungezählter, wahrscheinlich der meisten Burgen. Keine Rede davon, daß der Pöbel das Schloß gestürmt, geplündert, angezündet hat – das waren nachsichtig zu beurteilende Erfindungen, die sich Hippolyte, der älteste Sohn erlaubte, als er gegenüber der neuen, im Konsulat etablierten Regierung die Rechte seiner Familie schriftlich geltend machte. Denn Bonaparte hatte die Revolution gezügelt, Frankreich befriedet; die ungeheuren Energien der Volksbewegung strömten in die Armee und wandten sich nach außen. Die meisten Emigrierten kehrten zurück – die Eltern Chamisso schon im Jahr 1801; freilich nicht mehr nach Boncourt.

Aus der nächsten Generation der Chamisso ist nur einer am Ende draußen geblieben, nach verschiedenen Versuchen, im Vaterland wieder heimisch zu werden – Adelbert; draußen, in Deutschland, in Preußen. Er hatte das elfte Lebensjahr vollendet, als sein Vater sich zur Flucht entschloß. Übrigens hat Adelbert nachhaltige Verwirrung gestiftet dadurch, daß er in seinen Lebenserinnerungen versehentlich 1790 als das Jahr der Emigration bezeichnet hat (gemeint war wohl der Umzug nach Chalons), worin ihm alle älteren Biographen gefolgt sind; es war aber im Mai 1792. Eine geringfügige, nicht zu klärende Unklarheit betrifft den Tag seiner Geburt; fest steht lediglich der Tag der Taufe, der 31. Januar 1782; da mag das Kind drei oder vier Tage alt gewesen sein.

Kinderjahre in Boncourt. Die Geschwisterschar war geteilt in die Großen, denen eine noch ungestörte sorgfältige Erziehung zuteil wurde, und die Kleinen. Adelbert gehörte zu den Kleinen, wurde zusammen mit der Schwester Louise und wohl auch dem Jüngsten erzogen. Er war ein schweigsames, oft mürrisches Männlein, das am liebsten für sich war, im Garten, im Wald, allein mit Bäumen, Sträuchern, Blumen, die ihm nichts taten und ihm so viel zu sagen hatten –

Da ich ein Knabe war,
Rettet' ein Gott mich oft
Vom Geschrei und der Rute der Menschen,
Da spielt ich sicher und gut
Mit den Blumen des Hains,
Und die Lüftchen des Himmels
Spielten mit mir.

Und wie du das Herz
Der Pflanzen erfreust,
Wenn sie entgegen dir
Die zarten Arme strecken . . .

Diese Strophen des jungen Hölderlin entsprechen aufs seltsamste der Kindheit Adelberts, aus dem ein Dichter, ein Botaniker, ein Weltumsegler werden sollte. Und wenn Chamisso, was wohl möglich ist, im Lauf seines Lebens dieses Gedicht gelesen hat, mag er sich tief getroffen gefühlt haben.

Als junger Mann hat er sich gegenüber dem Freund de la Foye, den die Erziehung eines viel jüngeren Bruders stark beschäftigte, in einem Brief geäußert: »Dann noch eins: Kinder auf dem Lande werden gewöhnlich mächtig von der Natur angezogen, Blumen, Insekten, alles was da ist, blühet, sich reget, und die größeren Massen, die geheimnisvollen Berge, die Gewässer, die Erscheinungen der Luft, haben einen unsäglichen Reiz für ihre Seele. So war wenigstens ich, und ich weiß noch, wie ich die Insekten erspähte, neue Pflanzen fand, die Gewitternächte anschauend und sinnend an meinem offenen Fenster durchwachte . . .«

Chamisso hat in späten Jahren ein Gedicht »Das Schloß Boncourt« geschrieben. Generationen deutscher Gymnasiasten haben es auswendig gelernt, den nachmaligen Preußenkönig Friedrich Wilhelm IV. hat es zu einem der schönsten Briefe bewegt, den je ein deutscher Fürst geschrieben hat.

Ich träum als Kind mich zurücke
Und schüttle mein greises Haupt;
Wie sucht ihr mich heim, ihr Bilder,
die lang ich vergessen geglaubt?

Hoch ragt aus schatt'gen Gehegen
Ein schimmerndes Schloß empor;
Ich kenne die Türme, die Zinnen,
Die steinerne Brücke, das Tor.

Es schauen vom Wappenschilde
Die Löwen so traulich mich an,
Ich grüße die alten Bekannten
Und eile den Burghof hinan.

Dort liegt die Sphinx am Brunnen,
Dort grünt der Feigenbaum,
Dort, hinter diesen Fenstern,
Verträumt ich den ersten Traum . . .

Wie ihn die Erinnerung an den Ort seiner Kindheit heimsuchen konnte, davon zeugt auch ein Brief an die Schwester: »Neulich malte ich mir den Garten im Gedächtnis bis in die kleinste Krümmung der entferntesten Alleen, bis auf den unbedeutendsten Strauch, und meine Einbildungskraft wurde so lebhaft, daß sie mir mit der größten Bestimmtheit alle diese unbeachtet gebliebenen Einzelheiten vorführte. Ich war außer mir.« »Ich träume nur von Schloß Boncourt« liest man in einem Brief an de la Foye vom September 1837, knapp ein Jahr vor seinem Tode.

Als Chamisso gegen Ende seines Lebens selbst eine große Familie hatte, zeigte sich die Mutter beunruhigt über einen ihrer Jungen, der mit fünf Jahren so still und stumm erschien, daß sie fürchtete, er sei im Kopf nicht richtig. Aber der Vater beruhigte sie: Der Junge wird schon werden; er ist ganz so, wie ich in seinem Alter war.

Hat er in seinem Wesen etwas gehabt und mit sich genommen von dem Menschenschlag, der diese Landschaft, den gegen die Argonnen aufsteigenden Saum der Champagne, bewohnt? Man kann lesen, er sei ein echter »Champenois« gewesen – bäurisch, hinterwäldlerisch; und so ganz und gar nicht dem entsprechend, was sich Deutsche, Schweizer, Flamen unter einem Franzosen vorzustellen pflegen. Nun soll man, was die Merkmale eines Volksstammes betrifft, beim Adel noch mehr Vorsicht walten lassen, als ohnedies bei dieser Materie geboten ist; schon deshalb, weil der alte Adel innerhalb des Standes, aber nicht innerhalb der Region zu heiraten pflegte. Und was die Chamisso betrifft, so stammten sie ja nicht ursprünglich aus der Champagne, sondern aus Lothringen, das freilich benachbart und in seinem Menschenschlag nicht unähnlich ist. Adelbert von Chamisso war ein Mann von Kopf und Herz; das Unverblümte, Eckige, geradezu Stofflige, das ihn auffällig macht, ist weit eher in seiner Individualität zu suchen als in einer dubiosen Stammeszugehörigkeit. Denkt man an seine ersten Jahre in Deutschland und daran, daß er bevorzugt in jüdischen Häusern verkehrte, so kann man lächeln über einen kuriosen Rollentausch zwischen beweglichen, zungenfertigen Deutschen und dem langsamen, eckigen Franzosen.

Dem Elfjährigen versinkt die Heimat, um ihn nur noch in Bildern heimzusuchen. Über die Jahre 1792 bis 1796 sind wir nur undeutlich unterrichtet. Die ausgewanderte Familie, immer auf der Flucht vor den Heeren der Revolution, hält sich erst in den österreichischen Niederlanden auf, dann in Holland, dann in Deutschland; in Düsseldorf, in Würzburg, in Bayreuth (und hier erstmals auf dazumal preußischem Boden). Wir haben zu Beginn einige Zeugnisse vom Leben und Treiben der nach Deutschland geflüchteten Aristokraten zitiert. Das Bild ist ziemlich düster. Die Entwurzelung, der

Sturz aus allen ererbten Gewohnheiten machen die Menschen nicht besser. Viele Edelsteine erwiesen sich als geringwertig, nachdem ihre kostbare Fassung zerbrochen war. »Es hat euch Frankreich zürnend ausgespieen«, liest man Jahrzehnte später in einem Gedicht Chamissos, »Die Vendée«. Aber die Edelleute, die es nicht nur dem Stande nach sind, bewahren ihre menschliche Würde auch unter widrigen Umständen. Zu dieser Elite darf man die Chamisso zählen.

Übrigens hat die Familie zwei ihrer Mitglieder, die Söhne Hippolyte und Charles, auf dem sinkenden Schiff zurückgelassen. Beide dienten dem von Stufe zu Stufe hinabgestoßenen König, Charles wurde dabei einmal blutig geschlagen. Es existiert ein Zettelchen, auf das Ludwig geschrieben hat: »Ich empfehle Herrn von Chamisso, einen meiner treuen Diener, meinen Brüdern. Er hat mehrmals für mich sein Leben aufs Spiel gesetzt.« Als alles vorüber war, Königin und König geköpft, gelang es Charles und Hippolyte zu entfliehen. In Düsseldorf fand sich die Familie wieder zusammen.

In Düsseldorf und im nahe gelegenen Neuss hat übrigens August von Varnhagen, Adelbert von Chamissos späterer naher Freund, von 1792 bis 1794 Knabenjahre verlebt (er ist 1785 auch dort geboren, aber in Straßburg herangewachsen). Was Varnhagen in seinen Erinnerungen vom Benehmen der Emigrierten in Düsseldorf und von der Reaktion der Bevölkerung schreibt, entspricht ziemlich den Beobachtungen Goethes wie Laukhards. Er bringt aber den neuen Zug hinein, daß nicht wenige Eingesessene die Notlage der Aristokraten recht vorteilhaft zu nutzen verstanden; elegante Kostüme, Uhren, Dosen, Ringe, Ordenskreuze gingen in bürgerlichen Besitz über. – Bei den Chamisso sah man darauf, daß man mit seiner Hände Arbeit etwas verdiente. Mehrere Familienmitglieder beschäftigten sich mit Miniaturmalerei. In Würzburg wurde erwogen, den dreizehnjährigen Adelbert in eine Schreinerlehre zu geben. Man zog aber weiter nach Bayreuth, wo der Junge sich als »wohldressierter Blumenverfertiger- und Verkäufer« betätigt. Und in Berlin, der Endstation des langen

Fluchtweges, beginnt er als Maler in der Königlichen Porzellan-Manufaktur.

Die Miniaturmalerei war es, die den Chamisso den Zugang in die preußische Residenz geöffnet hatte. Die erwachsenen Söhne, die ihrem König im Unglück gedient hatten, hatten sich, vielleicht mit Hilfe jenes Zettels, bereits in Berlin niedergelassen und leisteten so Vortreffliches in der Miniaturmalerei, daß sie nicht nur die Familie ernähren konnten, sondern sogar von der Berliner Akademie der Künste zu außerordentlichen Mitgliedern ernannt wurden. Und als im Jahr 1796 die alte Gräfin von Bayreuth aus den König von Preußen um die Genehmigung zum Zuzug nach Berlin bat, wurde ihr der mit einem höflichen, ja herzlichen Antwortschreiben gestattet: »Ich habe Ihren Brief von einem Ihrer Söhne erhalten, der aus einem Talent, das sonst der Ergötzung dient, mit Anstand die Quelle für den Unterhalt seiner Familie gemacht hat. Wer seine Kinder so erzogen hat, muß sie doppelt lieben und doppelt wünschen, mit ihnen vereint zu leben; und ich erteile Ihnen mit Vergnügen die Erlaubnis, sich mit Ihrer Familie in Berlin niederzulassen . . . Möge Gott Sie in Seinen gnädigen Schutz nehmen. Potsdam, den 2. Juli 1796. Friedrich Wilhelm.«

So, auf französisch, versteht sich, der König Friedrich Wilhelm II. In der Reihe der neun preußischen Könige, von 1701 bis 1918, ist er derjenige, der von den Geschichtsschreibern mit den schlechtesten Noten bedacht worden ist, besonders von solchen, denen der Ruhm des Hauses Hohenzollern am Herzen lag. Sein Onkel Friedrich II., der Große (oder wenn nicht groß, so jedenfalls höchst bedeutend), hatte vor seinem Tode seinem Minister Hoym prophezeit: »Ich werde Ihm sagen, wie es nach meinem Tode gehen wird. Es wird ein lustiges Leben bei Hofe werden. Mein Neffe wird den Schatz verschenken, die Armee verkommen lassen. Die Weiber werden regieren, und der Staat wird zugrunde gehen.«

Die Entwicklung hat dieser Prognose weitgehend recht gegeben, besonders, was das Weiberregiment betrifft. Am preußischen Hof, der durch zwei Generationen, wenn auch aus ganz verschiedenen Gründen, ein Musterbild von Sittenstrenge abgegeben hatte, wurde unter der elf Jahre dauernden Regierung Friedrich Wilhelms II. das Versäumte nachgeholt. Es wimmelte von lustigen Weibern, und die tüchtigste Gespielin wurde zur Gräfin Lichtenau erhoben. Dazu war dieser König abergläubisch, auf sonderbare Weise bigott, und er vertraute windigen Beratern. Übersehen wir aber nicht die Mahnung des vorzüglich unterrichteten Kunsthistorikers Fritz Stahl, man solle nicht vergessen, »daß er von allen preußischen Königen einer der gebildetsten, geschmackvollsten und liebenswürdigsten gewesen ist«.

Friedrich Wilhelm II. war durchaus kein Freund der emigrierten Aristokraten. Er hat 1792 an der von den Emigrierten angeheizten »Kampagne« in Frankreich teilgenommen, als Ranghöchster in der Armee, die unter dem Befehl des Herzogs von Braunschweig bis Valmy kam. Wieder einmal erweist sich der unglückliche Laukhard als aufmerksamer Zeuge. Oktober, schauderhaftes Wetter, die Armee auf dem Rückzug, jeder zweite Mann an der Ruhr erkrankt. Friedrich Wilhelm, vor seinem durchnäßten Zelt den traurigen Zug betrachtend, zu einem Korporal, dessen Gesicht er kennt: »Wie geht's, Alter?« Der: »Wie Sie sehen, Majestät, schlecht!« Der König: »Jawohl, schlecht! Daß Gott erbarm! (Lange Pause) Die Spitzbuben!« Der Korporal: »Jawohl, die Spitzbuben, die Patrioten!« Der König: »Ei was, Patrioten! Die Emigranten, das sind die Spitzbuben, die mich und Euch ins Elend stürzten. Aber ich will's ihnen schon gedenken!«

Es war also nicht standesgemäße Verbundenheit mit den Aristokraten, sondern die Sympathie für eine anständige Familie, die den König bewogen hat, die Chamisso in Berlin willkommen zu heißen.

In preußischer Uniform

Ein Strahl der königlichen Gnadensonne, die der Familie Chamisso leuchtete, fiel auch auf den nun fünfzehnjährigen Adelbert. Nach kurzer Beschäftigung in der Porzellan-Manufaktur wurde er als Page in den Dienst der Königin berufen. Friederike Luise, eine gebürtige Hessen-Darmstädterin, war damals in der Mitte der vierzig. Es wurde angedeutet, wie tolldreist es am Hof ihres Gemahls zuging, an dem die sogenannte Gräfin Lichtenau sich in der Rolle der ersten Dame gefiel. Friederike Luise könnte im Blick auf die vorausgegangenen Preußenköniginnen einigen Trost – trüben Trost – gefunden haben. Die Gemahlin Friedrich Wilhelms I. mußte beständig vor den Wutanfällen ihres cholerischen Gatten zittern. Und die Ehe Friedrichs war durch Dauerfrost gekennzeichnet; bisweilen stattete er seiner Gemahlin einen förmlichen Besuch ab; das war alles.

Friederike Luise war jedenfalls gut vorbereitet auf den Witwenstand, in den sie 1797 eintreten durfte. Sie hat das Schlößchen Freienwalde, am Rand des Oderbruchs, als Witwensitz erwählt und ausbauen lassen. Fontane in seinen *Wanderungen:* »Die Frage drängt sich auf, wie verflossen ihr hier die Tage ihrer Witwenzeit? Still . . .« Sie war mit der Verschönerung des Parks beschäftigt und hatte Freude, wenn die Enkel kamen. Vor allem der Älteste, nachmals König Friedrich Wilhelm IV., hat sich hier als Junge wohlgefühlt, ist auf die Bäume geklettert und hat die alten Hofdamen erschreckt. Zu Fontanes Zeit stand dort noch ein Leierkasten, den die Großmutter ihm geschenkt hatte; drehte man die Kurbel, so ertönte die Papageno-Arie »Ein Mädchen oder Weibchen . . .«

Der Page Adelbert von Chamisso hatte eine milde Herrin. Über seine äußere Erscheinung in jener Zeit besitzen wir die Schilderung einer ihm gleichaltrigen Dame, Helmina von

Chézy, die ihm eine kurze Zeit eng verbunden war, um ihn dann nie mehr aus den Augen zu lassen – eine Schilderung, so zuckersüß, das wir sie dem Leser auf einen halben Satz verkürzen – »das knappe, hellbetreßte Scharlachkleid schien zwei Cherubsflügel zu verstecken, denn nach denen sah sich um, wer dies Angesicht schaute . . .« Friederike Luise fühlte sich für den heimatlosen jungen Menschen verantwortlich. Sie sorgte dafür, daß er neben dem Pagendienst Privatunterricht erhielt und gestattete sogar, daß er das französische Gymnasium in Berlin besuchte.

Hier trat Adelbert in jene eigentümliche Sphäre der »Kolonie« ein, die ein so starkes Element dieser Stadt war. Fontane, der von Vater- und Mutterseite selbst aus diesem Kreise stammte, hat in dem Aufsatz »Die Märker und die Berliner« (1888) die Rolle dieser 1685 eingewanderten Refugiés charakterisiert. Allein die Zahlen sind verblüffend: kaum 10 000 Berliner erhielten Dauerbesuch von 5 000 Franzosen, durchweg ehrenhaften und tüchtigen Leuten. »Alles, was damals aus Frankreich kam, waren keine parisischen, sondern puritanische Leute, steif, ernsthaft, ehrpußlich, was sie vielfach bis auf diesen Tag geblieben sind. Ihr Haupteinfluß, neben feineren Umgangsformen, für die sie das Vorbild gaben, war ein gewerblicher . . .«

Fontane betont, wie auffällig die Kolonie unter sich geblieben sei. »Steif, ernsthaft« – im vorigen Kapitel ist von Chamissos so gar nicht typisch französischer Art die Rede gewesen; hier, bei den Berliner Nachkommen der Refugiés, traf er auf Menschen ganz ähnlichen Schlages. Um so auffälliger ist, daß er, von wenigen Freundschaften abgesehen, Fouqué, Theremin, späterhin kaum Verbindungen zur Kolonie unterhalten hat, schon gar nicht in seinen letzten zwanzig Jahren, die er ganz als Berliner verlebt hat.

Für Chamissos Bildung jedoch ist das französische Gymnasium von hoher Bedeutung. Es war das geistige Zentrum der preußischen Hugenotten, einer Hochschule ähnlich (noch gab es keine Universität in Berlin), für den fünfzehn-, sechzehnjährigen Pagen, der nach dem Hauslehrer von Boncourt allein notdürftig von der Mutter unterrichtet worden war, ein Brunnen in der Wüste. Man kann diese Bildungsanstalt in der Mitte eines Dreiecks sehen: der eine Eckpfeiler Genf, die feste Burg der Hugenotten; der zweite die französische Aufklärung, deren bester Kopf, Voltaire, sich jahrelang am Hof Friedrichs aufgehalten hatte; der dritte Kant. Adelbert wurde vom Direktor selbst, Jean Pierre Erman, einem breiten, festen Mann, in klassischen Sprachen und Rhetorik unterrichtet; von dessen Bruder Paul Erman in Philosophie und Physik; von Ancillon (nachmals preußischer Minister) in Geschichte. Hier, am Französischen Gymnasium, erfolgt auch die erste Bekanntschaft mit der zeitgenössischen deutschen Literatur, mit Klopstock, mit Schiller. Chamisso war von Haus aus katholisch. Daß davon in seinem ganzen Leben und Werk kaum etwas zu spüren ist, mag, neben anderem, durch diese französisch-reformierte preußische Schule bestimmt sein.

So waren die zwei Jahre Pagendienst sinnvoll angewendet. Vom Benehmen bei Hofe, das er auch dabei lernte, hat Chamisso späterhin keinen übertriebenen Gebrauch gemacht. Anstand war ihm angeboren und anerzogen, Herzenshöflichkeit war ihm eigen; sonderlich feine Manieren hat er jedoch nie an den Tag gelegt, er gab sich burschikos, spielte bisweilen den Grobian.

Am 31. März 1798 tritt Adelbert von Chamisso als Fähnrich in das Infanterieregiment Götze ein, das in Berlin in Garnison lag. Preußens Hauptstadt hatte damals etwa 150 000 Einwohner; davon war ein Viertel Militär. Chamisso wird nun, mit Unterbrechungen, acht Jahre dienen; die Charge eines Landwehroffiziers, nicht beschwerlich, bleibt ihm sein Leben hindurch. – Die preußische Armee, in den Jahren um 1800 noch immer vom Ruhm aus den Schlesischen Kriegen zehrend, der Katastrophe von 1806 nicht mehr fern, bietet einen etwas gespenstischen Anblick: penetranter Armeleutemief in den (von Soldatenfrauen- und Kindern mitbewohnten) Kasernen; sinnentlehrter Exerzierdrill auf den Kasernenhöfen; barbarische Strafen bei geringfügigen Vergehen und Versehen; und im Offizierskorps tonangebend die alten Knacker und Renommisten. Wer bei Roßbach, Leuthen, Zorndorf als junger Leutnant dabei gewesen, war nun ein grauer Endfünfziger; hattc in Jahrzehnten nichts dazugelernt, versperrte den Jüngeren die Planstelle und wiederkäute seine Kriegstaten; und daran ist, wie die Erfahrung lehrt, um so weniger, je mehr davon geschwatzt wird; Helden, die ja auch vorkommen, sind meist schweigsam.

Chamisso, 1801 zum Leutnant befördert, brachte für das Leben im Felde gute Voraussetzungen mit; vor allem für lange und beschwerliche Märsche war er tüchtig an Leib und Seele. Der »Gamaschendienst«, und das war das meiste in dieser Armee, war ihm aber zuwider. Auf dem Kasernenhof machte dieser junge Offizier, unbeholfen, linkisch, störrisch, die lächerlichste Figur. Sein Bild, eine Karikatur, ähnelt verblüffend dem des württembergischen Regimentsarztes Schiller, gleichfalls in eine Uniform nach preußischem Schnitt gezwängt, in hohen Gamaschen wie ein Storch einherschreitend, den falschen Zopf im Nacken. Chamissos Kasernenhofmisere spiegelt sich merkwürdig in seinem Tagebuch der Reise um die Welt, wo er einmal von den Träumen berichtet, die ihn in seiner engen Koje ängstigten:

»Ich träumte nie von der Gegenwart, nie von der Reise, nie von der Welt, der ich jetzt angehörte; die Wiege des Schiffes wiegte mich wieder zum Kinde, die Jahre wurden zurückgeschraubt, ich war wieder im Vaterhaus, und meine Toten und verschollene Gestalten umringten mich, sich in alltägiger Gewöhnlichkeit bewegend, als sei ich nie über die Jahre hinausgewachsen, als habe der Tod sie nicht gemäht. Ich träumte von dem Regimente, bei welchem ich gestanden, von dem Kamaschendienst; der Wirbel schlug, ich kam herbeigelaufen, und zwischen mich und meine Compagnie stellte sich mein alter Obrist und schrie: ›aber Herr Lieutenant, in drei Teufels Namen!‹ – O dieser Obrist! Er hat mich, ein schreckender Popanz, durch die Meere aller fünf Weltteile, wann ich meine Companie nicht finden konnte, wann ich ohne Degen auf Parade kam, wann – was weiß ich, unablässig verfolgt; und immer der fürchterliche Ruf: ›aber Herr Lieutenant! Aber

Herr Lieutenant!‹ – Dieser mein Obrist war im Grunde genommen ein ehrlicher Degenknopf und ein guter Mann; nur glaubte er, als ein echter Zögling der ablaufenden Zeit, daß Grob-Sein notwendig zur Sache gehörte. Nachdem ich von der Reise zurückgekehrt, wollte ich den Mann wieder sehen, der so lange die Ruhe meiner Nächte gestört. Ich suchte ihn auf: ich fand einen achtzigjährigen, stockblinden Mann, fast riesigen Wuchses, viel größer als das Bild, das ich von ihm hatte, der in dem Hause eines ehemaligen Unteroffiziers seiner Compagnie ein Stübchen unten auf dem Hofe bewohnte, und von einigen kleinen Gnadengehalten lebte, da er in unglücklichem Kriege, mehr aus Beschränktheit als aus Schuld, allen Anspruch auf eine Pension verwirkt hatte. – Fast verwundert, von einem Offizier des Regiments, bei dem er nicht beliebt war, aufgesucht zu werden, und nicht Maß zu halten wissend, war er gegen mich von einer übertriebenen Höflichkeit, die mir in der Seele wehe tat. Wie er mir die Hand reichte, befühlte er mit zwei Fingern das Tuch meines Kleides, und was in diesem Griffe lag – ich weiß es nicht, aber ich werde ihn nie vergessen. – Ich schickte ihm etliche Flaschen Wein als ein freundliches Geschenk, und als er, ich glaube im folgenden Jahre, verschied, fand es sich, daß er mich zu seinem Leichenbegängnis einzuladen verordnet hatte. Ich folgte ihm allein mit einem alten Major des Regimentes und seinem Unteroffizier; – und Friede sei seiner Asche!«

Ein Rückblick, der uns etwas von dem Charakter des Mannes verrät, mit dem wir es jetzt als einem jungen Leutnant und Literatus zu tun haben. Leutnant und Literatus? Das gab es damals, Schöngeisterei neben geistlosem Gamaschendienst. Denn die Offiziere jener nachfriderizianischen Armee genossen, wovon ihre »Kerls« nicht einen Hauch verspürten: persönliche Freiheit. Die Freiheit, nach dem Dienst weitgehend zu tun und zu lassen, was ihnen beliebte. Chamisso war der militärische Alltag in der Seele zuwider. In einem Brief an die Schwester Louise, vom 17. November 1800, steht der merkwürdige Satz: »Wirst Du es wohl glauben, meine Liebe, ich bin vielleicht der einzige unter meinen Kameraden, der sich zu langweilen im Stand ist.« Darin ist Distanz verborgen und auch Hochmut. Er war ein fremder Vogel unter diesen jungen Herren, die von märkischen oder pommerschen Gütern kamen, ein Franzose, dazu linkisch und verquer, und gegen offene Geringschätzung wohl nur durch seine altadlige Herkunft, vielleicht auch durch seine körperliche Robustheit geschützt.

Seine freie Zeit verbrachte er nicht mit den Kameraden (Bier und Wein und Kartenspiel, Pferdegespräche, gelegentlich Jagdpartien auf den Gütern), sondern in einem Kreise literarisch interessierter junger Männer – einige davon sollten ihm sein Leben hindurch verbunden bleiben. Die wichtigsten Namen: Karl August Varnhagen (1785-1858), durch seine emsig gepflegten Verbindungen zu berühmten Zeitgenossen und seine ausgeprägte Chronistenrolle ein wichtiger Zeuge der Epoche; er umkreiste die berühmte Rahel so lange, bis sie ihn schließlich heiratete. Julius Eduard Hitzig (1780-1849), durch Taufe und Namenskorrektur aus der Familie der Potsdamer Itzig herausgetreten, Justizlaufbahn und verlegerische Tätigkeit, Chamissos Erzfreund bis zum Tode. Wilhelm Neumann (1781-1834), damals Handlungsgehilfe im Hause Cohen. Louis de la Foye (1780?-1847), wie Chamisso aus einer emigrierten Familie und preußischer Offizier. L. F. F. Theremin (1780-1846), der einzige aus der Berliner Hugenottenkolonie in diesem Kreis, später Hof- und Domprediger. Ludwig Robert, ursprünglich Levin, der Bruder der Rahel. Georg Andreas Reimer (1776-1842), der spätere Verleger, unübersehbar im geistigen Leben Berlins. David Ferdinand Koreff (1783-1851), eine abenteuerliche Figur, Modearzt, Magnetiseur, einflußreich bei Hardenberg und Wilhelm und Karoline von Humboldt. J. A. W. Neander (1789-1850), eigentlich David Mendel, später Professor der Theologie. Heinrich Julius Klaproth (1783-1835), Orientalist und Forschungsreisender.

Es ist verblüffend, wie zahlreich Juden in diesem Kreis vertreten sind. Zudem traf man sich zumeist in den Häusern der Bankiers Cohen und Ephraim (als Cohen 1804 bankrott machte, hatte das erhebliche Auswirkungen auf den Freundeskreis). Diese literarischen Teegesellschaften fanden in den Salons jüdischer Familien statt, aber auch, wenn es sich so schickte, in der Wachstube des Leutnants Chamisso am Brandenburger Tor . . . Die Morgenröte jüdischer Freiheit (die, wie so oft die Morgenröte, keinen schönen Tag folgen läßt), ist ein so eigenartiges Phänomen, daß wir im nächsten Kapitel davon Näheres berichten wollen.

Für Chamisso bedeutete dieser Kreis freundschaftliche Wärme, Anregung und Echo in den Jahren, in denen er, immer neben seinem militärischen Alltag, mit konsequentem Fleiß an seiner Bildung arbeitete und nebenher eigene literarische Übungsstücke zu Papier brachte – »Enge Verbrüderung mit trefflichen Jünglingen, die zu ausgezeichneten Männern heranwuchsen« (Chamisso in einem Rückblick). Unverkennbar ist, wie ins gemeinschaftliche geistige Streben homoerotische Empfindungen hineinspielen, die aber heftige andere Verliebtheiten keineswegs ausschließen; Chamisso glühte für die schöne Emigrantin Cérès Duvernay; andere solcher Fieberanfälle folgen.

Selbststudium, eigene noch schülerhafte Produktion, geistiger Austausch im Freundeskreis, Bekanntschaft mit August Wilhelm Schlegel, mit Fichte. Die Hauptbereiche seines Studiums sind das Griechische, die französische und die deutsche Literatur. Unter den Franzosen stehen Diderot und Voltaire obenan und ganz besonders Rousseau. Der Anruf dieses kranken Titanen: »Zurück zur Natur!« wirkte gewaltig auf den jungen Menschen, der etwas von einem Naturburschen hatte, und in Gamaschen und Uniform gepreßt – »Der Zopf, der hängt ihm hinten« – Rekruten abzurichten gehalten war.

Die deutsche Sprache hat er in jenen Jahren erst lernen müssen. Seltsam genug: dem deutschen Dichter Adelbert von Chamisso ist das Deutsche sein Leben hindurch eine erlernte Sprache geblieben; wie umgekehrt sein Französisch, zumal was die Rechtschreibung betrifft, nie ganz fehlerfrei gewesen ist. Mit der Aneignung der deutschen Sprache geht die wachsende Kenntnis der deutschen Dichtung einher. Die großen

Klassiker waren für ihn ja Zeitgenossen. In manchen der philosophischen Gedichte Schillers findet er sich selbst. Er bittet einen seiner Brüder, das Gedicht »Ideale« so zu lesen, als ob es ein von ihm gesandter Brief wäre. Besonders hat er Schillers ziemlich frühes Gedicht »Resignation« (Auch ich war in Arkadien geboren . . .) in sich aufgenommen. Die Klassiker waren seine Zeitgenossen, auch die Romantiker, die Tieck, Novalis, E.T.A. Hoffmann, Uhland; und die Literaturgeschichte zählt ihn herkömmlicherweise selbst dazu.

Von Chamissos frühen poetischen Versuchen seien zwei Titel erwähnt, dramatische Übungsstücke; ein französischer, ein deutscher Gegenstand. Neunzehnjährig fabriziert er ein Trauerspiel in drei Aufzügen *Der Graf von Comminge,* ein Ritter-Rühr- und Schauerstück nach einem französischen Vorbild. Ein Jahr später schreibt er *Faust, Ein Versuch;* die handelnden oder vielmehr redenden Personen sind Faust, sein guter und sein böser Geist. Fausts erste Worte lauten:

> Der Jugend kurze Jahre sind dahin,
> Dahin die Jahre kräftger Mannheit, Faust!
> Es neigt sich schon die Sonne deines Lebens . . .

Das sei zitiert, weil Chamisso schon in seiner Jugend dazu neigt, in die Rolle des Alten zu schlüpfen, »sein greises Haupt zu schütteln«, obwohl er bis in reife Jahre hinein ein gesunder, ungewöhnlich kraftvoller Mann gewesen ist. Übrigens zeigt die Faust-Talentprobe, wie sicher sich der junge Poet in der erlernten deutschen Sprache bereits auszudrücken versteht. – In dem gleichen Jahr erscheint ein *Musenalmanach auf das Jahr 1804.*

Das war ein kühnes Unterfangen der jungen Leute, und was sie da zu einem Strauß zusammenbanden, war auf ihrer eigenen Spielwiese gewachsen; das Beste davon wohl Übersetzungen aus dem Spanischen, Englischen und Italienischen, die Hitzig beisteuerte. Da man keinen Verleger fand, der bei dem Unternehmen etwas riskieren wollte, übernahm es Chamisso, den Almanach zu finanzieren. Das konnte er gewiß nicht aus seinem Leutnantsgehalt nehmen (8 Taler 2 Silbergroschen monatlich – das entspricht schätzungsweise 400 DM). Er hatte wohl etwas aus der Entschädigung in Händen, die der Familie vom französischen Staat zugeflossen war; seine Eltern waren schon im Jahr 1801 nach Frankreich zurückgekehrt und hatten ihre Ansprüche geltend gemacht. Das Aufsehen, das der Almanach erregte, hielt sich in Grenzen, bewirkte nur einiges Kopfschütteln, aber: »Genug, wir waren gedruckt, wir alle zum erstenmal, und das war keine Kleinigkeit!« (Hitzig). Der Almanach hat noch zwei weitere Jahrgänge gelebt, um dann einen leichten Kindertod zu sterben.

Der Teilnehmerkreis dieser Poesiefreunde war durchlässig, ein Kern Getreuer, dazu manche interessierte Gäste, die kamen und wieder fortblieben. »Meistens trafen wir bei Chamisso auf der Wache zusammen, wenn er sie am Brandenburger oder Potsdamer Thore hatte, und zwischen militairischen Unterbrechungen hin, verwachten wir halbe und ganze Nächte in Gesprächen über Poesie oder Studien- und Lebensplanen, deren Ausführung uns leider noch ferne lag.« So schreibt Hitzig, ein genauer Chronist dieses Zirkels. Wachstube und literarischer Tee . . . Hitzig wurde 1804 nach Warschau versetzt, wo er bereits nach dem ersten juristischen Staatsexamen tätig gewesen war. Warschau? Im Jahr 1793 war in der dritten polnischen Teilung der Rest dieses Staatswesens vollends zwischen Rußland, Preußen und Österreich aufgeteilt worden und Warschau zu einer preußischen Provinzhauptstadt degradiert. Hitzig war dort im Justizdienst tätig. Er traf unter den preußischen Beamten den Regierungsrat E.T.A. Hoffmann; daraus erwuchs eine lebenslange Freundschaft. Hitzig ist sowohl Chamissos wie Hoffmanns erster Biograph geworden.

Hitzigs Versetzung nach Warschau wurde im Freundeskreis als schmerzlicher Verlust, aber als eine hohe Stufe in seiner Laufbahn empfunden. Chamisso schreibt ihm am 6. Juli 1804: »Gutgekannter trefflicher Freund, der Du so schön an mir gebildet hast, durch Irrung und Leiden hast Du Deine Lehrjahre gelebt, und nun Dein erkanntes Ziel erreicht, lebest stille Deinem erkannten Selbst ein schönes heiteres wirksames

Leben, nicht Störung fürchtend mehr vom Schicksale! Ob ich Dein Glück preisen und es Dir gönnen kann, weißt Du, denn Du kennst mich wohl. O wie würde jenes unstäte Verlangen, das aus den bedrängenden Schranken hinaus in die Weite mich ruft, vieles zu erfahren, zu erkennen, durch Schlachten mich zu schlagen, in That und Schall mich in's Äußerste zu ergießen, o wie würde es sanft sich auflösen, und das stillste Leben in mich gekehrt mir genügen, würde mir ein dem Deinen ähnliches Glück zu Theil! Im Anfange, so verkünden's Mystiker, war der Mensch beiderlei Geschlechter, ein vollendetes, klares, in sich geschlossenes Geschöpf, ähnlich in unwandelbarer Ruh der Gottheit, deren Spiegel er war . . . Da erweckte der Feind die Sünde und gespalten ward die gestürzte Menschheit in beide Elemente; Mannheit und Weibheit standen getrennt sich entgegen, sich sehnend zu einander, dunkle Ahnung der ursprünglichen Vollendung im Busen. Da wurden das Sehnen, die Liebe, das Begehren geboren, ward den Stürmen der erregten, bewegten, der Ruhe begierigen Kräfte ein nicht erkanntes, außerhalb liegendes Ziel gesetzt, und es muß im Weibe der Mann, im Mann das Weib sich verlieren und finden . . . Diese schöne Mythe wie ihr Sinn mich durchdringt und ich sie doch nicht darzustellen vermag, macht mir, lieber Eduard, vieles klar und deutlich im Geheimnisvollen unserer jetzigen Natur.«

Dieses Jahr 1804 war für den poetischen Zirkel in mehr als einer Hinsicht bedeutsam. Mit Hitzigs Abreise war eine zentrale Gestalt in die Ferne gerückt. Mit dem Bankrott des Hauses Cohen war einer der Haupttreffpunkte dahin. Die Freunde schlossen sich nun unter dem Zeichen des Nordsterns zusammen – ein Symbol des geistigen Strebens, der Wissenschaft.

De la Foye, Chamissos Schicksalsgefährte, Herzensfreund und später Briefpartner das ganze Leben hindurch – de la Foye war vom Regiment beurlaubt, verreist und im Begriff, den Dienst in der Armee zu quittieren; er ist auch bald nach Frankreich zurückgekehrt. Chamisso schreibt ihm unter dem 15. August 1804: »Solltest Du, nicht Officier mehr, wiederum nach unserm Norden Deine Schritte leiten, so hast Du auf dieses zu rechnen, d. h. 1) die Hälfte meines Bettes (so lange ich unverheiratet bin), meines Zimmers, meines Lichts, meiner Heizung, 2) auch wenn es seyn soll, die kleinere Hälfte meines täglichen Brodes, da ich den größeren Appetit habe, die Pfeife rechne ich natürlich zum Brode, 3) auf einige französische Stunden, allem Vermuthen nach schon im ersten oder doch im zweiten Monate . . . Endlich auf eine ziemliche Leichtigkeit, ein Engagement als Hofmeister zu finden . . .« (Dazu ist zu bemerken, daß die gemeinsame Benutzung eines Bettes damals noch allgemein verbreitet war; Geschwister, Lehrjungen, Gesellen hatten sich zu mehreren ein Bett zu teilen; und selbst in guten Gasthöfen konnte es leicht passieren, daß man zu einem fremden Menschen ins Bett gewiesen wurde.)

Wenig später, am 20. September, schreibt ihm Chamisso wieder. »Dein Sponton und Deine Sachen beim Regiment sind im Stand und in Ordnung.« Es ist dann von der Fackelglut nicht ferner Kriege die Rede, von ihrer eigenen Existenz als »friedliche Scheinsoldaten«, und einige Zeilen später: »Ich möchte mit Fäusten mich schlagen! ein Kerl von 24 Jahren und nichts gethan, nichts genossen, nichts erlitten, nichts geworden, nichts erworben, nichts, rein nichts, in dieser erbärmlichen, erbärmlichen Welt!« Chamisso hat Schillers *Don Carlos* im Leib – dort heißt es im 2. Akt, 2. Auftritt (Don Carlos zu Philipp):

> – Heftig brausts
> In meinen Adern – dreiundzwanzig Jahre,
> Und nichts für die Unsterblichkeit getan!

Ein Jahr danach hat es den Anschein, als sei die Zeit für Taten gekommen. Ende Oktober 1805 wird das Regiment Götze in Marsch gesetzt. Aber bevor wir unsern Mann begleiten auf diesem Feldzug, der nach vielem Hin- und Herrücken im Frühling 1806 in Hameln an der Weser sein Ziel findet, ihn auf dem Marsch und im Quartier näher kennenlernen, wollen wir versuchen, uns in die historische Situation zu versetzen. Napoleon, seit 1799 Erster Konsul, seit 1804 Kaiser der Franzosen, hatte Europa erschüttert durch seine Kriegstaten in Italien, in den Alpen, in Ägypten, war in diesem Spätjahr 1805 dabei, das Haus Österreich niederzuwerfen (Ulm, Austerlitz) und England zu bedrohen. In einer fast gespenstischen Ruhe befand sich Norddeutschland, an der Peripherie eines Sturmtiefs. Niemand hat das treffender beschrieben als Goethe in den *Tag- und Jahresheften,* 1806. »Die Interimshoffnungen, mit denen wir uns philisterhaft schon manche Jahre hingehalten, wurden so abermals im gegenwärtigen genährt. Zwar brannte die Welt in allen Ecken und Enden, Europa hatte eine andere Gestalt genommen, zu Lande und See gingen Städte und Flotten zu Trümmern, aber das mittlere, das nördliche Deutschland genoß noch eines gewissen fieberhaften Friedens, in welchem wir uns einer problematischen Sicherheit hingaben.«

Bei Goethe findet sich weiterhin die Bemerkung: »Indessen schien Preußen das Vorrecht gegönnt, sich im Norden zu befestigen.« In einem Vertrag, den Napoleon nach seinem Sieg bei Austerlitz in Schönbrunn diktiert hatte, war ganz Hannover (dessen Herrscher der König von England war) als Entschädigung für geringe Gebietsverluste am Niederrhein Preußen zugesprochen worden; eine sehr beträchtliche Gebietserweiterung auf dem Papier. Man habe Hannover »in Verwahrung genommen«, formulierte Friedrich Wilhelm III. vorsichtig. Aber es war genug, um sich England zum Feind zu machen, ohne daß die Allianz mit Frankreich, die nur Unterordnung unter das Protektorat des Kaisers Napoleon bedeuten konnte, im mindesten an Substanz gewann; im Gegenteil. Kehren wir wieder vom Allgemeinen zum Einzelnen zurück, zum Regiment Götze und seinem Leutnant Chamisso.

Chamisso erweist sich auf dem langen Marsch seines Regiments in dem sogenannten Weserfeldzug als ein fleißiger Briefschreiber. Der erste Brief, aus Brandenburg an einen gewissen Franceson in Berlin, der späterhin keine Rolle mehr spielt, strotzt von bissigen Bemerkungen. Viel zu viel Gepäck, aber Mangel an Brot und Pferdefutter. Die eigene

Kompagnie die unordentlichste, von den Hauptleuten der eine ein Schuft, der andere ein Waschlappen. »Der Fähnrich ist nichts als ein in jeder Rücksicht ekliges Muttersöhnchen, der unglücklich ist und Ärger ausbrechen läßt, weil ihm Lavendelöl abgeht.« Allein sein Premierleutnant ist »ein sehr guter Soldat und Camerad, mit dem ich bei dem ersten Marsch Kriegsbruder auf Du und Du geworden bin«.

Der Marsch geht nach Westen über Magdeburg und quer durch den Harz. »Der Brocken, – wir sind zwei Tage um seinen Fuß gezogen, immer im Gewölk er sich haltend, auf daß es unendliche Schneen auf ihn schüttle, – seinen Gipfel nur gesehen, wann das Gewölk auf seinen Flanken ruhte. Herrlich war es wohl, wie wir aus dem dichtesten Schneegestöber und dem Harze traten in dem erfreulichen Strahl der hoch über das Gebirg am heitern Himmel rollenden alten Sonne.« So liest man in einem Brief an den Freund Neumann. Marschtage, von 7 Uhr früh bis 7 Uhr abends, »ich wahrhaft träumend auf meinen sechs Füßen, bis ich schlafend fortträumen könne auf meiner Streu«. Im Quartier in Rothenberg, »einem dreckigen Dorfe bei Hildesheim«; er stellt sich im Pfarrhause vor, fragt nach Büchern: »O ja, von meiner Jugend her müssen noch etliche auf dem Boden stehen.« Der Pfarrer hat drei Töchter, so wird es am Ende ganz gemütlich; in Züchten und Ehren, versteht sich. In diesem Brief erwähnt er den Namen seines Burschen, Bendel – der Name wird über den *Peter Schlemihl* in die Weltliteratur eingehen.

So ist der unblutige Feldzug: Märsche bei schauderhaftem Wetter durch den Schlamm miserabler Landstraßen, Quartier in Bürgerhäusern, Pfarrhöfen, auf Gütern – unser Leutnant nimmt sich, wo immer möglich, die Zeit zum Briefschreiben. In seinen Briefen findet sich das ruhmlose Unternehmen farbig illustriert. Anfang November an Varnhagen und Neumann, beide nun in Hamburg: »Sie schwatzen vom Frieden und vom Krieg, ich kann nicht Krieg, nicht Friede finden, und der Regen durchnäßt mich bis in die Seele, – o betet zu Gott, daß er seinen Regen von uns wende!« Der Brief ist aus Erbsen, einem Dorf bei Göttingen, und Chamisso nutzt die

Julius Edward Hitzig.
Stahlstich von Joseph Leudner
nach Franz Krüger (Landesarchiv Berlin)

Friedrich Baron de la Motte Fouqué.
Stich von Friedrich Fleischmann
nach einer Zeichnung von Wilhelm Hensel

Nähe der Universitätsstadt, um sich aus der Bibliothek Bücher zu leihen, Aeschylos und Goethe, aber auch »des gottseligen, hocherleuchteten Jakob Böhmens – teutonici philosophi« Werke. Er liest auch die Bibel, »wenn auch nur im Luther«.

Er schreibt nicht nur, er empfängt auch Briefe, ein Zeichen, wie leidlich die Post funktionierte. Ein Wort aus einem Brief Varnhagens hat ihn tief getroffen: »Kein Volk, kein Vaterland, einzeln müssen wir's treiben! Siehe, das hast du mir aus dem Herzen in das Ohr geschrieen, daß ich erschrak und mir die Thränen, die rollenden, von den Backen wischte. – O das muß in allen allen meinen Briefen schon gesteckt haben . . .« – ein Generalthema seines Lebens, jedenfalls noch für zehn, zwölf Jahre.

Anfang Dezember setzt sich das Regiment wieder in Bewegung. Das Marschziel ist Kassel. Aus Wichershausen an der Weser schwärmt Chamisso in einem Brief an Varnhagen von der Landschaft: »Die Wolken ziehen, bald regnet's, und bald blicket die alte Sonne vom blauen Aether aus den ziehenden Wolken hervor, – mit der Wintersaaten lächelndem Grün sind die Hügel angethan, die hohen Bergwälder erschimmern purpurn und golden, die ferneren, auf den schön geschwungenen abstufenden Linien des Gebirges, überziehet ein dunkeles Blau, auf seinem fernen Scheitel aber ruhen unendliche dunkele Wolken, welche zu ihm sich senken, wie ein seltsamer Kuß, den doch der Himmel der Erde gibt, und die Gebirgswasser rauschen hinab in das Thal, auf daß sie Fruchtbarkeit ihm brächten. Diese Gegend durchschweif' ich mit meinem treuen Figaro, wir lagern uns in den rauschenden dürren Blättern, und lauschen tief zu unsern Füßen dem Erbrausen der Weser aus dem jähen Abgrund des Thales, wo sie sich schlängelt, oder schauen in unabsehbare Ferne, zu den geheimnisvollen Spielen der schönen Gebirgs- und Gewölkslienien, und den Spielen der Regen- und Sonnenstrahlen.« Der treue Figaro ist nicht der Kompaniebartscherer, sondern ein Pudel.

Landschaftsbilder, in denen auch die zerfallenen Burgen nicht fehlen, diese Lieblingskulisse der Romantiker, Seufzer über schlechtes Wetter – »Ob wir, Regenwürmern gleich, uns in dem unendlichen Kothe ziehen« –, Anmerkungen über Quartiere, wo sie ihren Spaß an den Neuigkeiten aus vorvorjährigen Zeitungen haben – Chamissos Humor nimmt nur dann ein Ende, wenn die Post ausbleibt. »Gelesen, geschrieben, gedacht, gehört, gesehen, erfahren, gelebt – habe ich auch in der letzten Zeit gar nichts, wo zum Henker sollte ich auch etwas Neues hernehmen, an Euch zu schreiben! . . . Ich wäre also gierig, etwas von Berlin zu vernehmen!«

Nebenbei bemerkt, zeigen diese Briefe, wie Chamisso die deutsche Sprache zu seiner eigenen gemacht hat; nur gelegentlich hat sein Stil etwas Eckiges, Sperriges, aber das ist in dem Mann angelegt. Er spielt auch manchmal, karikiert das Norddeutsche: T – ummes Tzeuch!

Chamissos Briefe aus jenen Monaten rühren durch ihre Offenherzigkeit, durch das Bedürfnis, seine tiefsten Empfindungen den Freunden mitzuteilen: »Ich bin wie ein unbeholfenes Kind auf dem Felde, wenn die schneetragenden Winde unter dem Himmel gehen, und es sein Haus nicht sehen kann, wohin es eingehen will« (im Januar an Varnhagen und Neumann). Wo er geistig lebendige Menschen trifft, geht ihm das Herz auf. Über ein ländliches Pfarrhaus: »Auch von meinem dritten Prediger . . . ein wohlverdientes Wort; es hat mich erfreut, in diesen düsteren Schneen, ihn zu finden, sinnvoll und vorurteilsfrei . . . in seiner Dürftigkeit, unter den Lasten seiner zahlreichen Familie, in seiner Abgeschiedenheit von der Welt . . . der aber Goethe vergöttert, in seinem alten Ruhme Wieland wohl beurtheilet, Fichte verehret, und wohl auffaßt und verstehet, was man an ihn spricht. – Wir haben guter Gespräche uns erfreuet beim vollen Glase, auch berief er . . . um mich zu sehen, seinen ältesten Sohn . . . Es geschah uns dreien, bei der zum achtenmal geleerten Flasche, und bei ausgegangenen Pfeifen, den zweiten Zuruf des Nachtwächters zu hören . . .« (im Januar an Varnhagen und Neumann).

Was ihm auf diesem Winterfeldzug vollends deutlich wurde, ist eine ungekünstelte Neigung zum einfachen Leben.

Am 17. Februar 1806 aus der Gegend von Holzminden an Varnhagen: »Ich habe erprobt, daß Stroh ein gutes Lager ist, und daß Brod nähret, dieses macht mir keinen Kummer, – aber ich habe Euch des Luxus beflissen gesehen, und zu Zeiten selbst der Verschwendung, und das macht mir Kummer, zumal wenn wir, wie ich denke, Dach und Fach theilten und ich mit leeren Händen in den gemeinschaftlichen Schatz schüttete. – Dieses alles bedenkt wohl.«

Im März rückt das Regiment in Hameln ein, um vertragsgemäß die französische Besatzung abzulösen, die in der vordem hannöverschen Festung liegt. Währenddem kommt Chamisso mit einigen französischen Offizieren in Berührung: »Höret! hier ist nun . . . ein Villeneuve, der die ganze Campagne von Austerlitz mitgemacht hat. Herrlich, bei Gott!« Der Vergleich zwischen den kleinen französischen Kriegern und den langen preußischen Militärs fällt nicht zu Gunsten der letzteren aus . . .

Das Jahr 1806, ein Schicksalsjahr für Preußen, verlebt Chamisso größtenteils in Hameln. Die Fragwürdigkeit eines »fieberhaften Friedens« (der noch bis zum Oktober dauert) fließt für ihn zusammen mit der Ungewißheit über den eigenen Lebensweg. »Es geht mir wie einem armen geplagten Teufel, der da auf der Erde sitzt mit rücklings gebogenem Haupte und weit aufgesperrtem Maule, – indem der Zahnbrecher hinter ihm den Zahn gefaßt hat, und – und – noch nicht auszieht« – so schreibt er am 23. Mai an Varnhagen, der ihn über Ostern mit Neumann besucht hatte. Chamisso reicht ein Gesuch um Verabschiedung aus der Armee ein, das aber »bis zur Demobilmachung des Corps« abschlägig beschieden wird. Leutnant und Literatus, schreibt er *Adelberts Fabel,* worin seine eigene Ratlosigkeit in einer allegorischen Phantasie erscheint. Er erfindet ein *Märchen von dem lieben Gänslein.* Schließlich entsteht ein Versdrama »Fortunati Glücksäckel und Wünschhütlein«, märchenartig auch dieser Versuch, der unvollendet bleibt.

Adelberts Fabel beginnt wie folgt:

»Adelbert merkte, als er erwachte, er müsse lange geschlafen haben; er rieb sich die Augen, die sich nicht recht dem Lichte öffnen wollten, und den Kopf, der ihm ganz wüste war; er besann sich endlich doch der Absicht, die er gehabt hatte: auf die weite mühselige Wanderung auszugehen, um die Welt zu erschauen, sich selbst in ihr, sodann nachzudenken, und zu begreifen, falls er's vermöchte; denn diese Dinge reizten ihn. Er sah den weißen Wanderstab neben sich liegen, wollte den ergreifen, sich aufraffen und unverdrossen weiter ziehen, aber der Winter war angebrochen und es war kalt; es hatte gefroren während seines Schlafes, und so fand er, daß sein Stab und seine Kleider und er selbst fest angefroren waren an dem Boden, so daß er sich nicht zu regen vermochte; die Hände nur, die auf seiner Brust geruht hatten, waren ihm frei geblieben. Durch die Zweige des Baumes, unter dem er lag, die nackt waren und ihres grünen Schmuckes beraubt, ging ein düstrer Nebelwind, daß sie unholden Klanges an einander rauschten; – es ist doch seltsam, dachte Adelbert, und er schlummerte wieder ein.« Winterstarre und endliches Erwachen im magischen Zeichen des Nordsterns, eine mysteriöse Frauengestalt, der Trieb, »die Welt zu erschauen« – romantisch ganz und gar, und in einer schönen Sprache.

Ein starker Lichtblick in dieser Zeit war ein Besuch bei Fouqué – Friedrich Freiherr de la Motte Fouqué, neunundzwanzig Jahre alt, aus einer Hugenottenfamilie, die aus der Normandie gekommen war, im Havelland ansässig, romantischer Dichter (der bissige Arno Schmidt hat ihm eine respektvolle Biographie gewidmet). Fouqué macht im Juli eine Kur in dem gerade in Mode gekommenen Bad Nenndorf; im »langweiligen Ringen nach Kurzweil« befangen, bittet er Chamisso, von dessen Existenz und Aufenthalt er wußte, um einen Besuch. Der Leutnant kommt zweimal; es mag ein Ritt von drei Stunden gewesen sein. Da wird eine Freundschaft begründet, die bis zum Tode dauert. Chamisso am 23. Juli an Varnhagen: »Von dem ehrenfesten edlen Degen, dem Kernmenschen, dem Barden Pellegrin, von Fouqué kehr' ich zurück, aus dem Bade zu Nenndorf. Er hatte mich gerufen, er umarmte mich mit Kraft und Liebe, bot mir den Brudernamen an, und ein Gespräch von vier Stunden und ein andres von sechs Stunden, worin alles Heilige getauscht ward unserer Seelen . . .« Und am 28. Juli: »Pellegrin ist mir eine merkwürdige Erscheinung, und ich mußte mich über sie entsetzen, er ist ein ätherisch entsendetes Feuer über das Moor hinwallend, – er allein ließe mich noch Glauben hegen an Adliche, denn er ist einer, und der erste ächte kräftige Soldat und Preuße, dem ich in diesen Kartoffelfeldern begegnete . . .«

So ging der Sommer, ging der Herbst hin mit freundschaftlichem Austausch, mit Liebeskummer, jener Cérès wegen, mit literarischen Bemühungen, mit dem täglichen Dienst in dieser Festung, die in einer windstillen Zone zu liegen schien. Im Sog der heranrollenden Kriegsereignisse fühlte sich unser Leutnant mehr und mehr bedrückt als Franzose in preußischer Uniform. Das wurde in ein grelles Licht gerückt, als Napoleon am 7. Oktober ein Dekret erließ, das allen im preußischen Heer dienenden Franzosen das Kriegsgericht androhte. Chamisso am 5. November an Fanny Hertz: »Ich liebe mein Volk und Land, und bin ein Verwiesener, bin in die Acht erklärt.« Die Würfel waren bereits gefallen. Eine Woche nach Ausbruch des Krieges hatte Napoleon die preußische Armee bei Jena und Auerstedt vernichtend geschlagen. Das war am 14. Oktober. Die amtliche Bekanntgabe dieser Katastrophe an die Berliner wurde mit dem berühmt gewordenen Zusatz versehen: Ruhe ist die erste Bürgerpflicht. Zehn Tage später zog ein ganzes Armeekorps mit Trommeln und Pfeifen, die goldnen Adler hoch erhoben, in der Hauptstadt ein. »Sehr viele Berliner waren von dem Anblick ganz elektrisiert«, berichtet Klöden, ein treuer Preuße. Reihenweise kapitulierten die Festungen – Erfurt, Magdeburg, Spandau, Küstrin. Aber noch immer lag Hameln weit vom Schuß.

Erst in der zweiten Novemberhälfte, als der Krieg längst entschieden war, rückte der Feind vor die Wälle von Hameln. Mit einem Schlage sind die schmerzhaften Skrupel des Leutnants Chamisso verschwunden. Er kennt nur noch Soldatenpflicht und Soldatenehre; und das in einer nicht nur hoffnungslosen, sondern auch beinahe grotesken Situation. Die Festung war in leidlichem Zustand, mit Geschütz, Munition, Proviant wohlversehen; die Besatzung war 9000 Mann stark, an Zahl dem Gegner überlegen: ein Regiment leichter französischer Infanterie und zwei holländische Regimenter (Holländer ebenso wie Rheinbundtruppen fochten unter französischem Oberkommando). So war, wollte man Hameln isoliert betrachten, der Vorteil auf Seiten der Preußen, und nichts als das, was ihn unmittelbar umgab, wollte Chamisso, wollten die ihm gleichgesinnten jungen Offiziere wahrhaben. In Wahrheit hatte Preußen den Krieg längst verloren. Die Kämpfe, die noch in Schlesien und in Preußisch-Polen flackerten, waren nur noch ein Aufräumen. Und was speziell Hameln betrifft: In einem am 10. November in Charlottenburg unterzeichneten Waffenstillstand war unter Punkt 4 ausdrücklich die Kapitulation der Weserfestungen Nienburg und Hameln vereinbart; die Besatzungen sollten entwaffnet, aber nicht gefangengenommen werden, mit freiem Abzug nach Königsberg. Es kann für sicher gelten, daß der greise Kommandant von Hameln zehn Tage später davon noch keine Ahnung gehabt hat – er hätte sonst gegenüber seinen zornigen jungen Offizieren einen leichteren Stand gehabt. Man hat sogar den Eindruck, daß auf der Gegenseite General Savary, dem das Abkommen bekannt sein mußte, davon geschwiegen hat – er konnte sich einen stärkeren Effekt davon versprechen, wenn er die Preußen ohne das in die Kniee zwänge.

Der Festungskommandant stand derart unter dem Druck seiner Offziere, daß er die Verhandlungen zum Schein abbrach – um kurz darauf doch zu kapitulieren. Die jungen Krieger schäumten vor Wut; und was bei dieser spätfriderizianischen Armee erstaunlich ist: nicht nur Offiziere, sondern auch Mannschaften tobten vor Wut, statt froh zu sein, mit heiler Haut davonzukommen; wobei denn jede Ordnung zum Teufel ging und bei der Zerstörung der Vorräte, die nicht in die Hände des Feindes fallen sollten, besonders der Branntwein vorsorglich in preußische Gurgeln geschüttet wurde. Unter dem unmittelbaren Eindruck der Übergabe hat Chamisso zwei Briefe geschrieben, an Fouqué und Varnhagen. Einige Stellen aus dem letzteren – Hameln, den 22. November 1806:

»Ein neuer Schimpf haftet auf dem deutschen Namen, es ist vollbracht, das Schmählige, die Stadt ist über.« Der ganze Brief ist wie von Männertränen durchfeuchtet . . . »ich, der Franke, war als ein solcher gelähmt, und konnte Wuth nur weinen, weinen wie ein Weib, da Männerthaten geschehen mußten . . .« Er schreibt ziemlich einleuchtend, mit einem Ausfall nur eines Teils der Garnison hätte man das Gesetz des Handelns an sich reißen können. Einige Seiten später heißt es: »Nun durchdring ich erst das Wesen ganz, von dem ich abgeschlagen. Ein Herrliches ist doch Soldatenleben und Krieg – so ganz alle niedre Privatrücksicht auf das Einzelne in das allgemeine Große aufgelöst, und von Allen alles ohne Rückhalt an eine Idee gesetzet, – an die Ehre, das einzige Lebendige noch was, ein Anderes als das Geld –«

Worte, die in jener Zeit ihren Sinn gehabt haben. Lebendige Schilderungen jener seltsamen Rebellion aus Ehre: ». . . laß vom dämmernden Morgen mich schweigen. Sollt' ich Dir die Haufen schildern der geschmähten zerschlagenen deutschen Waffen, wie sie im Kothe lagen, denn es ist kein Bursche gewesen, der nicht selber sein Gewehr zerschellt hätte . . . Dir sagen, wie die alten Brandenburger weinend Abschied von ihren Officieren nahmen, wie diese stumm und starr da standen, wünschend, daß eine verirrte Kugel sie noch treffen möchte, da Betrunkene, die abgeworfenen Taschen durchsuchend, noch Patronen fanden, und hin und her schwankend ihr Gewehr abfeuerten, – laß weg mich wenden von diesen Bildern.«

Als dann die Kapitulation vollzogen ist: »Kameraden haben mit Rührung Abschied von mir genommen, mir dankend, daß ich ausgeharrt und treu verblieben. Wo meine Bahn mich geführt, laß ich kein schlecht Angedenken hinter mir. Ich begehre nach Frankreich, dort will ich mich eine Zeit verbergen, bis ich wieder unter Euch mich einfinde, denn ein Deutscher, aber ein freier Deutscher bin ich in meinem

Herzen, und bleib es auf immerdar.« Es folgt der Satz: »Nicht werd ich noch dienen.« In der Tat ist Chamissos fast neunjährige Militärzeit beendet. Der förmliche ehrenvolle Abschied wurde ihm durch königliches Dekret – Memel, den 11. Januar 1808 – bewilligt. Der Charakter eines Landwehroffiziers bleibt ihm.

Chamisso mußte im Jahr 1808 noch einmal auf die Affaire von Hameln zurückkommen. Eine nachträgliche strenge Untersuchung, die man im Zusammenhang mit der einsetzenden preußischen Heeresreform sehen muß, hat ihn genötigt, dienstlich zu jenen Vorgängen Stellung zu nehmen. Wir bringen sein »Memoire über die Ereignisse bei der Kapitulation von Hameln« im Wortlaut, nicht zuletzt, weil es ein Dokument für seine Auffassung von Ehre ist. Er hat in seinem späteren Leben Vergleichbares zu Papier gebracht, nämlich zu der Frage, ob der Kapitän seines Forschungsschiffs ehrenhaft gehandelt habe, als er vor Erreichung des wissenschaftlichen Hauptzieles kehrt machte. – Zum Verständnis des Folgenden: Chamissos Regiment war umbenannt worden.

»Aufgefordert, von meinem ganzen Dienstbenehmen während des letzten Krieges und von meiner eigenen Gefangennehmung Auskunft zu geben, lege ich dem hochlöblichen Tribunal zu fernerer stenger Prüfung folgenden Bericht darüber ab.

Ich habe während der Berennung und bei der Einnahme Hamelns durch den Feind – einziges Kriegsereignis, wobei ich mich befunden – keine eigene Kommission erhalten, worüber ich besonders Rechenschaft abzulegen hätte, und habe nur beim Regiment und zwar beim zweiten Bataillon und der Kompanie von Lochau gleiche Gesinnung und gleiches Schicksal mit meinen wackren Kameraden geteilt. Nichtsdestoweniger habe ich Gelegenheit gehabt, an den Tag zu legen, daß ich in ihrem Sinne mit einverstanden war, der sich gegen eine schmachvolle Übergabe der Festung vor dem Angriffe kraftvoll erhob. Ich erinnere, daß ich an dem Tage, wo bei zu befürchtender Überantwortung der Stadt, der Obrist v. X., der sämtliche Forts kommandierte, das zweite Bataillon von

Oranien, das eben vom Fort abgelöst worden war, wieder heraufrief, versprechend, daß er nach Soldatenart die ihm anvertrauten Mauern bis auf den letzten Stein verteidigen wolle, daß ich, der ich mir in der letzten Nacht einen Fuß im Dienste beschädigt hatte, so daß ich nur mit Mühe gehen konnte, vom Fort Nr. 2 nach dem Fort Nr. 1 stieg, um dem Herrn Obristen im Namen aller zu danken und ihn von der Treue und Kriegslust der Besatzung zu versichern. Ferner: daß ich mich am Abende der Kapitulation unter dem Haufen der Offiziere befunden habe, die sich beim Kommandanten einstellten, um zu versuchen, was noch übrigbliebe, um Festung und Ehre zu retten, und daß, nachdem uns die Generale mit eitlen Versprechungen entlassen hatten, ich noch mit vielen im Kaffeehause mich befand, über die Gemeinsache verhandelnd, als mit dem Alarm das Zeichen gegeben ward, daß die Zeit, zu unternehmen, unter Beraten und Beschließen abgelaufen sei, indem die verbreitete Nachricht des Abfalls den Mut der Soldaten in unsinnige Wut verkehrt hatte.

Zu einer tapfern Verteidigung der Festung Hameln hat es nur daran gefehlt, daß einer sich der Führung anmaßte und zum Haupt aufwarf; daß keiner sich unterfangen hat, dieses zu tun, ist ein Vorwurf, der zwar alle, aber auch jeden nur in dem Maße trifft, als er in Rang und Ansehen hochstand und Kriegsdienstjahre zählte. Ich war ein obskurer Subaltern und, noch mehr, ein Geächteter aus dem Volke des Feindes.

Ich kehre zu der eigenen Sache zurück. Ich habe die Nacht des Aufruhrs, nachdem das Regiment, das vollzählig auf dem Alarmplatz zusammengekommen, nach und nach auseinandergegangen war – keiner erteilte Befehl – bei dem Obristen v. N. allein zugebracht, um ihm zum Adjutanten zu dienen, wenn er es bedurfte. Er ward genötigt, sich in das Lazarett zurückzuziehen. Gegen Morgen geleitete ich ihn noch unter dem letzten Schießen nach seiner Wohnung. Nach dem am Tage erfolgten Einmarsch der Holländer und der gänzlichen Auflösung der Unsrigen habe ich keinen Anstand genommen, das Kartell anzunehmen, habe mich auf Ehrenwort gefangengegeben und einen Paß nach Frankreich erhalten.

Endlich aufgefordert: ›auf mein Ehrenwort zu erklären, ob ich gegen einen Offizier des Regiments etwas Nachteiliges zu sagen hätte‹, gebe ich, der Aufforderung Genüge zu leisten, folgendes mein Gutachten über diejenigen von den Herren Offizieren vom Regiment Oranien, mit denen ich dieselben Kriegsereignisse erlebt habe, und ihr Benehmen ab und verbürge mein Ehrenwort, daß ich, was ich weiß und wie ich es meine, rücksichtslos heraussage.

Ich halte dafür, daß das Benehmen nur zweier Männer einer fernern Prüfung unterworfen werden könne, ja müsse. Diese sind der Herr Obrist von N. und der Herr Obrist von X., zwei Männer, von denen ich während meiner Dienstzeit mehr Gutes als Böses empfangen habe. Die übrigen, in ein gemeinsames Schicksal unabwendbar verwickelt, haben nichts vermocht, als ihre Gesinnung auszusprechen, und sie haben es gesamt nach Möglichkeit schön und kräftig getan. Mein eigenes Bewußtsein spricht sie frei.

Der Herr Obrist von N., Kommandeur des Regiments von Oranien, war vor dem Kriege zum Brigadier der in Hameln stehenden Truppen vom Könige bestellt, durfte vor allem auf das brave Regiment, das er kommandierte, bauen, kein Zweifel erhob sich gegen die ehrenhafte Tapferkeit des Herrn Obristen. Darin traute ihm der Soldat und, wie die Stimmung war, wäre ihm sonder Anstand durch Feuer und Flamme gefolgt. Hätte sich der Herr Obrist von N. nicht der Gewalt in der Festung bemächtigen können und dem, was geschehen ist, vorbeugen? Hätte er es nicht gesollt? Ist er nicht dem Könige Rechenschaft schuldig über die ihm anvertrauten Truppen, welche selbst nur des Kampfes begehrten? Ich erhebe als Zweifel gegen den Herrn Obristen von N. das, was er nicht getan hat. Dagegen ist er nach der Stadt mitgeritten und hat einen Zeugen zu den Verhandlungen der Kapitulation abgegeben.

Der Herr Obrist von X., der sämtliche Forts kommandierte, hatte aus eigenem richtigen Gefühle gelobet, dieselben, auch wenn die Stadt übergehen sollte, zu verteidigen. Die Hoffnungen der Truppen, deren er sicher war, ruhten auf ihm; er hat sie getäuscht, er hat, gewiß vom Machtwort der Generale niedergeschmettert, für diese Forts kapituliert.

Was die Offiziere anbetrifft, die späterhin beim Feinde Dienste angenommen, so mag ihre Tat, wenn sie erst erwiesen ist, sie richten.

Schließlich. Ich fürchte nicht, von denen, an die ich das Wort richte, und nicht von denen, die es gleich mit führen, getadelt und widersagt zu werden, wenn ich von dem Grundsatze ausgegangen bin, daß es sonder fernere Rücksicht schmachvoll sei, eine Feste dem Feinde zu überantworten und ihm deren Besatzung gefangen zu liefern, wenn noch kein Angriff auf diese Feste geschehen, keine Laufgräben vor derselben eröffnet worden sind, wenn noch zur Stunde keine Hungersnot in ihr herrscht; ja wenn der schwächere Feind die flüchtige Berennung aufgehoben hat, die Bürgerschaft gefaßt und die Besatzung voller Mut ist, und ich brauche nicht auf die Buchstaben des Kriegsreglements Friedrichs mich zu berufen. Mögen denn die Urheber der Kapitulation Hamelns für den neuen Schandfleck, den sie dem deutschen Namen aufgeheftet haben, büßen; wir wälzen die Schuld von uns ab und waschen uns von der Schmach rein.

Ich halte dafür, daß bei gegenwärtigem Ehrengerichte, wie in jeder Ehrensache, der Mann für sein Wort stehen muß; ich begehre also nicht, daß mein Name von meinen Worten getrennt werde.«

Stolz und selbstbewußt. Man kann gewiß sein, daß dieser Leutnant Chamisso, auf dem Kasernenhof eine komische Figur, sich im Gefecht beispielhaft bewährt hätte; wider seinen Willen ist ihm die Feuerprobe erspart geblieben.

Der »berlinisch-jüdische Geist«

»In Gesellschaften komme ich selten. Die jüdischen würden mir die liebsten sein, wenn sie nicht so pretiös mit ihrer Bildung täten.« So Heinrich von Kleist, Berlin, den 5. Februar 1801, an seine Schwester Ulrike in einem langen, todernsten Brief; ein adliger Offizier, ein Dichter. Er verkehrte, wie Chamisso, im Hause Cohen. In der Zeit um 1800 drängten sich in Berlin Adlige, auch Prinzen, Dichter und Gelehrte in jüdischen Salons, von denen die bedeutendsten äußerlich sehr bescheiden waren; es wurde Tee angeboten, und Rosinen wurden herumgereicht.

In der langen, meist schmerzlichen, zeitweise grauenvollen Geschichte des Zusammenlebens von Deutschen und Juden ist dieses Berlin der Aufklärung, Klassik und Romantik, mit den Salons der Rahel Levin und der Henriette Herz ein höchst bedeutsames Intermezzo. Luft und Farbe sind wie ein Morgenrot, das den Tag ankündigt (– einen wolkigen, regnerischen Tag). Im Freundeskreis, in dem Chamisso ein Deutscher und ein Dichter wurde, sind Juden auffallend häufig; dem Judentum entstammt sein Erzfreund Eduard Hitzig. In einem Buch, das Chamisso in seiner Zeit gilt, bildet das preußische Judentum eines der merkwürdigsten Kapitel. Es ist ein vielschichtiges Phänomen, das zwei Hauptelemente enthält: die Anerkennung der Juden als Mitmenschen und Mitbürger; und die Entscheidung, in die jeder Jude gedrängt war: ob der Schritt in die Gleichheit und Freiheit mit der Aufgabe einer jahrtausendealten Tradition zu erkaufen sei oder ob man dabei dem Glauben der Väter treu bleiben könne.

Bis zu den Reformen und den Befreiungskriegen war dieses Preußen ganz und gar von König Friedrich geprägt, den die Zeitgenossen den Einzigen und die Nachfahren den Großen zu nennen pflegten; 46 Jahre lang hat er Preußen regiert. Er war sich seiner Rolle als aufgeklärter Monarch bewußt. Die Aufklärung hat er aus Frankreich bezogen; ihren brillantesten Vertreter, Voltaire, hat er jahrelang an seinem Hof gehalten. Die deutsche Aufklärung dagegen hat Friedrich kaum zur Kenntnis genommen. Aber in seinem Preußen waren die Voraussetzungen gegeben, daß sich die Aufklärung der Lessing, Mendelssohn, Nicolai entfalten konnte. Diese Bewegung der Geister, die ihren theatralischen Ausdruck in Lessings *Nathan der Weise* gefunden hat, ist die Voraussetzung für die Befreiung der Juden aus dem Ghetto gewesen, und die geschah zuerst und am augenfälligsten in Preußen. Kommt dabei Friedrich ein Verdienst oder womöglich das Verdienst zu?

Rahel schreibt 1808 rückblickend an Varnhagen: »Friedrich der Zweite zog uns in die Höhe in Europa. Wir hatten alle einen Teil an seinen Siegen, von und an seiner Einsicht; ich auch. Nichts wär ich bei meiner Geburt ohne ihn; er gab jeder Pflanze Raum in seinem Sonne zugelassenen Lande.« Und: »Bis jetzt habe ich unter den Auspizien, im strengsten Verstande unter den Flügeln von Friedrich dem Zweiten gelebt.«

> Adler Friedrichs des Großen, gleich der Sonne, decke du die Verlassnen, Heimatlosen mit der goldnen Schwinge zu . . .

Das hat keine preußische Jüdin gedichtet, sondern ein Württemberger im Vormärz, aber es entspricht aufs seltsamste der Stimmung in jenem Rahel-Brief. Verlassen und heimatlos waren die Juden in Preußen und anderswo weit mehr als die Württemberger des Biedermeier.

Wie war denn die Lage der Juden im friderizianischen Preußen wirklich? Sie war besser als in manchen anderen Territorien, erträglicher als etwa in der Reichsstadt Frankfurt, woher die Rothschilds stammten. Aber konnten ihre Rechtsstellung und ihre Lebensumstände den preußischen Juden Grund zu dankbarer Anhänglichkeit an ihren König geben? Die meisten Stadttore von Berlin waren ihnen verschlossen, es gab nur zwei, durch die sie hinein- und hinausschlüpfen durften. Ein Schlaglicht auf ihre Lage wirft eine Kabinettsordre von 1769: »Seine königliche Majestät haben zur Beförderung des Betriebes derer bei Dero Porcelain-Manufaktur verfertigten Porcelains und um solche außer Landes mehr und mehr bekanntzugeben, Allergnädigst resolviert, daß die Juden ein gewisses mäßiges Quantum Porcelain abzunehmen haben.« Das war die Rechtsgrundlage für Zwangskäufe in schwindelnder Höhe (300-500 Taler), faktisch eine Sondersteuer zur Sanierung einer unrentablen königlichen Manufaktur, zugleich ein Versuch zur Exportförderung, denn man ging davon aus, daß die Käufer die Ware über die Grenze vertrödeln würden. Die Unverschämtheit der Ordre wurde noch von der Art ihrer Durchführung übertroffen. Die Juden durften sich nicht etwa Teller, Tassen und Suppenterrinen aussuchen, sondern mußten Schwerverkäufliches abnehmen, etwa ganze Serien von Affenfiguren. (Derartiges hat sich in der Familie Mendelssohn durch Generationen erhalten – als die Dinger am Ende Altertumswert besaßen, fiel für das Judentum ohnehin alles in Scherben.) – Dies als Beispiel für den preußisch-jüdischen Alltag.

Doch gibt es andere Aspekte. Die älteste Berliner Synagoge in der Heidereutergasse, 1714, also noch unter der Regierung Friedrich Wilhelms I. erbaut, war ein zwar unauffälliges, aber ansehnliches, fast nobles Bauwerk. Das preußische Judenedikt von 1750 regelte die seitherige Schutzjudenpraxis und erteilte einer begrenzten Anzahl Juden das Aufenthaltsrecht; wer es nicht besaß, war lediglich geduldet.

Zwei jüdische Familien kamen auf zweifelhafte Art zu Ansehen und vor allem zu enormem Reichtum. Als der Siebenjährige Krieg immer ärger die preußischen Staatsfinanzen belastete, verpachtete der König seine Münze für sieben Millionen Taler an die geldschweren Bankiers Itzig und Ephraim, die sich dafür an verschlechterten Münzen schadlos halten sollten, an denen auch der Staat noch einmal verdiente. Daß in Preußen »Itzig« als sehr unfreundliche Bezeichnung für einen Juden üblich wurde, hängt mit jenem unsauberen Münzgeschäft zusammen, bei dessen Zustandekommen freilich der König mehr zu sagen hatte als die zwei Juden. –

Großer Reichtum, aber auch hohe Bildung, wurden für die Juden zum Entree-Billett in die Gesellschaft. Eines der Stadtschlösser im alten Berlin war das 1718 von Gerlach erbaute Palais Montargues, das 1728 von einem Baron Vernezobre de Laurieux erworben wurde und bereits 1737 in den Besitz des Bankiers Daniel Itzig kam. Der stattliche, schön gegliederte Barockbau mußte 120 Jahre später einem Neubau weichen – sinnigerweise dem der Börse.

Die Ephraim und Itzig, schwer entbehrliche Figuren auf dem Brett der Staatsfinanzen, und nach und nach gesellschaftsfähig, stehen am Anfang des Weges der preußischen Juden in die Emanzipation. Neben ihnen, aber in deutlichem und bewußtem Abstand steht ein Einzelner, Einziger: Moses Mendelssohn. Er war 1729 in Dessau geboren als Sohn eines armen, aber gelehrten Mannes – Küsters und Thoraschreibers –, ein schwaches, krüppelhaftes Kind, dessen heller Kopf frühzeitig vollgestopft wurde mit den uralten Weisheiten und Spitzfindigkeiten der rabbinischen Tradition. Als er vierzehn Jahre alt war, ging er zu Fuß über die preußische Grenze und nach Berlin. Am Rosenthaler Tor, das er betreten durfte, vom Torwärter befragt, was er in der Stadt wolle, soll er ein einziges Wort gesagt haben: lernen. Der berühmte Rabbi Fränkel sollte sein Lehrer werden und wurde es. Damit der arme, lernbegierige Junge nicht verhungerte, gab es nach altem Brauch Freitische ringsum in der Gemeinde.

So ärmlich und düster war der Anfang eines Lebens, das in seinen äußeren Bedingungen einfach blieb, dem aber die stärkste und wohltätigste Wirkung beschieden war. In diesem kleinen, buckligen Mann wohnte ein heller, scharfer Verstand und – man muß das Wort aus der Vergessenheit hervorholen – eine reine Seele. »Nach Wahrheit forschen, Schönheit lieben, Gutes wollen, das Beste tun«, war seine Devise, und er hat danach gelebt. »Liebster Freund« – so beginnen Lessings Briefe an Mendelssohn, und sie enden: »Ich bin Zeitlebens der Ihrige« oder: »Schreiben Sie oft, und lieben Sie mich beständig.« In der Titelrolle des *Nathan* ist manches von Mendelssohns Persönlichkeit eingeflossen. – Mit seiner Schrift

Phaedon oder über die Unsterblichkeit der Seele ist er über seinen Freundeskreis norddeutscher Aufklärer hinaus bekannt geworden, mit Hamann, Herder, Wieland, Lavater, Iselin. Moses Mendelssohn hat seine Glaubensgenossen bewußt zur deutschen Hochsprache geführt. Während sie bisher (mit nicht wenigen Ausnahmen) ihre »heilige Sprache«, das Hebräische, für den Gottesdienst und die traditionelle Gelehrsamkeit, ein schlechtes Judendeutsch, den »Jargon« für die Geschäfte des Alltags gebrauchten, hat Mendelssohn, selbst mit dem besten Beispiel vorangehend, sie aufs Deutsche verwiesen. So hat er sie, die vorher Juden in Deutschland gewesen waren, zu deutschen Juden gemacht.

Elise von der Recke, eine überspannte baltische Dame, kutschierte in Deutschland umher und suchte berühmte Männer heim. Ihre Begleiterin war Sophie Becker, ein helles Frauenzimmerchen, das von 1784 bis 1786 das Reisetagebuch geführt hat. In Berlin wird, selbstverständlich, Mendelssohn besucht, und zwar wiederholt. Unter dem 4. Januar 1786 liest man dann: »Bei meinem heutigen Erwachen rechnete mein Herz auf frohen Genuß in dem Umgange unsrer hiesigen Freunde. Wir kleideten uns zeitig an, indessen schickte mir die Herzogin (von Kurland) ein Billett, dessen erste Zeilen mein Herz erstarrten: ›Unser großer, weiser Mendelssohn ist diesen Morgen entschlafen.‹ Welche sonderbare Revolution erregten diese wenigen Worte in meiner, bald auch in Elisens Seele! Er, den wir so zärtlich liebten, der vor wenigen Tagen froh in unsrem Kreise saß – er ist so plötzlich hinausgetreten, hat so viele verwaist zurückgelassen. Die ersten Teilnehmer unsres Schmerzes waren die Herzogin, die Campe, Stamford, Nicolai und Parthey. Da saßen wir und verstummten ... Welche unersetzliche Lücke hat Berlin, hat die ganze Welt erhalten!«

Was Mendelssohn im Bewußtsein der gebildeten Deutschen, was er besonders in Berlin geleistet hat, dafür ist ein merkwürdiges Beispiel ein vom Ramler verfaßter Prolog, der einer Aufführung von Shakespeares *Kaufmann von Venedig* im Jahr 1788 vorangestellt wurde:

Nun das kluge Berlin die Glaubensgenossen des weisen
Mendelssohn höher zu schätzen anfängt; nun wir bei diesem
Volke, dessen Propheten und erstc Gesetze wir ehren,
Männer sehen, gleich groß in Wissenschaften und Künsten,
Wollen wir nun dies Volk durch Spott betrüben? Dem alten
Ungerechten Haß mehr Nahrung geben? Und Röte
Denen ins Antlitz jagen, die, menschenfreundlich gesinnet,
Gegen arme Christen und Juden gleich gütig sich zeigen?
Nein, das wollen wir nicht! . . .

. . . In *Nathan dem Weisen*
spielen die Christen die schlechtere Rolle,
im *Kaufmann Venedigs* tun es die Juden . . .

Kann man das Publikum taktvoller auf dieses Stück vorbereiten?

Damals war die *Ökonomische Enzyklopädie* von Krünitz in Gebrauch (erschienen 1784 in Berlin). Man findet unter dem Stichwort »Juden« zunächst einiges über deren gesetzliche Beschränkungen im Handel. Dann liest man: »Überhaupt hat die Ausbreitung freierer Kenntnisse der Religion, die so erstaunliche Ausdehnung der Toleranz und des Hervordringens jenes philosophischen Geistes, der die letzte Hälfte unseres jetzigen Jahrhunderts so sehr von allen übrigen Jahrhunderten der Welt unterscheidet, auch unter den Juden eine sehr große Revolution veranlaßt und die Aufklärung ganz außerordentlich befördert; und fast getraue ich mir, zu behaupten, daß die Erkenntnis der Wahrheit und das helle Licht der Philosophie in wenigerer Zeit mehr Eingang gefunden und sich schneller unter ihnen verbreitet hat als verhältnismäßig unter den Christen.« Es folgen die Namen Moses Mendelssohns und des Arztes und Zoologen Bloch.

Fontane bezeichnet in seinem Essay »Die Märker und die Berliner, und wie sich das Berlinertum entwickelte« (1888) Lessings *Nathan* als epochemachend. Er zweifelt zwar, ob dieses Stück ins Volksbewußtsein gedrungen sei – »desto größer war seine Wirkung auf die gebildete berlinische Mittelklasse, ganz besonders auf bestimmte Kreise derselben. Es war nun mit einem Male das da, was man den berlinisch-jüdischen Geist nennen kann . . . Vielfache Wandlungen (auch Eroberungen, die von ihm ausgingen) standen diesem Geiste noch bevor, trotzdem wird sich sagen lassen, daß der berlinisch-jüdische Geist eben damals, in seinen vergleichsweisen Anfängen, seine feinste Form und seine höchste gesellschaftliche Geltung hatte.«

Der erste berühmte jüdische Salon war der des tief gebildeten Arztes Markus Herz, mit der schönen Henriette Herz als Gastgeberin. Der um siebzehn Jahre ältere Ehemann hatte schon zuvor durch philosophische Vorlesungen im Geiste Kants und durch physikalische Experimente einen Kreis in sein Haus gezogen, dem königliche Prinzen ebenso angehörten wie die Brüder Wilhelm und Alexander von Humboldt, die von ihrem Lehrer Dohm dorthin geführt wurden; auch Schleiermacher (später Hofprediger und Professor der Theologie) zählte dazu, und er gehörte zu denen, die Bewunderung und Sympathie alsbald von dem gelehrten Manne auf seine junge Frau übertrugen. Henriette, eine geborene de Lemos aus portugiesisch-jüdischer Familie, war eine blendende Erscheinung, hochgewachsen, »junonisch«, wie man damals antikisch gebildet sagte. Sie belebte den Kreis durch ihre Schönheit, weniger durch ihren Geist (was niemand schärfer erkannt hat als die Rahel).

Die feinste Blüte der Salon-Kultur gedieh in einer Berliner Dachkammer, Jägerstraße 54, in der »die Rahel« ihre Gäste empfing. Rahel Levin war am 19. Mai 1771 in Berlin als Kind eines Juwelenhändlers geboren, der ein »rauher, strenger, heftiger, launenhafter, genialischer, fast toller Vater« war (so die Tochter). Das Beste an diesem Mann war, daß er dieses Mädchen gezeugt hat und daß er so rechtzeitig starb, daß ihre reichen Geistesgaben nicht in seinem kalten Schatten verkamen. Das war 1789, im Jahr des Bastillesturms. Und Rahel eröffnete ihren äußerlich so bescheidenen Salon, der durch siebzehn Jahre der geistige Mittelpunkt Berlins war; er erlosch in den Kriegsstürmen.

Rahel war eine kleine, fast unansehnliche Frau; physisch zart, aber nicht ohne Zähigkeit. Ihr leuchtender Geist, ihr im schönsten Sinne empfindsames Gemüt haben aber auf bedeutende Männer stark gewirkt. Ihrc augebreitete Korrespondenz zeigt uns diese Frau in hellem Licht. Wir haben hier den äußerst seltenen Fall, daß eine enorme, mitunter fast hemmungslose Mitteilungssucht bis in jede Verästelung durchglüht ist von Geist, Witz, Leidenschaft. Rahel war der Inbegriff dessen, was man in ihrer Zeit eine »schöne Seele« nannte.

In ihren Salon, ihre Dachstube kamen Dichter und Gelehrte, Adlige, Prinzen, Diplomaten, Schauspieler. Es kamen die Brüdcr Humboldt, Friedrich Gentz, Prinz Louis Ferdinand mit seiner Geliebten, der Wiesel, und seinem Schwager Fürst Radziwill; es kamen die Beweger und Bewegten der Romantik – Friedrich Schlegel, Clemens Brentano, Fouqué, unser Chamisso, Tieck, Jean Paul – der Naturforscher Steffens und der Staatsrechtler Adam Müller; einzelne Juden kamen in diesen jüdischen Salon, so Rahels Jugendfreund, der Arzt David Veit; es kamen Berlins berühmteste Schauspielerin, die Unzelmann, und die Sängerin Marchetti. Die kluge Hannah Arendt hat skeptisch darauf hingewiesen, daß sich diese höchst heterogene Klientel aus Menschen zusammensetzte, die außerhalb der bürgerlichen Gesellschaft standen: Königshaus und Adel darüber, die noch immer diskriminierten Schauspieler, die aus der Gesellschaft ausbrechenden Dichter – der Salon war ihr Treffpunkt; »die Juden wurden zu Lückenbüßern zwischen einer untergehenden und einer noch nicht stabilisierten Geselligkeit«. Wobei denn doch hinzuzufügen wäre – und Hannah Arendt würde nicht widersprechen –, daß diese Geselligkeit von einem fast einzigartigen Glanz war, »das Höchste, was Europa an geistiger Kultur zu bieten hatte« (Golo Mann), und daß die Existenz solcher Salons in der Geschichte der deutschen Juden den Ausbruch aus dem Ghetto bedeutete.

»Man« traf sich bei Rahel. Ihrem Zauber vermochten sich wenige zu entziehen. Clemens Brentano prahlt einmal in einem Brief an seine Sophie Mereau, er habe sich bei Mademoiselle Levin gelangweilt. Was sie als die Mitte ihres Kreises bedeutete, hat vielleicht am treffendsten Louis Ferdinand zum Ausdruck gebracht, als er sie eine geschickte und sanfte Hebamme für verborgene und eingeklemmte Gedanken nannte – womit er sie, wohl unbewußt, dem Sokrates verglichen hat. Dieser Prinz, Neffe Friedrichs des Großen und Bruder des Königs, war lange Zeit tagtäglich bei ihr zu Gast; wenn er musizierte, komponierte, mußte sie neben ihm sitzen; tiefe Sympathie, keine Liebschaft.

Trotz ihres wenig reizvollen Äußeren hat es der Rahel an verliebten Verehrern nicht gefehlt, und sie konnte leidenschaftlich antworten. Sie war noch ziemlich jung, als sie dem Grafen Karl von Finckenstein begegnete; es kam zur Verlobung, die nach einigen Jahren auseinanderfiel. Sie war dreißig, als sie sich in den jungen spanischen Diplomaten Don Raphael d'Urquijo verliebte; noch einmal ein Verlöbnis, das nach Jahren erlosch. Sie war vierzig, als sie Alexander von der Marwitz kennenlernte, wahrscheinlich der charaktervollste unter den Männern, die ihr in ihrem Leben nahekamen, und ihr geistig gewachsen. »Die Freundschaft zwischen Rahel und Marwitz mutet an wie ein Bündnis gegen alle anderen«, meint Hannah Arendt. Den Briefwechsel zwischen diesen beiden hält Fontane für den Gipfel der gesellschaftlichen Epoche. Der Zufall hat es gefügt, daß Marwitz, 1813 in Böhmen verwundet, in Rahels Pflege kam, die damals in Prag war und Samariterdienst leistete. Marwitz zog dann mit Blücher nach Frankreich und ist dort 1814 gefallen.

Einige Jahre zuvor hatte Rahel August Varnhagen kennengelernt; kennen und schätzen, und etwas mehr als das. Als Marwitz tot ist, wendet sie sich – mit einer verzweifelten Entschlossenheit? – diesem demütigen Verehrer zu und heiratet ihn; nicht ohne sich vorher taufen zu lassen. Für den Rest ihres Lebens hat sie an ihm einen ergebenen, bewundernden, auf seine Art zuverlässigen Mann. Varnhagen ist Chamissos engster Jugendfreund gewesen – es wird von ihm noch Näheres zu sagen sein.

Die jüdische Emanzipation, in ihrer Spannweite und ihren Grenzen, ist in Rahel ergreifend verkörpert. Sie hat an ihrem Judentum tief gelitten, wozu die Eltern noch das ihrige beigetragen haben: der Vater ein zynischer Tyrann, die schlichte Mutter in ihren Ehejahren zerbrochen und in ihren langen Witwenjahren eine törichte, eigensinnige Alte. – »Wenn meine Mutter gutmütig und hart genug gewesen wäre, und sie hätte nur ahnen können, wie ich würde, sie hätte mich bei meinem ersten Schrei in hiesigem Staub ersticken sollen« – schreibt Rahel 1793 an ihren Freund David Veit; und im gleichen Brief, sie würde nie verwinden, »daß ich ein Schlemihl und eine Jüdin bin«. Schlemihl, der ewige Pechvogel, eine jüdische Vokabel, durch Chamisso in die Weltliteratur eingeführt . . . Sie ist wie ein Phönix aufgestiegen, hat Stunden höchsten geistigen Glücks, ja wahren Triumphes erlebt, und doch immer auf ihren Schwingen Reste von Asche gefühlt.

Wie sie von ihrem großen Friedrich gesprochen hat, wurde schon zitiert. Rahel ist eine treue Preußin gewesen; ihr Patriotismus ist wie ein fester Stab in unsicherem Gelände. Einige Briefstellen: Als 1808 zum ersten Mal nach der Niederlage wieder preußische Truppen durch Berlin ziehen: »Die ganze Stadt ist hin, um sie zu sehen: ich nicht. Den ganzen Morgen hab' ich häufige, bittere Tränen der Rührung und Kränkung geweint! O! Ich habe es nie gewußt, daß ich mein Land so liebe . . . Ich kann aus losgelassenem Schmerz nicht hingehen, jeder Reitknecht mit preußischen Pferden, der vorbei geht, pumpt mir einen Strom von Tränen ab« (am 10. Dezember an Varnhagen). Es ist bemerkenswert, daß Heine diese Briefstelle zitiert. Im Jahr 1813 über den geliebten, eben wieder ins Feld gezogenen Marwitz: »In ihm seh' ich ganz Preußen« (am 7. Dezember an Karoline von Humboldt). Sie war eine gute Berlinerin – das zeigt am hübschesten ein brieflicher Aufschrei (1816 aus Frankfurt an eine Freundin): »Ist denn der Jammer, der Skandal, das Unglück wahr, daß man an der Seite der Häuser, unter den Linden, eine Reihe Bäume weghauen will??? damit die Leute besser aus den Fenstern sehen können? Das leidet der König?«

Die Niederlage von 1806 und die Erhebung 1813 haben auf die preußischen Juden sehr unterschiedlich gewirkt. Die gedrückten, einfachen haben 1806 die einziehenden Franzosen wie Befreier begrüßt – angesichts der fortschrittlichen Haltung Napoleons zu ihren Glaubensgenossen verständlich genug. Die vornehmen, die mehr oder weniger arrivierten, haben mit ihrem preußischen Vaterland gelitten und mit ihm triumphiert. Rahel ist dafür eine Kronzeugin. Abraham Mendelssohn, einer der Söhne des Moses, hat sich in den Notjahren so vaterländisch bewährt, daß er zum Dank in den Stadtrat gewählt wurde. Einzelne junge Juden dienten in den Freikorps und in der Armee.

Rahel lebte drei Jahre in Karlsruhe, als Varnhagen dort preußischer Geschäftsträger war; daß sie in der bescheidenen Residenz die erste unter den Diplomatenfrauen war, versteht sich. Von 1820 ab hielt sie in Berlin wieder einen Salon; Hegel war dort zu treffen, Bettina von Arnim, Fürst Pückler-Muskau, Heine bei seinen Besuchen in Berlin. Rahel war zu einer unbedingten Goethe-Verehrerin geworden – sie ist ihm auch wiederholt persönlich begegnet –, und es scheint, daß ihr zweiter Salon nicht mehr allen guten Geistern so offen stand wie jener erste in der Dachstube; daß er in etwa zu einer Stätte des Goethekults geworden ist. – Rahels späte Jahre, sie ist 1833 gestorben, sind tief beschattet von den »Furien der Vergangenheit«. Auf die Morgenröte des ausgehenden Jahrhunderts, auf die Hoffnungen der Reformzeit und das Gewitter der Befreiungskriege war eine Re-aktion in des Wortes ganzer Bedeutung gefolgt, spürbar auch, wo man sie nicht erwartete. Als Rahel 1819 in Frankfurt ihre vertraute Jugendfreundin Karoline von Humboldt trifft, macht diese die neuartige Distanz überdeutlich, indem sie vom Du zum Sie übergeht . . .

Die Taufe, das Entree-Billett in die Gesellschaft, wie Heine sie genannt hat, schien vielen Juden das geeignete Mittel, um aus der Isolation herauszutreten. Die Gesetze kamen dem entgegen, weil sich alle den Juden auferlegten Beschränkungen auf die Angehörigen des mosaischen Glaubens bezogen. Moses Mendelssohn hinterließ sechs Kinder, von denen sich nach und nach vier taufen ließen. Nur Recha, die ein spätes Mädchen wurde, und Joseph, der Gründer des Bankhauses Mendelssohn, blieben im Glauben ihrer Väter, ihres Vaters. Die älteste Tochter Brendel, befehlsgemäß mit dem Bankier Veit vermählt, ließ sich scheiden, protestantisch auf den Namen Dorothea taufen, heiratete Friedrich Schlegel und wurde später mit ihm katholisch. Henriette, deren Haus in Paris Treffpunkt der Deutschen war, wurde Katholikin. Abraham, Vater von Felix Mendelssohn-Bartholdy, und Nathan ließen sich, der erstere spät, der letztere frühzeitig, protestantisch taufen.

Abraham Mendelssohn – im Alter sagte er von sich: früher war ich der Sohn meines Vaters, jetzt bin ich der Vater meines Sohnes – heiratete ein geistvolles jüdisches Mädchen, Lea Salomon. In einem ihrer Briefe aus der Brautzeit (Berlin, 1799) hat sie das Problem der Taufe angesprochen, und zwar zunächst sehr kritisch: ». . . die meisten Abtrünnigen haben bisher durch schlechtes, oder doch inkonsequentes Betragen eine Art von Verächtlichkeit auf diesen Schritt geworfen, der auch die Besseren brandmarkt.« Doch fährt sie fort: »Träte jemand auf, der durch untadelhaften Charakter, durch Ausdauer in seinen Vorsätzen und Weltklugheit im Benehmen (nach welcher die meisten Urteile ja, traurig genug, gefällt werden) ein achtungswertes Muster darstellte, so würde ein großer Teil dieser nur zu begründeten Behauptung verschwinden. Erfreulich wäre, wenn man diese Heuchelei entbehren könnte; aber der Drang nach höherem Wirken als dem eines Kaufmannes, oder tausend zarte Verhältnisse, in denen der nahe Umgang mit anderen Religionsverwandten junge Gemüter verwickeln kann, lassen doch in der Tat keinen anderen Ausweg.« Keinen anderen Ausweg . . .

Aus guten Gründen wurde Rahel in die Mitte dieser Betrachtung gerückt. Es ist noch ein Wort über August Varnhagen zu sagen; er hat der Rahel seinen Namen gegeben; und er zählt zu Chamissos engstem Freundeskreis. August Varnhagen ist ein eigenartig passiver Mensch gewesen. »Mein Gemüt ist ganz arm auf die Welt gekommen . . . Leer ist es in mir, wirklich meistens leer, ich erzeuge nicht Gedanken, nicht Gestalten, weder den Zusammenhang kann ich darstellen als System, noch das Einzelne heraussondern in ein individuelles Leben . . . es sprudeln keine Quellen in mir! . . . Aber in dieser völligen Leerheit bin ich immer offen, ein Sonnenstrahl, eine Bewegung, eine Gestalt des Schönen oder auch nur der Kraft werden mir nicht entgehen; ich erwarte nur, daß etwas vorgehe, ein Bettler am Wege.« Schilderungen seiner selbst gelingen ihm gut.

Er war anno 1808 der Rahel begegnet, und er durfte sie sechs Jahre später heiraten. Dem Bettler am Wege war Gold in den hingestreckten Hut gefallen. Seine Demut gegenüber dieser Frau ist bodenlos – »Rahel, ich bin ein dünner Faden neben Dir schönragendem Baum«; man könnte seitenlang derartiges zitieren. Er hat in Rahels zweitem Salon in einer manchmal lächerlichen Weise den Eckermann seiner Frau gemacht. Er hat sich fast jede erdenkliche Blöße gegeben – bequeme Ziele für seine Feinde und Verächter. Und doch muß an diesem Mann etwas gewesen sein. Lieber Getreuer – guter Jung – so und ähnlich redet Chamisso ihn in Briefen an; und aus vielen Briefen Rahels spricht ein reines, tiefes Gefühl. Die Zahl bedeutender Männer, die ihn geschätzt haben, ist noch größer als die Zahl seiner Feinde. Er hat eine ungeheure Geschwätzigkeit mit der Gabe verbunden, geduldig und aufmerksam zuzuhören, und das kommt selten zusammen.

Varnhagen sollte oder wollte eigentlich Mediziner werden, aber daraus ist trotz wiederholter Anläufe nichts geworden. Er war ein Literatus, ein Leser und Zuhörer, ein Geburtshelfer, Berichterstatter, Chronist – seine originale Produktion ist unbeachtlich. Er hat 1808 in der k. k. Armee Dienst genommen. »Sei tapfer und brav! Denk an mich, wenn Du in einem Gefecht bist«, schreibt ihm Rahel. Er wird tatsächlich blessiert, was er ganz wacker aushält. Später hat er in Karlsruhe als preußischer Geschäftsträger drei Jahre hindurch seine Sache gut gemacht. Geistig beweglich, enorm anpassungsfähig, zu vielem geschickt, hat er sich verschiedentlich bewährt, ohne sich dabei allzu tief einzulassen – nur einen

Aspekt weist sein Leben auf, der von Dauer ist: seine Hinwendung zu Juden. Hauslehrer in reichen jüdischen Häusern in Berlin und Hamburg, mit Juden in literarischen Zirkeln verbunden und endlich, alle seine Erwartungen übertreffend, die Verbindung mit Rahel.

Aus Tübingen schreibt er ihr einmal: »Ich kann auch nur in einer großen Stadt leben, wo es Gesellschaften, Theater und Juden gibt.« Was hat diesen Mann so auffällig zu den Juden geführt? Ein Blick auf die Besucher jüdischer Salons zeigt, daß dazu kein Bekennermut nötig war. Ein Motiv ist nicht auszuschließen: die tiefe Unsicherheit, in der dieser vielseitig begabte Mensch gelebt hat, mag ihn zu Leuten geführt haben, die in ihm eine nicht gewöhnliche Unvoreingenommenheit vermuten durften. Ein Christ, der nicht aus Geldnot und nicht eines berühmten Salons wegen in ein jüdisches Haus kam, durfte einer guten Aufnahme ziemlich sicher sein; und nach Sicherheit lechzte dieser Unsichere. Ein tieferes Interesse für das eigentümlich Jüdische, für das Schicksal dieser Glaubensgemeinschaft sucht man bei Varnhagen vergebens. Er war ein vortrefflicher Partner für solche, die das Alte hinter sich lassen wollten. Auch in seinem wirklich von Bewunderung und Liebe erfüllten Verhältnis zu Rahel ist der Wille unverkennbar, ihr aus ihrem Judentum herauszuhelfen.

Das Musterbeispiel eines frühzeitig assimilierten Juden ist Eduard Hitzig, Chamissos nächster Freund von den Leutnantsjahren bis zum Tode; Freund, lebenskluger Helfer, beinahe ein Leitstern zu nennen, und auch sein erster Biograph. Wir haben die kritischen Bemerkungen der Lea Salomon zum Problem der Judentaufe zitiert; jener Brief bezieht sich ausdrücklich auf Hitzig.

Er stammte aus der priviliegierten Familie Itzig. Sein Vater war sogar im Alter zum Stadtrat von Potsdam ernannt worden. Eduard, der älteste Sohn, hat dann seinen im Volksmund mißbrauchten Namen mit einem H verändert. Er studierte Jura, bestand neunzehnjährig die erste Staatsprüfung; in Berliner literarischen Zirkeln wurde er bald bekannt; hier entstand auch die Freundschaft mit Chamisso. Im Jahr 1804 heiratete er aus dem Judentum hinaus und offenbar gegen harte Widerstände, und trat eine Stelle im damals preußischen Warschau an.

Als Napoleon der kurzen preußischen Herrschaft über Warschau ein Ende setzte, kehrte Hitzig nach Berlin zurück, verzichtete freiwillig auf seine Karriere (– das verkleinerte Preußen brauchte weniger Beamte) und warf sich mit Elan auf den Buchhandel und das Verlagswesen. Als es mit Preußen wieder aufwärts ging, kehrte er in den Staatsdienst zurück, war 1813 bei der Aufstellung des Landsturms tätig und wurde bald darauf zum Kriminalrat ernannt. Der überaus geschäftige und umsichtige Mann stieg im Strafjustizdienst auf und wurde 1827 »Director des Inquisitoriats am Kammergericht«, was etwa der Stellung eines Generalstaatsanwalts entspricht. Er wurde auch mit der Revision des Strafgesetzbuchs beauftragt, gründete mehrere Fachzeitschriften, darunter die *Zeitschrift für die preußische Kriminalrechtspflege* und rechtsvergleichende Blätter. Wie nicht wenige getaufte Juden war Eduard Hitzig ein Konservativer (was seiner Freundschaft mit dem keineswegs konservativen Chamisso nicht im geringsten Abbruch getan hat). In seinen Publikationen zog er vom Leder »gegen die laxen Grundsätze der Neuzeit«. Er war ein Staatsanwalt nach den Bedürfnissen der Reaktion, ließ sich auch durch Morddrohungen nicht einschüchtern; trat jedoch den Angeklagten mit menschlicher Unvoreingenommenheit gegenüber und gewann ihre Achtung, oft ihr Vertrauen.

Die Vielgeschäftigkeit dieses Mannes verblüfft, und es ist erstaunlich, daß alles, was er in Angriff nahm, Hand und Fuß hatte. Ihm ist ein Band *Gelehrtes Berlin 1825* zu verdanken, ein Werk, das wir Amerikanisierten *Who is who in Berlin?* nennen würden. Er beteiligte sich an der großen Sammlung merkwürdiger Kriminalgeschichten, dem sogenannten *Neuen Pitaval* (Chamisso gehörte zu den begierigsten Lesern). Er verfaßte einen Kommentar zum neuen preußischen Urheberrecht, schrieb über die Schriftstellerei als Lebensberuf; es gibt auch christliche Traktate aus seiner Feder. – An Ehrungen im In- und Ausland hat es ihm nicht gefehlt. – Bei all dem war

Hitzig ein geselliger Mann und zur Freundschaft befähigt (fast möchte man sagen: begnadet). Was er in Chamissos Leben bedeutet hat, wird dieses Buch wie ein roter Faden durchziehen. Eine ähnliche Bedeutung hatte Hitzigs Freundschaft für E.T.A. Hoffmann; auch ihm hat er eine Biographie gewidmet, und es ist kein falscher Klang darin. Er hat 1824 die »Mittwochsgesellschaft« begründet, zu der Chamisso, Fouqué, Eichendorff, Holtei zählten.

Ungetrübtes Glück war dem rastlos tätigen Mann nicht beschert. Seine Frau starb früh. Er war Anfang fünfzig, als er auf einem Auge erblindete. Er nahm bald darauf seinen Abschied, der ihm mit einer Ordensverleihung und Pensionszusage (die damals noch nicht gesetzlich begründet war) gewährt wurde. Als Hitzig sich später überraschend erholte, bot er dem Staat unentgeltlich seinen Dienst an, da er die Pension »umsonst« empfangen habe; das edelmütige Hin und Her endete mit einem Vermächtnis von 6000 Talern zu wohltätigen Zwecken . . . Bei soviel Feingefühl fragt man sich, ob nicht einiges an Selbstgefälligkeit und Effekthascherei im Spiel war – aber das ist nicht der besondere Fall des Eduard Hitzig, sondern die Kehrseite der meisten guten Taten.

In einer schweren Krise antwortete Chamisso im Jahr 1811 Hitzig, der ihm tröstlich geschrieben hatte: »Ich bin gerührt, bewegt, ich liebe Dich unendlich, ja die Reise nach Berlin wollt ich gleich hin und her zu Fuße machen, um Dich nur zu umarmen, um nur einen Tag mit Dir mich auszusprechen. Du bist mir verwandt, überlegen, Du hast ein Herz mich zu lieben und einen Kopf für beide zu denken. – Meine liebste Aussicht für meine alten Tage ist meine Hütte an Dein Haus zu lehnen. Nimm, mein lieber Ede, meine Hand darauf.« Vater Ede, so nannten ihn später seine Freunde. Friedrich Hebbel, der sehr bissig sein konnte, spricht von seiner »schönen Selbstenthaltsamkeit, die Deutschland längst an ihm kennt und schätzt«. Es liegt etwas patriarchalisch Jüdisches in ihm und etwas typisch Berlinisches. Vielleicht ist das, was Fontane den berlinisch-jüdischen Geist nennt, selten so gut verkörpert gewesen wie in diesem Mann.

Die glücklichste Periode des »berlinisch-jüdischen Geistes« fällt mit der Blüte der Romantik zusammen. Der Kreis der Fouqué, Varnhagen, Chamisso, der Hitzig, Neumann, Robert, Koreff ist von dieser Strömung erfaßt. August Wilhelm Schlegel lebte seine vielleicht fruchtbarste Zeit in enger Fühlung mit diesem Kreis. Sein Bruder Friedrich hat eine Tochter des Moses Mendelssohn geheiratet. E.T.A. Hoffmann war durch Hitzig mit dem berlinisch Jüdischen verbunden; Eichendorff hat sich später zu diesem Kreis gesellt. – Die Befreiung der preußischen, der deutschen Juden aus ihrer Ghetto-Existenz ist eine Frucht der Aufklärung; Ursache und Wirkung liegen klar zu Tage. Daß die erste und hellste Phase dieses ihres Strebens nach Freiheit, Gleichheit, Brüderlichkeit in die Zeit der aufblühenden Romantik fiel, ist ein Zufall. Gewiß ist in der frühen, vom Sturm und Drang getriebenen Romantik ein Zug spürbar zu dem, was wir heute Randgruppen der Gesellschaft nennen (wozu auch die Räuberbanden zählen) – doch will das für die Emanzipation nicht viel besagen. In den jüdischen Salons sprach man vom Neuesten, und das war die romantische Literatur und Philosophie. Es war ein zeitliches Zusammentreffen, nicht weniger und nicht mehr. Als Anhänger der Romantik aus der Versenkung in die deutsche Vergangenheit eine Deutschtümelei für den Tagesgebrauch herzuleiten begannen, kam es zu demonstrativen Abwendungen von Weggenossen jüdischen Glaubens und wohl auch jüdischer Herkunft.

Ob den jungen Chamisso seine eigene Heimatlosigkeit in die Gesellschaft von Juden geführt hat, ist eine Frage, die man stellen, aber nicht beantworten kann. Wer um 1800 in Berlin literarische Salons aufsuchte, kam meistens in jüdische Häuser und traf stets jüdische Gesprächspartner. Adelbert von Chamisso war über Antisemitismus wie über Philosemitismus erhaben. Hitzig ist sein nächster Freund gewesen – nicht weil und nicht obwohl er jüdischer Herkunft, sondern weil er Eduard Hitzig war. – In Chamissos poetischem Werk treten Gestalten aus dem Judentum nicht auffällig hervor. Es findet sich die halbe Welt darin, auch Typisches aus kleinen, wenig bekannten Völkern wie den Basken oder Korsen. Es sind eigentlich nur zwei große Gedichte aus dem Umkreis des Judentums. Beide behandeln Vorgänge auf preußischem Boden, über beide hat sich der Dichter bei einem hervorragenden Kenner, David Friedländer, unterrichtet. Die Geschichte des Baal Teschuba (eines freiwillig Büßenden) soll sich in einer Königsberger Synagoge ereignet haben. Das Gedicht vom Abba Glosk Leczecka – »Ich führ euch einen Juden und Bettler heute vor« – handelt von dem Besuch eines von seinen orthodoxen Glaubensgenossen verstoßenen Schriftgelehrten aus Polen, der in Berlin ein tiefes und trostreiches, aber letzten Endes unwirksames Gespräch mit Moses Mendelssohn führt. Denn der Weise rät ihm vergebens:

Du forschest nach der Wahrheit; erkenne doch die Welt,
Die fester als am Glauben am Aberglauben hält;
Was je gelebt im Geiste, gehört der Ewigkeit,
Nur ruft es erst ins Leben die allgewaltge Zeit.
Bleib hie und lerne schweigen, wo sprechen nicht am Ort;
Du magst im Stillen forschen, erwägen Geist und Wort,
Und magst das Korn der Furche der Zeiten anvertraun;
Vielleicht wird einst dein Enkel die goldnen Saaten schaun.

Der Flammengeist kann aber nicht schweigen, erregt Ärgernis in der Berliner Gemeinde, wandert glücklos durch Europa, kehrt nach Jahren halb lahm und blind noch einmal bei Mendelssohn ein und stirbt endlich, im Geist ungebeugt, im Elend. Die Härte der Orthodoxen gegen diesen Wahrheitssucher läßt übrigens ahnen, daß sie auch den Getauften, den »Abtrünnigen« nicht eben Glückwünsche nachgesendet haben.

Die beiden Gedichte zeugen von einer Vertrautheit Chamissos mit dem Jüdischen – wenn auch, wie bei vielen seiner Gedichte, eine gründliche Unterrichtung der Niederschrift vorhergegangen ist. Einem Judenwort, dem »Schlemihl«, hat er dauernden Glanz verliehen.

Zwischen zwei Nationen

»Ich liebe mein Volk und mein Land.« Damit hat der preußische Leutnant Chamisso die Franzosen und Frankreich gemeint. Wenig später hatte die Festung kapituliert; wir wissen von Chamissos Zorn und aus seinem Brief an Varnhagen dieses gespaltene: »Ich begehre nach Frankreich« und »Ein Deutscher, aber ein freier Deutscher, bin ich in meinem Herzen«. Für die Dauer von sieben, acht Jahren, ob in Frankreich, ob in Deutschland oder am Genferseee, hat er sich nirgends hingehörig gefühlt, unbehaust und bisweilen todunglücklich.

Im Dezember 1806 betritt er wieder französischen Boden, nach dreizehnjähriger Abwesenheit. Kurz zuvor waren innerhalb weniger Wochen sein Vater und seine Mutter gestorben. »Ich habe kein Haus mehr, da ich wohne.« Am 23. Dezember schreibt er aus Paris an Varnhagen: »Frankreich ist mir verhaßt; und Deutschland ist nicht mehr und noch nicht wieder.« Am 10. Januar 1807, im Postwagen, an Hitzig: »Ich fahre diese Straßen auf und ab im Innern Frankreichs, weiß noch nichts von meinem künftigen Schicksale. Wann das Wetter sich aufklaren wird und die Nebel sinken, werden sich die Kinder Gottes schon zusammen finden.« – Da sind die Geschwister, vor allem der älteste, Hippolyte, der selbst noch nicht richtig Fuß gefaßt hat. Da ist der vertraute Freund de la Foye, der schon zuvor den Weg nach Frankreich zurück, und zwar endgültig, gefunden hat. Da ist die schöne, in seiner Leutnantszeit umschwärmte Céres Duvernay, auch sie aus Preußen nach Frankreich zurückgekehrt; seine Phantasie gaukelt ihm eine Weile vor, er könne in ihren Armen Ruhe finden. Seine Geschwister arrangieren die Verbindung mit einem vermögenden jungen Mädchen – doch Adelbert zeigt sich störrisch.

Kein Wunder, daß der Ruhelose, Unbehauste sehr bald den Blick nach Deutschland zurück wendet. Schon Ende Januar schreibt er an Neumann und Varnhagen (die studierten damals in Halle): »Bereitet mir in Eurer Wohnung Raum, daß wenn die Schwalben kommen, ich von dannen ziehe, und suche meinen Ort.« Im März an Varnhagen: »Ich werde hier frei und freier, und mir bleibet fast nichts übrig, als die Tränen des Scheidens zu vergießen; denn vieles im Mutterlande hat ein Recht an meine Liebe. – Dennoch will ich noch nichts versprechen, einen festen Stift in die bewegliche Zukunft einschlagen zu wollen, der da bleibe.« Und im April: »Ich werde kommen! so nicht der Himmel bricht, und die Erde, darauf ich fuße, umschlägt.« Diese Briefe sind in dem Städtchen Vertus geschrieben, in der südlichen Champagne. Sein Heimweh ist auf die »festgetreuen und vielgeliebten Freunde« gerichtet, weniger auf Deutschland. Nachdem er die reiche Heirat ausgeschlagen, seine Geschwister verstimmt hat, tauchen auch Geldsorgen auf – aber er hat strenge Grundsätze. »Schulden«, bedeutet er Varnhagen, »das ist ein Wort des Mißtons. Solide Männer, wie es an dem ist, daß wir welche sein sollen, dürfen unter keinerlei Vorwand mehr brauchen, wie sie haben. – Das ist meine Idee über Schulden.«

Der Sommer geht über Reiseplänen und Zögern dahin. Erst am 14. September heißt es »Endlich, endlich!« Dieser Brief ist aus Sainte-Menehould, also seiner engsten Heimat. Aller Wahrscheinlichkeit nach hat er das zerstörte Boncourt besucht – ein briefliches Zeugnis von solchem schmerzlichen Wiedersehen ist nicht bekannt. Zwanzig Jahre später wird er es sich von der Seele schreiben: »Ich träum als Kind mich zurücke . . .« Im Herbst ist er wieder in Deutschland.

Er trifft in Nennhausen bei Fouqué mit Neumann und Varnhagen zusammen und wandert von dort »auf wunden Füßen« nach Hamburg. Varnhagens Schwester Rosa Maria hat damals sein Porträt in einem Brief an Hitzig, ein wenig schwärmerisch, skizziert: »Chamisso trug eine elegante polnische Kurtka mit Schnüren besetzt, ging mit schwarzem, natürlich herabhängenden Haar, mit einer leichten Mütze, was ihm sehr wohl stand und nebst einem kleinen Schnurrbart seinem geistreichen Gesicht voll Ernst und Güte, seinen schönen sprechenden Augen voll Treue und Klugheit, einen eigentümlichen Ausdruck verlieh, so daß er als eine angenehme Erscheinung auffiel, und Bekannte von mir sich erkundigten, wer der schöne Mann gewesen sei, mit dem man mich auf der Straße hatte gehen sehen. Zugleich war er voll ritterlicher Höflichkeit und Galanterie, ein Erbteil seiner französischen Abkunft, die manchmal einen Anstrich von Steifheit hatte, weil sie ächt altritterlich war, sich im Ganzen aber sehr gut in ihm machte, so daß man sich in alte Zeit versetzend, ihn sich gerne als einen Chevalier und ritterlichen Troubadour hätte denken mögen. – Mit seinem lieben Gemüt, seinem ausgezeichneten Geiste, wußte er Zustände und Verhältnisse, bald mit Ernst und Gefühl, bald mit Witz und Humor immer richtig aufzufassen. Manchmal war er voll der heitersten Laune, fröhlich wie ein Kind, zu Spiel und Scherz aufgelegt. Er sprach das Deutsche zwar nicht ohne Anstoß, an sich war es jedoch vortrefflich und die Unterhaltung mit ihm immer angenehm und interessant. Ich mochte ihn am liebsten deutsch sprechen hören, obgleich sein Französisch auch vorzüglich war. Alle diese liebenswürdigen Eigenschaften, seine Innigkeit und Treue, Verstand und Güte, gaben sich bald in seinem Wesen kund, und man mußte ihn bald lieb haben, ihm volles Vertrauen schenken.«

Chamisso war damals sechsundzwanzig Jahre alt. Hinter seiner liebenswürdigen Erscheinung verbarg sich eine tiefe Unsicherheit. Im Januar 1808 war seinem Gesuch um Abschied vom Militärdienst durch den König in ehrenvoller Form stattgegeben worden. Das war eine Bereinigung seiner Verhältnisse; aber in die Erleichterung darüber mag sich das Gefühl geschlichen haben, daß ihm auch seine Wurzellosigkeit bescheinigt worden sei. Denn er fühlte sich nun auf deutschem Boden so wenig heimisch, wie er es auf französischem gewesen war. Die Jahre 1808 und 1809 sind wahrscheinlich die schwersten im Leben dieses Mannes gewesen. »Mein Leben, das sich setzen und gestalten sollte, hat sich vielmehr in öden

Sand geschlagen und verloren. Mir ist vieles abhanden gekommen, vieles zertrümmert und zerronnen, und ich habe für das theure Geld wenig genug eingekauft, ein Pfund Alter und ein Quentchen bittern Erfahrungs-Extract. Übrigens ist die Welt überall mit Brettern zugenagelt, und ich weiß nicht wo aus noch ein« (im Oktober 1808 an Fouqué).

Chamisso lebte diese zwei Jahre in Berlin, und Berlin war von französischem Militär besetzt. Anschaulicher konnte dem Heimgekehrten und doch nicht heim Gekehrten das Gespaltene seiner Existenz nicht vor Augen geführt werden. Der Schmerz der Preußin Rahel brannte in seiner Seele nicht. Er vermochte sich nicht für die Reformer und Patrioten zu erwärmen und enttäuschte damit manchen ihm Wohlgesinnten, wie etwa Schleiermacher. Ein Krieg freilich, so meinte er, solle ihn auf deutscher Seite finden; ein solches Ereignis winke »einen würdigen Untergang, dem ich gerne folge« (am 7. Januar 1809 an Fouqué). Den Freikorpsführer Schill, der auf eigene Faust zuschlägt, nennt er einen confusen, aber musculösen Kerl . . .

In dem alten Freundeskreis, soweit er noch in Berlin anzutreffen war, kam kritischer Unmut auf. Das Kantige in Chamissos Wesen, die Unbekümmertheit, mit der er seine Meinung sagte, dazu seine starke Vorliebe für Tabaksqualm stießen manchen ab. »Dem Wortkargen floß selten eine beifällige Phrase von den Lippen; mißfiel ihm aber die Äußerung eines Dritten, auch wenn dessen Rede keineswegs an ihn gerichtet war, so vermochte er es wohl ausnahmsweise über sich zu schweigen; aber er schnitt Gesichter und stieß Töne des Unbehagens aus, die dem Sprechenden keinen Zweifel darüber ließen, was in seiner Seele vorging.« Eine nötige Ergänzung zu Rosa Marias liebenswürdiger Charakteristik – und übrigens kein Widerspruch.

Hitzig bewährt sich auch in dieser trüben Zeit; er nimmt ihn in sein Haus auf. Chamisso an Fouqué: »Ich bin nämlich ein Hausgenosse Eduard Hitzig's, der treu, rein, fest, dehnbar und gut, wie gediegen Gold, mir ein wahrer Freund und Hort ist, in diesen schmählichen Zeiten, wo in den Wein, die Tinte, das Blut und sonst alles Gute, so viel Wasser mit unterläuft.« – Das passivste Tier von der Welt nennt sich Chamisso einmal in jenen Jahren. Er treibt italienische, spanische Studien, gibt ein wenig Privatunterricht, beteiligt sich lustlos an einem von Varnhagen, Neumann, Fouqué zusammengetragenen Roman, einem Unding, an dem allein der Titel passend erscheint: »Die Versuche und Hindernisse Karls«.

Zu den Lichtblicken in der dunklen Zeit gehört die Begegnung mit Justinus Kerner, dem Dichter und Arzt aus Schwaben. Der machte, nach beendetem Studium, die einzige lange Reise seines Lebens, war in Hamburg (zufällig oder nicht zumeist in jüdischen Häusern, wo er auch Rosa Maria kennengelernt hatte) und kam von dort nach Berlin. Während seines Studiums in Tübingen hatte Varnhagen mit Kerner Freundschaft geschlossen; ihm schreibt Chamisso am 5. Juli 1809 ins österreichische Feldlager: »Ein Wort von Kerner; – ich habe mich sehr mit ihm gefreut, und merke eben, daß ich das Wie gar nicht gut mit geschriebenen Worten und ohne Mimik ausdrücken kann; – ein lieber, offener, gemütlicher Kerl, und fremd, als käm' er eben aus der Kehrseite des Mondes, ich hab ihn in die Komödie und zu Josty [die berühmte Konditorei] geführt, er wußte Dir so viel von Phädra und glace aux cerises, als Deine Hochwohlgeboren von Dero Peloton [eine Anspielung auf Varnhagens damaliges Gastspiel bei der Armee], das Eis scheint ihm besonderen Spaß gemacht zu haben; wir waren gute Bekannte, und sind auf gutem Fuße nach wenigen Stunden Zusammenseins geschieden.« In Kerners *Reiseschatten* – dieses »launig schöne, phantastisch spielerische Buch«, wie Hermann Hesse es genannt hat – findet sich ein Reflex seiner Berliner Gespräche. Da ist von einem Faß die Rede voll »höchst verdächtigen, moralitätswidrigen Schriften«, darunter, und zwar als Nummer eins: *Fortunatus mit seinem Seckel und Wunschhütlein, wie er dasselbe bekommen und ihm damit ergangen.* Das ist eine Erzählung Chamissos, nicht recht fertig geworden, aber als eine Fingerübung für *Peter Schlemihl* von Bedeutung. – Fruchtlose, oder doch scheinbar fruchtlose Jahre. –

Klang es ihm wie eine helle Fanfare, von Clairons geschmettert, in den Ohren, als er Ende 1809 von seiner Familie die Nachricht erhielt, es sei ihm eine Professur am Lycée zu Napoleonville angeboten? (Man sucht Napoleonville vergeblich auf der Landkarte. Es trägt seit Waterloo wieder seinen alten Namen Pontivy. Aber die Namen der Straßen und Plätze hat man nicht entimperialisiert, sie erinnern an Marengo und Arcoli, an Preßburg und Jena, an Friedland und den Njemen). Das Städtchen liegt mehr als 400 km westlich von Paris, ziemlich in der Mitte der Bretagne.

Chamisso macht sich auf nach Frankreich, nicht auf dem kürzesten Weg. Es geht über Hamburg und durch Westfalen zum Niederrhein. Sein Reisebericht an Hitzig funkelt von Pointen. »Die reiche Freihandelsstadt Hamburg hat zum zweiten wie zum ersten Male mir wohlgefallen, sie ist ganz, was sie sein will, und will nichts sein, als was sie ist. Der Kaufmann dient gemächlich seinem Gelde, läßt neben sich den Gelehrten, der von ihm lebt, unverunglimpft seinem andern Gott dienen, und keiner pfuscht an des andern Spiel und Treiben. Die Leute sind solid und klar, sind gesund.« – »Die Städte Westphalens sehen alle aus, als stünden sie zum Verkaufe. Schöne alte gothische Kirchen und kein Volk.« – »Von Schwelm nach Elberfeld ist es aber das herrlichste anmutigste Tal, nur *eine* Fabrik- und Handelsstadt und von Zeit zu Zeit die schönsten Paläste« (immer wieder findet man bei den Romantikern die freudige Neigung für die junge Industrie – Achim von Arnim einige Jahre später über denselben Landstrich: »Zauberkreis deutscher Fabrikarbeit«). Bei Neuss geht Chamisso über den gefrorenen Rhein. »Die Douaniers, anstatt unsere Reisekoffer zu eröffnen, gaben uns ein gutes Frühstück mit Wein und Butterbrod. Diese Leute schonen der Reisenden, öffnen nur Kaufmannsgüter und nehmen kein Geld an.« Ein freundlicher Empfang.

In Paris angekommen, findet er wirklich ein amtliches Schreiben vor »A Mr de Chamisso, professeur au Lycée de Napoleonville«. Als er sich, beruhigt und erfreut, an den Leiter der Anstalt mit der Frage wendet, für welches Fach er vorgesehen ist, erhält er zur Antwort: es sei keine Stelle vakant. Ein Schlemihl-Erlebnis? Aber unser Mann scheint nicht sehr erschüttert gewesen zu sein. Professor – »Jeder Schuft, der Stunden gibt, heißt hier ebenfalls Professor«.

So richtet er sich einstweilen in Paris ein. An guter Gesellschaft fehlt es nicht, auch interessante und sympathische Deutsche gibt es hier genug. Ihm gerade recht – »denn nirgends bin ich klotziger deutsch gewesen«, trumpft er in einem Brief an Fouqué. »Man lernt in Paris einigermaßen auch Teutschland kennen, indem man hier Leute aus allen teutschen Provinzen antrifft«, – so Ludwig Uhland an die Eltern. Und Uhland an Kerner: »Chamisso habe ich kennen gelernt, wie lieb er mir geworden, brauch ich dir nicht zu schreiben, da du ihn selbst kennst.« Wenn irgendwann in seiner Geschichte, so war Paris in dieser Zeit, um 1810, die Hauptstadt der Welt oder jedenfalls die Kapitale des europäischen Kontinents. Das Kaiserreich erstreckte sich von den Pyrenäen bis zur Lübecker Bucht; in Holland, »Westfalen«, Toskana, Neapel waren Napoleoniden als Herrscher eingesetzt; auch die Staaten des Rheinbunds und das Großherzogtum Warschau waren gänzlich vom Kaiser abhängig; und mit dem Hause Österreich war er durch seine zweite Ehe verbunden. Die Deutschen hatten eigentlich nie eine Hauptstadt gehabt. Jetzt hatten sie Paris.

»Es läßt sich hier in Paris sehr deutsch leben –«; das steht in einem Brief an Rosa Maria; immer wieder klingt das in seinen Pariser Briefen an. Und Varnhagen verdanken wir die Beobachtung: Chamisso »besaß die vortreffliche Eigenschaft, daß er sich an den Franzosen ergötzen und über sie lachen konnte, als wäre er selbst keiner.«

Altbekannten Gesichtern begegnet er – da ist der seltsame Koreff, der nun in dieser Weltstadt mit seinen magnetischen Kuren brilliert; da taucht im Gefolge eines österreichischen Diplomaten Varnhagen auf, der sich rundum bekannt macht. Mit einer selbstentblößenden Gesprächigkeit beschreibt er in seinen Denkwürdigkeiten, mit welcher Mühe er sich an Alexander von Humboldt herandrängt; »es gelang mir kaum, mich ihm vorzustellen und einige der Namen ihm zuzuflüstern, die mir ein nahes Recht auf seine Bekanntschaft geben« – an erster Stelle natürlich den der Rahel. Aber dieser aufdringliche Mann stiftet Nutzen, schafft fruchtbare Verbindungen. Er ist es, der Chamisso und Uhland zusammenbringt. Beide finden sich in der gemeinsamen Neigung zur altfranzösischen Poesie, zum Volkslied. Chamisso bekennt, außer Goethe habe kein deutscher Dichter solchen Eindruck auf ihn gemacht wie Uhland. Man sehe es ihm nicht an – klein, dickrindig und klotzig, wie sein Äußeres beschaffen sei.

Nächst Uhland war Chamissos bedeutsamste Begegnung die mit Alexander von Humboldt, »unser herrlicher Humboldt, mit der Tropen-Natur, den Llanos der Anden, der fremden Physiognomie der uns ungekannten Schöpfung« – und er vergleicht das mit den gängigen Pariser Sehenswürdigkeiten: »ich bitt Euch, Kinder! was ist der Wasserfall von Saint-Cloud bei Lichte, oder zwei achtspännige goldene Carossen mit hübschen Straußfedern!« (am 18. Juni 1810 an Fouqué). Mit Uhland hat ihn die romantische Neigung zur Volkspoesie verbunden. Hat er im Gespräch mit Alexander von Humboldt geahnt, daß es ihn selbst einmal in die entferntesten Weltgegenden treiben würde?

Unter den vielen Deutschen war »auch die Enkelin der Karschin, geborene von Klenke, gewesene von Hastfer, jetzige Chézy – eine alte Bekanntschaft, die ich mit vieler Freude erneuert« (am 8. April 1810 an Rosa Maria). Das war nun nicht so konventionell, wie es klingt. Helmina, Preußin, mit Chamisso gleichaltrig, blutjung dem von Hastfer, Offizier im Regiment Götze, angetraut und bald geschieden – »eine alte Bekanntschaft« in der Tat; von ihr stammt jene schwärmerische Schilderung ihres Freundes, als er noch Page der Königin war. Sie war nun wieder verheiratet, mit einem Orientalisten de Chézy, genoß aber jede Freiheit. Sie war eine schöne Frau, neunundzwanzig bei der Wiederbegegnung, nach ihren eigenen Worten »voll quirlender Unruhe«. Übrigens stammt von ihr der Text des lange Zeit populären Liedes »Ach wie ist's möglich dann, daß ich dich lassen kann . . .«

Chamisso hat sich in einem weiteren Brief an Rosa Maria präzis und gerecht abwägend über diese Frau geäußert: »Ihr ganzes Leben, das sie mehr aus Begeisterung, als nach klugem Plane gelebt, ist eine lange Kette von Mißgeschicken, die sie jedoch mit Mut ertragen. Sie ist gut, rein, ganz Liebe, unbegreiflich wie jedes Weib. Sie hat zwei Kinder, und eigentlich keinen Mann mehr. Die Buben sind wahre Raphaelische Engel . . . sie bändigt sie schlecht; sie liebt sie unendlich; sie denkt den einen nicht zu überleben, dessen Leben sie an der Wurzel angegriffen glaubt. Sie ist ganz ungelehrt, nur liederreich, doch keine Dichterin. Sie hat aber ein unglaubliches Talent zu schreiben . . . Sie kömmt auf dem ungelehrtesten Weg zu dem gelehrtesten Zeug . . . Sie verabscheut Paris und Frankreich, und wird wohl nach Deutschland zurückkehren. Sie denkt nach Wien, und ich rate ihr nach Norddeutschland, da sie ihrem Wesen und ihrer Religion nach eine Norddeutsche ist.«

Nicht ganz so gescheit wie dieses Charakterbild dürfte sein tatsächliches Verhalten gegen diese leidenschaftliche Frau gewesen sein. Sie hatten eine Weile gemeinsam August Wilhelm Schlegels Wiener Vorlesungen über dramatische Kunst und Literatur ins Französische übersetzt, vergebens, da der Verleger Bankrott machte. Sie kamen nicht nur am Schreibtisch zusammen, und als Helmina abrupt nach Deutschland abreiste, ließ sie den Freund in der quälenden Ungewißheit zurück, ob sie schwanger sei. Sie schreibt ihm im folgenden Jahr: »Über mich ist seither viel Wohl und Weh gehäuft worden, das Weh so bedeutend, daß das Wohl dagegen wie Spreu in die Luft fliegt, frage mich weiter nicht.« Sie hat Chamisso nie ganz aus den Augen verloren.

Germaine de Staël, née de Necker, damals eine Frau von Mitte vierzig, Mutter von fünf Kindern, Literatin von hohem Rang, leicht entflammte Freundin bedeutender Männer, war für den literarischen deutschen Zirkel in Paris ein Begriff; mit ihrem Buch *De l'Allemagne*, Frucht ihrer wenige Jahre zurückliegenden Entdeckungsreise in die Zentren des deutschen Geisteslebens, sollte sie die deutsche Klassik und Romantik einem französischen Publikum bekannt machen. Die unruhige und Unruhe stiftende Frau war dem Kaiser Napoleon ärgerlich, und er ließ sie das spüren mit Maßnahmen, die uns Augenzeugen des 20. Jahrhunderts freilich äußerst gemäßigt erscheinen. Sie lebte auf Schweizer Boden in ihrem Schlößchen Coppet am Genfersee, hatte einen Paß nach Nordamerika beantragt, erhielt aber nun, im Frühjahr 1810, die Erlaubnis, sich wieder in Frankreich niederzulassen; allerdings nicht in Paris.

Knapp außerhalb dieser verbotenen Zone setzt sie sich in das Schlößchen Chaumont – ein Aufenthalt, wie er angenehmer kaum gedacht werden kann. Unter den berühmten Loire-Schlössern ist Chaumont eines der kleinsten, aber nicht weniger reizvoll als die benachbarten Paläste, flußabwärts Amboise, flußaufwärts Blois, Chambord. Es ist wie alle diese Burgen durchtränkt von Historie und Histörchen. Hier traf anno 1170 der englische König Heinrich II. den Thomas Becket, den er bald danach in Canterbury umbringen ließ. Diese alte Burg wurde geschleift und im 15. Jahrhundert neu errichtet; Katharina von Medici hat sie bewohnt und sich hier von den Sternen und einem Zauberspiegel die Zukunft der Könige vorgaukeln lassen. Das Jahrhundert der Aufklärung verwandelt das verwunschene Schloß. Ein Teil des alten Gemäuers wird abgerissen, ein Park wird angelegt; vor allem gründet der neue Schloßherr Jacques Le Ray Fabriken für Glas und Keramik, wozu er sich Fachleute aus England und Italien holt. Eine Familie, die mit der Zeit geht, diese Le Rays. Die Tochter und Erbin geht nach Amerika, schließt sich La Fayette an, gründet drüben auch ein neues Städtchen mit dem alten Namen Chaumont. Diese Amerikanerin hat Germaine de Staël eingeladen, in ihrem Loire-Schloß zu wohnen. Sie kommt, und Chaumont verwandelt sich in einen europäischen literarischen Salon. In diesen Mauern erhält das Buch *De l'Allemagne* seine endgültige Form. Die wichtigste Person, im gebührenden Abstand nach der Staël, ist August Wilhelm Schlegel; ihm folgend trifft auch Chamisso in Chaumont ein. Am 1. August berichtet er Wilhelm Neumann in Berlin:

»Chaumont, auf dem mittäglichen linken Ufer der Loire, liegt wunderherrlich auf einer Höhe, man hat über die Esplanade des inneren Hofes, wie von den Zinnen der alten, schönen, festen, gotischen Türme, die göttlichste Aussicht über den breiten, schönen, gradfließenden Strom, und über die Landstraße fern am andern Ufer, in eine reiche, grüne, unabsehbare Ebene, mit Weinbergen, Ansiedeleien, Saaten und Wäldern reich erfüllt. Mein Fenster, an welchem ich schreibe, sieht nun aus dem Hintergebäude über den Hof, zwischen der Burgcapelle und dem andern Flügel, diese schöne Landschaft in würdiger Einfassung. – In dieser alten Burg hausen denn nun die vornehmen Geister alle, der kluge, zierliche, kühle, schwerfällige Schlegel; die dicke, feurige Staël, leichter, froher, anmutiger Bewegung; der milde, fromme Matthieu de Montmorenci; die schöne, angenehme Récamier; der nüchterne, häßliche, kleine stummlauernde, witzige Sabran; der schöne zarte Nordländer Bölck; eine kugelrunde, harte, kalte Engländerin; ein guter Teufel von naivem, fröhlichem, zahmen, furchtsamen, gesprächigen italienischen Künstler, – und ich, nach Zauderers Sitte, räuchre denn diese Geisterschaar nach Herzenslust ein, worüber sie die seltsamsten Gesichter schneiden. – Die Staël möchte mir sogar die Unart abgewöhnen. – Man arbeitet übrigens den ganzen Tag, und sieht sich in der Regel nur zu den dreien Speisestunden, als 12, 6 und 11. – Die Staël gefällt mir am Ende mehr als der Deutsche [gemeint ist Schlegel], sie hat mehr Lebensgefühl, mehr Lieb' im Leibe, sie hat das Gute der Franzosen, die Formleichtigkeit, Lebens-Kunst und Anmut, sie hasset sie aber sehr, bis auf ihre Freunde. – Ich passe aber in diese Welt gar nicht, ich habe mit ihnen nichts. Und obgleich eben keinerlei Zwang angelegt ist, so entbehre ich doch allerlei Freiheit; – erstlich lieb' ich eben keinen hier, und es liebt mich auch keiner, – da ging es mir doch in Berlin und selbst in Paris besser, – kurz, ich verschmachte an diesem Quell Kastalias. Selbst das Rauchen wird einem sauer gemacht, muß ich doch, wenn es regnet, von dem Abtritt aus (ein wahrer Lustort, im Vorbeigehen zu bemerken) meinen Qualm in die gelehrte Welt blasen, denn die stachelschweinförmige britannische Feindin besetzt eine Stube neben der meinigen, von wo aus sie das Feuer meiner Batterie zum Schweigen gebracht hat . . .«

Auch wenn er sich unglücklich fühlt, verläßt ihn selten sein Humor. – »Ich passe nun einmal nicht in diese gelehrte Welt«: das klingt auch aus anderen Briefen in diesen Tagen. Hat er sich gefangen gefühlt, verzaubertes Tier im Umkreis einer mächtigen Kirke? Frau von Staël hat einen starken Eindruck auf ihn gemacht – »ein sehr merkwürdiges, seltenes Wesen. Ernst der Deutschen, Glut des Südens, Form der Franzosen. Sie ist redlich, offen, leidenschaftlich, eifersüchtig, ganz Enthusiasmus. Sie faßt die Gedanken mit der Seele an . . .« (an Fouqué). Und an anderer Stelle: »Sie hat Natur, Begeisterung und Tiefe . . . dazu hat ihr die Natur aus Ironie eine recht dicke Scholle Erde zum Körper gegeben.« Chamisso erkennt auch, daß diese außergewöhnliche Frau unter den Launen all der Geistvollen und Schwierigen leidet, die sie da um sich versammelt hat. Sie selbst hat auch gespürt, daß in diesem sonderbaren, nach Tabak stinkenden Gesellen eine lautere Seele versteckt ist. »Sie hat zu mir Zutrauen und Freundschaft gefaßt und mir wohl ein gutes Teil ihres zerrissenen Herzens gesagt.«

Sie hatte zur abendlichen Unterhaltung ein geistvolles Gesellschaftsspiel erdacht, das sie *petite poste* nannte, kleine Post. Man saß rings um den grünen Tisch, und je zwei, die sich gegenüber saßen, schrieben Fragen und Antworten auf einen Papierstreifen, der geknifft hin und her über den Tisch geschoben wurde. Wie sehr dieses Spiel Chamisso zusagte, beweist, daß er sich einen ganzen Pack solcher Blätter sein Leben lang aufbewahrt hat.

Da sitzen sich die bezaubernde Récamier und Schlegel gegenüber.

Sie: Halten Sie mich für eine Frau, die Qualen oder eine, die Sehnsucht weckt?

Er: Sie sind ein himmlisches Wesen in menschlicher Verkleidung, die Sie nur noch reizender erscheinen läßt.

Sie: Lieben Sie mich?
Er: Wenn ich es wagte . . .
Sie: Wagen Sie es ruhig!
Er: Also ich wag's! Was geschieht nun?
Sie: Ich möchte Ihnen sagen, daß ich mich nicht schriftlich festlegen will. Aber wenn Sie heute abend mit mir plaudern wollen, werde ich Ihnen sagen, was ich davon denke.
Er: Ich komme, aber Sie werden mich an der Nase herumführen. Daran bin ich schon gewöhnt.
Sie: Selbstverständlich!

Und so fort.

Liebesspiele, Liebesspielereien, in denen die ins Jünglingsalter gewachsenen Söhne der Staël, August und Albert, auch schon ihren Part spielen, zum Leidwesen ihrer Mama. Die Fragen und Antworten tändeln, tanzen, schwanken zwischen Scherz, Witz und Ernst, fallen einmal ins Abgründige, um sich dann wieder ins Halbverbindliche zu retten. So auch zwischen Frau von Staël und Chamisso. Die Sprache dieser *petite poste* ist französisch, Chamisso fällt bisweilen ins Deutsche:

Ch: Wenn Sie nur Paris nicht so liebten!
St: J'y suis née (Ich bin dort geboren)
Ch: Dann fließt der Rhein zwischen uns.
St: La Marne.
Ch: La Spree.

Nun beginnt der Gedankenaustausch um den Begriff »Vaterland« zu kreisen. Zitate zunächst, vortreffliche übrigens. Chamisso zitiert Euripides: Überall ist Vaterland die nährende Erde. Die Staël zitiert Voltaire: La patrie est aux lieux où l'âme est attachée (Wohin die Seele sich gezogen fühlt, da ist das Vaterland). Dann bricht es aus Chamisso, dem Mann zwischen zwei Nationen, heraus (Originaltext ist französisch):

Mein Vaterland – Ich bin Franzose in Deutschland und Deutscher in Frankreich, Katholik bei den Protestanten, Protestant bei den Katholiken, Philosoph bei den Gläubigen, und Frömmler bei den Freidenkern; Weltmann bei den Gelehrten, und Pedant bei den Leuten von Welt, Jakobiner bei den Aristokraten, und bei den Demokraten ein Adliger, ein Mann des ancien régime etc. etc. etc. Ich gehöre nirgends hin, ich bin überall ein Fremdling – ich wollte alles umfassen, alles entgleitet mir, ich bin unglücklich –

Und er stellt in Aussicht, er werde sich kopfüber in den Fluß stürzen. Das ist heraus, der Dialog geht weiter und plätschert bald in ruhigerem Wasser . . .

Nicht Adelbert, sondern seiner warmherzigen Gastgeberin stand ein Schicksalshieb bevor. *De l'Allemagne* war nun endlich gedruckt, hatte aber das Mißfallen des Kaisers erregt. Der große Schöpfer des *Code Civil* konnte auch kleinlich sein. Die ganze Auflage wurde eingestampft und der Autorin befohlen, binnen 24 Stunden Frankreich zu verlassen. Die mutige, schreibgewandte Frau parlamentiert mit dem Polizeiminister Savary; der verlängert zwar die Frist, bleibt aber in der Sache unnachgiebig. – Amerika oder Coppet? Sie wählt das näher Liegende. Das vertraute und bequeme Schloß am See mußte sie als Exil empfinden. Übrigens hatte sie, infolge der überraschenden Rückkehr des Herrn Le Ray, Chaumont bereits zuvor verlassen und in das nahegelegene Fossé ausweichen müssen. Dorthin war Chamisso ihr gefolgt; nicht nach Coppet – noch nicht.

Er war an einem Ort gelandet, der damals auch nach dem Kaiser benannt war, aber in der Vendée lag: Napoleon-Vendée (sonst La Roche sur Yon, südlich der Stadt Nantes gelegen). Frau von Staël hatte ihn dorthin an den Präfekten Barante empfohlen, homme de lettres trotz seiner Jugend, der sich im Verkehr mit Chamisso lebhaft an der deutschen Sprache und Literatur interessiert zeigt (er hat sich später an die Übersetzung Schillerscher Dramen gewagt!). Diese Zeit in der Vendée läßt sich freundlich an:

Heiter blick ich ohne Reue
In des Himmels reine Bläue
In der Sterne funkelnd Gold,
Ist der Himmel, ist die Freundschaft,
Ist die Liebe mir doch hold.
Laure, mein Schicksal, laure.
Keine Stürme, keine Schmerzen,
Heitre Ruh im vollen Herzen . . .

Drei Strophen, in heiterer Gelassenheit geschrieben, freilich klingt jede Schlußzeile: Laure, mein Schicksal, laure . . . Diese Verse stehen in einem Brief an Hitzig, 10. Oktober 1810. Es ist eine Zeit der Windstille. »Das Leben gibt mir nichts, gönnt mir aber ein Großes, die müßigste, ungestörteste Ruhe. – Das Leben hat mich eine Zeit lang geschaukelt, ich habe manches gesehen, gefühlt, erfahren, nun hat mich die Flut auf diesem Ufer einstweilen zurückgelassen, und bis etwa die Ebbe mich wieder wegspült, genieß' ich des Schlafes und der Träume . . .« (am 17. November an Fouqué).

Was seine Tage ausfüllt – scheinbar ausfüllt – sind Übersetzungen, ist Vermittlung deutscher Ideen an interessierte Franzosen; eine Beschäftigung also, die seiner Existenz zwischen beiden Nationen entspricht. Aber seine Hauptarbeit ist vergebens. Schlegels *Vorlesungen über dramatische Kunst und Literatur*, an deren Übersetzung Chamisso schon gemeinsam mit Helmina Chézy gearbeitet hatte, wird von demselben Bannstrahl bedroht, der *De l'Allemagne* getroffen hatte; zu allem hin macht der Verleger Nicolle bankrott. »So ist denn auch mein Vertrag, den ich zu Gunsten von Herrn von Chamisso mit ihm geschlossen habe, zum Teufel« (Schlegel aus Bern an Frau von Staël, Dezember 1810).

In den Briefen, die Chamisso aus Napoleon-Vendée geschrieben hat – an Hitzig, Rosa Maria, Varnhagen, Wilhelm Neumann, Fouqué –, klingt durch seine inbrünstige Sehnsucht nach freundschaftlicher Teilnahme die Hinneigung zu Deutschland, das Interesse für alles, was in Berlin, in Hamburg vorgeht. Das mühelose, windstille Leben ekelt ihn bisweilen. »Die Welt ist mir so grau, das Herz so kalt – es möchte kein Hund länger so leben. Um Lust dem Leben abzugewinnen, muß man wirklich Kaiser, Künstler, verliebt oder gar blödsinnig sein . . .« (an Wilhelm Neumann). Als er im Spätsommer 1811 Napoleon-Vendée mit seinem lauen, flauen Dunst hinter sich läßt, reist er jedoch nicht nach Deutschland, sondern nach Coppet.

Bald nach seiner Ankunft schreibt er an Hitzig. Nach dem schönen Satz »das Jahr wird alt, die Bäume falben, bald versilbert frischer Schnee die Gipfel der Gebirge« kommt die Sprache auf Frau von Staël: »Nun noch ein Wort von meinem Verhältnis zu meiner Wirtin. Sie jetzt zu verlassen, nicht auszudauern, bis ihr Schicksal sich auflöst, ist wirklich schwer. Denn sie ist sehr unglücklich; den sie liebt, den trifft der Fluch. Ihre ganze Freundschaft ist von ihr verscheucht, und wer eine Zeit ihr Glück geteilt, kann sich nicht so leicht von ihr abwenden, wenn sie bedürftig ist, und befreundeter gebildeter Umgang, ihr eigentliches Lebenselement, ihr sonst wie die freie Luft mißgönnt wird. Sie achtet und schätzt meinen Charakter; das erste Mal, daß ich bei ihr war, empfand sie wohl einen großen Reiz zu mir, dies Mal fand ich sie in einem Verhältnis befangen, das sie ganz von mir entfernte, und ich selber trat stolz und fremd zurück, so waren wir sehr kalt gegen einander. Sie nennt mich stolz und ich setze mich gegen sie, wie gegen eine Übermacht zu Wehre, sie achtet es auch an mir.«

Chamissos Empfindungen gegenüber dieser ungewöhnlichen Frau spiegeln sich auch in einem seiner seltenen französischen Gedichte, »An Corinna« gerichtet (*Corinna* ist der Titel ihre bedeutendsten Romans), das mit den Worten beginnt: »J'ai vu la Grèce et je retourne en Scytie« (ich habe Griechenland gesehen und ich kehre nach Skytien zurück – und es geht weiter: um in meinen Wäldern meinen Stolz und meine Trauer zu verbergen). Er hat die Verse jenem inhaltschweren Brief an Hitzig beigelegt, der voll herzlicher Liebe zu »Skytien« und seinen Bewohnern ist. – Hitzig macht in einem seiner Briefe nach Coppet die Bemerkung, »um Deutschland wiederum an den Namen der heldenmütigen Verfechterin seines Werts zu erinnern«, was Chamisso seiner »Herrin« nicht vorenthält; sie ist beglückt, dankbar für jeden Sonnenstrahl. Bei aller Distanz, die Chamisso als Mann zu dieser Frau gefunden hat, übt sie, Corinna-Kirke, ihren Zauber: »Jeglichesmal, daß ich die Siebenmeilen-Stiefel anzuziehen Miene mache, hält mich die Herrin mit Kunst und Natur fest, ich tue ihr den Willen, denn sie hat Macht.«

Scharf beobachtend und fein fühlend erlebt er das Schicksal der ruhelos zwischen Coppet und Genf pendelnden Frau. Sie glaubt sich halb gefangen und ständig von den Augen und Ohren und greifenden Händen im Dienst des Kaisers bedroht. Schlegel reist umher, um nützliche Beziehungen zu knüpfen (sein Verhältnis zu Frau von Staël hat manche Ähnlichkeit mit dem Varnhagens zur Rahel). Die liebeshungrige Frau erhitzt sich an einer Romanze mit John Rocca, einem im Krieg blessierten Jüngling aus vornehmer Genfer Familie, einem Phantasten – aber nicht unbedeutend, Byron hat ihn geschätzt. Daß diese Liebeserschütterung der alternden Frau mehr Schmerz als Trost bringt, ist kein Wunder.

Chamisso vertrödelt seine Tage nicht. Er treibt ernsthafte spanische und englische Studien, lernt im See das Schwimmen; im Frühjahr 1812 beginnt er sich der Pflanzenwelt zuzuwenden – ob er schon ahnt, daß die Botanik sein Leben bestimmen wird? Langsam löst er sich von seiner Umgebung, von seiner »Herrin«. »Ich bin nun ganz rücksichtslos, mein eigener Herr« (am 24. Mai an Hitzig). Dann endlich, aus Müllene im Kanton Bern, am 18. August 1812: »Te Deum laudamus! Die Gränze liegt hinter mir«. Im Rückblick hat er eine merkwürdige Begebenheit festgehalten, das »letzte rührende Blatt aus der Geschichte der freien Republik Genf . . . Nachdem die Capitulation abgeschlossen, durch welche sie Frankreich einverleibt, verfügten sich die Schultheiße feierlich nach dem großen Käfig an der Rhone, worin die Adler [Stadt- und Staatswappen] ernährt wurden, öffneten den, und ließen die königlichen Tiere frei auffliegen. Da war Genf gewesen«.

Im September ist Chamisso wieder in Berlin. Es ist die Zeit, da die »grande armée«, dieses gigantische europäische Heer den Njemen überschritten hatte und immer tiefer nach Rußland hinein rückte. Chamisso – war er nun in seinem Vaterland? Hatte er es endlich gefunden?

Scientia amabilis

Scientia amabilis – die liebenswerte Wissenschaft – wurde in alter Zeit die Botanik genannt. Es ist schon angedeutet worden, daß Chamisso sich während seines Jahres am Genfersee nach und nach dem Studium der Pflanzenwelt zugewandt hat, in dem er später seinen Lebensberuf gefunden, das ihn auch auf seine Weltreise geführt hat. Von ungefähr ist diese Hinwendung, die zur Lebensentscheidung wurde, nicht gekommen. Sie wurzelt in frühesten Kindheitserlebnissen; wir haben auch aus dem Brief des 23jährigen an de la Foye zitiert, der von der Kindererziehung handelt – »erziehe also einen Naturforscher!«

Die Naturwissenschaft, vor allem die Botanik, wird von nun an Chamissos Leben bestimmen. Hier folgen einige Sätze aus Briefen vom Genfersee, die diese Wende andeuten:

»Ich habe mit diesem Frühjahr die Botanik zu treiben angefangen – ich finde hier Leichtigkeit und Anleitung dazu, und dies Land ist gleichsam der botanische Garten Europas« (24. Mai 1812 an Hitzig).

»Diesen Sommer hab' ich ganz der Botanik gewidmet, und dem stillen innigen Genusse der schönsten Natur, die mir wie eine Geliebte ist, von der ich scheiden muß« (im August an Rosa Maria).

». . . auch will ich jetzt als mein eigener Herr bei meinem auf Deinen Anstoß unternommenen botanischen Studium hier den hohen Sommer erwarten, sodann ins Gebirg und nach vollbrachter Wallfahrt, mißgönnen es da nicht die Zeitumstände, leise nach meinem Norden abrutschen« (undatiert an de la Foye).

»August Staël war mir ein lieblicher und freundlicher Gefährte. Ich trieb einzig Botanik, durfte, wollte nicht nach Genf – wir machten vier verschiedene Excursionen, teils in den

Jura, teils in die savoyischen Voralpen – August wollte mich in die Schweiz begleiten. Das Wetter blieb immer schlecht . . . Ich hatte immer mit meinem Herbario, jetzt an 1 000 Gattungen schon stark, zu tun . . . Es ist unglaublich, was meine Beine gut sind, Führer halten es bei mir nicht aus. Suters Flora, eine botanische Capsel und eine Presse für Pflanzen, sind nebst einer Landcharte, die ganze Bagage, die ich bei mir führe« (aus Müllene am 18. August an Hitzig).

Die Jahre des Zauderns und Schwankens sind vorüber. »Ich folge meines Auges gradem Blicke – das soll vor der Hand meine Ethik, meine Theosophie, meine Philosophie sein.« So schreibt Chamisso nach seiner Rückkehr nach Berlin an Fouqué. Und an de la Foye: »Ich will alle Naturwissenschaften mehr oder weniger umfassen, und in einigen Jahren als ein gemachter Mann und ein rechter Kerl vor mir stehend, der zu einer gelehrten Reise . . . als tauglich sich darstellen könne.« Und, nach einem geringschätzigen Wort über gelehrte Haarspalterei: »Der Wissenschaft will ich durch Beobachtung und Erfahrung, Sammeln und Vergleichen mich nähern.« An der neu errichteten Universität Berlin studiert er, als Mediziner immatrikuliert, Anatomie und Naturwissenschaften. Er steht im 32. Lebensjahr, ein alter Knabe unter den Jungen. Aber das ficht ihn nicht an: »Mein Studium genügt mir, ich gefalle mir mitten unter den Knochen, die ich kennen lernen will, in meiner Tabaksbrennerei, und mir wird wohl in Bruder Hitzigs Familie« (an Fouqué).

»Alle Naturwissenschaften« umfassen, mit der weisen Einschränkung »mehr oder weniger«. Gründlich betreibt er die Anatomie, die Zoologie, in der er später Beträchtliches leisten wird, die Mineralogie (zu Hitzig: »Ich hätte nimmermehr geglaubt, daß die Steine so viel Verstand hätten«). Chamissos große Liebe gehört aber der Pflanzenwelt und der scientia amabilis, die sie ergründet.

Und er entfaltet seine ganze Kraft, wenn er der geliebten Wissenschaft unter freiem Himmel nachgehen kann. Dietrich von Schlechtendal, in späteren Jahren sein naher Kollege und Herausgeber der *Linnaea,* Journal für die Botanik, hat es festgehalten: »Wohl erinnere ich mich so mancher weiten und mancher beschwerlichen Fußwanderung, mit ihm und anderen Befreundeten unternommen, auf der bald anhaltender Regen uns bis auf die Haut durchnäßte, bald drückende Hitze uns plagte, oder Sümpfe und Seen durchwatet wurden, um Pflanzen zu erjagen, und dann auch wohl der Versuch gewagt wurde, im Freien zu übernachten, um Zeit zu gewinnen ... Überall war Chamisso voran, der Erste, der Eifrigste, von kräftigem Körper und fester Ausdauer. Eine alte schwarze Kurtka [Rock nach polnischem Schnitt] oder eine nicht minder alte verschossene und fleckige Sommerkleidung, bestehend aus runder Jacke und langen Beinkleidern aus dem selben olivgrünen Zeuge ... eine mächtige grüne Kapsel an ledernem Riemen umgehängt, eine kurze Pfeife im Munde, ein schmuckloser Tabaksbeutel irgendwo angehängt, einige Lebensmittel aus den kleinen Seitentaschen der Jacke hervorschielend, das war der Aufzug, in welchem er auszog, und abends, durch Schweiß und Staub nicht verschönert, oft noch ein kräutergefülltes Taschentuch in der Hand, den geputzten Scharen der Berliner Sonntagswelt entgegentrat ...«

Hat Chamisso in einer Zeit gelebt, die für die Botanik besonders aufgeschlossen war? Solange es Menschen gibt, haben sie in der Pflanzenwelt, mit der Pflanzenwelt, von der Pflanzenwelt gelebt – die Sammler, die Ackerbauern ganz und gar, die Hirtenvölker, insofern sie auf die Nahrung für ihre Tiere angewiesen waren und den wohltäten Schatten. Bäume, Früchte, Kräuter, Blumen sind durch die Jahrtausende besungen worden. Dem griechischen Geist, seinem Bestreben, in der Schönheit die Wahrheit und in der Wahrheit die Schönheit zu suchen, entsprang die wahrscheinlich früheste wissenschaftliche Betrachtung der Pflanzenwelt. In der geistigen Sicht Platos erhält sie ihren festen Platz. Sein großer Schüler Aristoteles kann als Ahnherr der botanischen Wissenschaft gelten; seine einschlägigen Schriften sind verloren, aber wir haben sein Wissen im Werk seines Schülers Theophrast (371-287 v. Chr.): die früheste systematische Darstellung der Pflanzen. In römischer Zeit hat besonders Plinius dieses Erbe gemehrt. Aus dem Mittelalter zeugen Kräuterbücher von botanischem Interesse. Was die Klostergärten für die mittelalterliche Botanik waren, wurden in der neueren Zeit die botanischen Gärten, wofür Kew an der Themse das älteste und großartigste Beispiel bietet.

Chamisso hat in einem Brief die Schweiz den botanischen Garten Europas genannt. Vielleicht ist es kein Zufall, daß unter den frühen namhaften Botanikern zwei Schweizer sind: Bauhin von Basel, der im 17. Jahrhundert wirkte; er hat ein Verzeichnis von 2460 Pflanzen angelegt. Und im 18. Jahrhundert Albrecht von Haller aus Bern, der zeitweilig in Göttingen gelehrt, dort auch den botanischen Garten der Universität begründet hat. In dem Schweden Linné (1707 - 1778) hat die Botanik ihren eigentlichen wissenschaftlichen Begründer gefunden. Er hat das System der »binären Nomenklatur« eingeführt, das heißt: Jede Pflanze wird seither mit einem Gattungsnamen und einem Speciesnamen, lateinisch beide, benannt. Linné und Chamisso sind verwandte Naturen. Auch dieser Schwede war ein ganzer Kerl, der seiner Wissenschaft am liebsten unter freiem Himmel nachging, ein unermüdlicher Wandersmann, der manche seiner Exkursionen, vor allem seine Reise durch Lappland, in kraftvoller Sprache beschrieben hat; es steckte in ihm auch etwas von einem Poeten. Wie er zu wirken vermochte, zeigt ein Wort Goethes (1816 in einem Brief an Zelter): »Diese Tage habe ich wieder Linné gelesen und bin über diesen außerordentlichen Mann erschrocken. Ich habe unendlich viel von ihm gelernt, nur nicht Botanik. Außer Shakespeare und Spinoza wüßte ich nicht, daß irgendein Abgeschiedener eine solche Wirkung auf mich getan.«

Dieser erstaunliche Ausspruch führt uns auf die Frage zurück: Hat die Zeit, in der Chamisso lebte und wirkte – und das war ja so ziemlich die »Goethezeit« – ein geschärftes Empfinden für die Pflanzenwelt, für die Wissenschaft der Botanik gehabt? Auch hier wird man an die ungeheure Wirkung des Jean Jacques Rousseau denken müssen, an seinen Titananruf: Zurück zur Natur! Aus seiner Naturbegeisterung sind die

Briefe über Botanik (1771) erwachsen, »eine kurze, leicht geschriebene Anleitung zum Erkennen der Pflanzen« (Jessen), die nicht ihres wissenschaftlichen Gehalts, sondern seines Namens wegen weite Verbreitung fanden.

Die Natur ist immer ein mächtiges Element der Poesie gewesen. Aber es ist unverkennbar, daß sie seit der Mitte des 18. Jahrhunderts immer stärker die Poesie durchdringt, im Göttinger Hainbund, bei den Schweizern, dann, herrlich gipfelnd, beim jungen Goethe. Wie sich in Goethe Naturempfindung und Naturforschung durchdringen, die Begeisterung den Forscherdrang weckt! Es ist auch an die Waldschwärmerei der Romantiker zu denken, in deren Gesellschaft unser emigrierter Franzose sich in das deutsche Geistesleben hineingefunden hat. Die Frage, die wir stellen, ohne uns eine bündige Antwort anmaßen zu wollen, lautet: Hat die liebevolle Aufmerksamkeit für die Schönheit der Natur den Boden für die Wissenschaft der Botanik bereitet? Goethe wäre dafür ein Kronzeuge. Aber auch bei Chamisso führt ein Weg von der Liebe des vor den Menschen flüchtenden Kindes zu Blumen, Sträuchern, Bäumen hin zu der liebenswerten Wissenschaft, der scientia amabilis.

Peter Schlemihl

Ein Sommer auf dem Lande . . .: so könnte man Chamissos Dasein zwischen Mai und Oktober 1813 nennen, und alles, was in diesen Worten schwingt wie Duft von frischem Heu und reifem Korn, atmete dieser Mann in seiner ruhevollen Geschäftigkeit damals auf Schloß Cunersdorf im Oderbruch. »Das Schloß ist in jenem Stil gebaut, der damals in der Mark ausschließlich Geltung hatte, und am richtigsten als ›verflachte Renaissance‹ bezeichnet worden ist. Ein Erdgeschoß, eine Bel-Etage, eine Rampe, ein geräumiges Treppenhaus, ein Vorflur, dahinter ein Gartensalon und von dem Salon aus ein Blick in den Park. Das Ganze breit, behaglich, gediegen.« So lesen wir in Fontanes *Wanderungen durch die Mark Brandenburg*. Und einige Seiten weiter:

»Die schönste Stunde im Schloß ist die Morgenstunde. Noch ist alles still; draußen leuchtet ein klarer Septemberhimmel, Luft und Sonne strömen durch das offene Fenster ein. Unter dem Fenster hin zieht sich ein Garten, mit Rasenplatz und Blumen-Rondell. Die Gänge sind frisch geharkt; keine Fußspur durchbricht die glatten Furchen; nur hier und da sieht man ein Gekräusel im Sand, von einem Huhn herrührend, das sich aus dem Hof in den Garten stahl. Die Bosquets sind abgeblüht; die Spätlinge des Jahres, meist rote Verbenen, haben an der Rampenwand ein warmes Plätzchen gesucht; dort trifft sie eben die volle Morgensonne.

Hinter dem Garten steigt der Park auf und mitten durch den Park hin, in grader Linie auf das Schloß zu, zieht sich, kanalartig, ein breiter Teich. Die Bäume zur Rechten des Wassers stehen dicht und dunkel; aber nach links hin lichten sie sich, und durch die Lichtungen hindurch, über weiße Birkenbrücken hinweg, blicken wir weit in das offene Wiesenland hinein.

Friede ringsum, auf das Fensterbrett vor mir setzt sich ein Spatz und zwitschert und sieht mich an, als erwart' er sein Morgenbrod von mir. Er pickt die Krumen auf, die ich ihm hingeworfen, und unterwegs seine Flügel ins Wasser tauchend, fliegt er über die Breite des Teiches hin.

Einzelne Sträucher lachen mit roten Beeren aus dem Unterholz des Parkes hervor; die große Linde, halb herbstlich schon, streut bei jedem Luftzug ein gelbes Blatt auf die Gänge nieder; aber im Fallen zögern einzelne Blätter wieder und raffen sich auf, als überlegten sie, ob sie nicht lieber steigen sollten. Vereinzelte Vogelstimmen singen in den Morgen hinein; sonst alles still; nur das Wasser, nun fast ein Jahrhundert schon, fällt an derselben Stelle melodisch-einförmig über das Wehr, wie ein Ewiges, das die Bilder der Zeitlichkeit umschließt.«

Das ist der Ort, das ist die Atmosphäre, in der Chamisso den Peter Schlemihl gefunden oder sich in Peter Schlemihl gefunden hat. Dabei sind die Pflanzen sein Hauptumgang. Am Ende erstellt er ein »Verzeichnis der auf den Friedländischen Gütern cultivierten Gewächse. Nebst einem Beitrage zur Flora der Mittelmark«. Nebenher gibt er den Jungen französischen Sprachunterricht und, Reserveoffizier, der er ist, exerziert er mit dem Landsturm aus den umliegenden Dörfern.

Er hätte freilich in diesem Jahr 1813 sich auch zur Truppe melden können. Aber noch einmal, zum letzten Mal, quält ihn der Zweifel, wohin er eigentlich gehört. Unter all dem Schwertgeklirr der schmerzvolle Aufschrei dieses Mannes: »Nein, die Zeit hat kein Schwert für mich!« Er äußert einmal: »Wüßte ich nur recht klar, daß die Völker nicht den Zwist der Könige, sondern die Könige den Zwist der Völker führen« – vortrefflich klug gesagt, und doch kaum mehr als eine Ausrede. In Wirklichkeit fühlt er sich zerrissen in seiner Liebe zu den Franzosen und den Deutschen.

Am 27. Mai aus Cunersdorf an Varnhagen: »In einem Kriege gegen Frankreich darf ich, kann ich – der Kerl, der ich bin – nichts für mich holen wollen; aber in einem Kriege für Norddeutschland hätte ich wohl meine Knochen zu Markte tragen können, und ich war erbötig, es zu tun, – es kann wohl noch etwas der Art vorkommen; ich helfe hier den Landsturm exerciren, und kommt es zu einem Bauernkrieg, so kann ich mich wohl darein mischen, – pro aris et focis, – mit Euch unterzugehen will ich nicht verneinen.«

Ein unruhvoll-ruhevoller Sommer. Wohliger, erfüllter Tageslauf eines gern gesehenen Hausgastes im ländlichen Schloß. Jede Stunde wie ein heilsamer Tropfen in ein zerrissenes Herz, das in einer nach Taten rufenden und von Taten dröhnenden Zeit zaudert und trauert. Aus dieser doppelbödigen Stimmung von Traurigkeit und Heiterkeit entsteht, spielerisch, mühelos, eine märchenhafte Geschichte, zauberhafte Beschwörung einer seit langem geliebten Gestalt.

Chamisso an Hitzig, Cunersdorf, den 27. September 1813: »Du vergissest niemanden, Du wirst Dich noch eines gewissen Peter Schlemihls erinnern, den Du in früheren Jahren ein paarmal bei mir gesehen hast, ein langbeiniger Bursch', den man ungeschickt glaubte, weil er linkisch war, und der wegen seiner Trägheit für faul galt. Ich hatte ihn lieb, – Du kannst nicht vergessen haben, Eduard, wie er uns einmal in unserer grünen Zeit durch die Sonette lief, ich brachte ihn mit auf einen der poetischen Tees, wo er mir noch während des Schreibens einschlief, ohne das Lesen abzuwarten. Nun erinnere ich mich auch eines Witzes, den Du auf ihn machtest. Du hattest ihn nämlich schon, Gott weiß wo und wann, in einer alten schwarzen Kurtka gesehen, die er freilich damals noch immer trug, und sagtest: ›der ganze Kerl wäre glücklich zu schätzen, wenn seine Seele nur halb so unsterblich wäre, als seine Kurtka.‹ – So wenig galt er bei euch. – Ich hatte ihn lieb. – Von diesem Schlemihl nun, den ich seit langen Jahren aus dem Gesicht verloren hatte, rührt das Heft her, das ich Dir mitteilen will. Dir nur, Eduard, meinem nächsten, innigsten Freunde, meinem bess'ren Ich, vor dem ich kein Geheimnis verwahren kann, teil' ich es mit, nur Dir und, es versteht sich von selbst, unserm Fouqué, gleich Dir in meiner Seele eingewurzelt – aber in ihm teile ich es bloß dem Freunde mit, nicht dem Dichter. – Ihr werdet einsehen, wie unangenehm es mir sein würde, wenn etwa die Beichte, die ein ehrlicher Mann im Vertrauen auf meine Freundschaft und Redlichkeit an meiner Brust ablegt, in einem Dichterwerke an den Pranger geheftet würde, oder nur, wenn überhaupt unheilig verfahren würde, wie mit einem Erzeugnis schlechten Witzes, mit einer Sache, die das nicht ist und sein darf. Freilich muß ich selbst gestehen, daß es um die Geschichte schad' ist, die unter des guten Mannes Feder nur albern geworden, daß sie nicht von einer geschickteren fremden Hand in ihrer ganzen komischen Kraft dargestellt werden kann. – Was würde nicht Jean Paul daraus gemacht haben! – Übrigens, lieber Freund, mögen hier manche genannt sein, die noch leben; auch das will beachtet sein.

Noch ein Wort über die Art, wie diese Blätter an mich gelangt sind. Gestern früh bei meinem Erwachen gab man sie mir ab, – ein wunderlicher Mann, der einen langen grauen Bart trug, eine ganz abgenützte schwarze Kurtka anhatte, eine botanische Kapsel darüber umgehangen, und bei dem feuchten, regnichten Wetter Pantoffeln über seine Stiefel, hatte sich nach mir erkundigt und dieses für mich hinterlassen; er hatte, aus Berlin zu kommen, vorgegeben. – – –«

Man sieht, er setzt das Spiel im Briefe fort. Diese Figur hat Chamissos Dichterruhm begründet. – Und so fängt *Peter Schlemihls wundersame Geschichte* an:

»Nach einer glücklichen, jedoch für mich sehr beschwerlichen Seefahrt erreichten wir endlich den Hafen. Sobald ich mit dem Boote ans Land kam, belud ich mich selbst mit meiner kleinen Habseligkeit, und durch das wimmelnde Volk mich drängend, ging ich in das nächste, geringste Haus hinein, vor welchem ich ein Schild hängen sah. Ich begehrte ein Zimmer, der Hausknecht maß mich mit einem Blick und führte mich unters Dach. Ich ließ mir frisches Wasser geben und genau beschreiben, wo ich den Herrn Thomas John aufzusuchen habe. – ›Vor dem Nordertor das erste Landhaus zur rechten Hand, ein großes, neues Haus, von rot und weißem Marmor mit vielen Säulen.‹ Gut. – Es war noch früh an der Zeit; ich schnürte sogleich mein Bündel auf, nahm meinen neu gewandten, schwarzen Rock heraus, zog mich reinlich an, in meine besten Kleider, steckte das Empfehlungsschreiben zu mir und setzte mich alsbald auf den Weg zu dem Manne, der mir bei meinen bescheidenen Hoffnungen förderlich sein sollte.

Nachdem ich die lange Norderstraße hinaufgestiegen und das Tor erreicht, sah ich bald die Säulen durch das Grüne schimmern. – ›Also hier‹, dacht' ich. Ich wischte den Staub von meinen Füßen mit meinem Schnupftuch ab, setzte mein Halstuch in Ordnung, und zog in Gottes Namen die Klingel. Die Tür sprang auf. Auf dem Flur hatt' ich ein Verhör zu bestehn; der Portier ließ mich aber anmelden, und ich hatte die Ehre, in den Park gerufen zu werden, wo Herr John – mit einer kleinen Gesellschaft sich erging. Ich erkannte gleich den Mann am Glanze seiner wohlbeleibten Selbstzufriedenheit. Er empfing mich sehr gut, – wie ein Reicher einen armen Teufel, wandte sich sogar gegen mich, ohne sich jedoch von der übrigen Gesellschaft abzuwenden, und nahm mir den dargehaltenen Brief aus der Hand. – ›So, so! von meinem Bruder; ich habe lange nichts von ihm gehört. Er ist doch gesund? – Dort‹, fuhr er gegen die Gesellschaft fort, ohne die Antwort zu erwarten, und wies mit dem Brief auf einen Hügel, ›dort laß ich das neue Gebäude aufführen.‹ Er brach das Siegel auf und das Gespräch nicht ab, das sich auf den Reichtum lenkte. ›Wer nicht Herr ist wenigstens einer Million‹, warf er hinein, ›der ist, man verzeihe mir das Wort, ein Schuft‹ oh, wie wahr!‹ rief ich aus, mit vollem überströmendem Gefühl. Das mußte ihm gefallen; er lächelte mich an und sagte: ›Bleiben Sie hier, lieber Freund, nachher hab' ich vielleicht Zeit, Ihnen zu sagen, was ich hierzu denke, er deutete auf den Brief, den er sodann einsteckte, und wandte sich wieder zu der Gesellschaft. – Er bot einer jungen Dame den Arm, andere Herren bemühten sich um andere Schönen, es fand sich, was sich paßte, und man wallte dem rosenumblühten Hügel zu.

Ich schlich hinterher, ohne jemandem beschwerlich zu fallen; denn keine Seele bekümmerte sich weiter um mich. Die Gesellschaft war sehr aufgeräumt, es ward getändelt und gescherzt, man sprach zuweilen von leichtsinnigen Dingen wichtig, von wichtigen öfters leichtsinnig, und gemächlich erging besonders der Witz über abwesende Freunde und deren Verhältnisse. Ich war da zu fremd, um von alledem vieles zu verstehen, zu bekümmert und in mich gekehrt, um den Sinn auf solche Rätsel zu haben.

Wir hatten den Rosenhain erreicht. Die schöne Fanny, wie es schien, die Herrin des Tages, wollte aus Eigensinn einen blühenden Zweig selbst brechen, sie verletzte sich an einem Dorn, und wie von den dunkeln Rosen floß Purpur auf ihre zarte Hand. Dieses Ereignis brachte die ganze Gesellschaft in Bewegung. Es wurde Englisch-Pflaster gesucht. Ein stiller, dünner, hagrer, länglicher, ältlicher Mann, der neben mir ging, und den ich noch nicht bemerkt hatte, steckte sogleich die Hand in die knapp anliegende Schoßtasche seines altfränkischen, grautafftenen Rockes, brachte eine kleine Brieftasche daraus hervor, öffnete sie und reichte der Dame mit devoter Verbeugung das Verlangte. Sie empfing es ohne Aufmerksamkeit für den Geber und ohne Dank, die Wunde ward verbunden, und man ging weiter, den Hügel hinan, von dessen Rücken man die weite Aussicht über das grüne Labyrinth des Parkes nach dem unermeßlichen Ozean genießen wollte.

Der Anblick war wirklich groß und herrlich. Ein lichter Punkt erschien am Horizont zwischen der dunklen Flut und der Bläue des Himmels. ›Ein Fernrohr her!‹ rief John, und noch bevor das auf den Ruf erscheinende Dienervolk in Bewegung kam, hatte der graue Mann, bescheiden sich verneigend, die Hand schon in die Rocktasche gesteckt, daraus einen schönen Dollond hervorgzogen und ihn dem Herrn John eingehändigt. Dieser, es sogleich an das Aug' bringend, benachrichtigte die Gesellschaft, es sei das Schiff, das gestern ausgelaufen, und das widrige Winde im Angesicht des Hafens zurücke hielten. Das Fernrohr ging von Hand zu Hand und nicht wieder in die des Eigentümers; ich aber sah verwundert den Mann an und wußte nicht, wie die große Maschine aus der winzigen Tasche herausgekommen war; es schien aber niemandem aufgefallen zu sein, und man bekümmerte sich nicht mehr um den grauen Mann als um mich selber.

Erfrischungen wurden gereicht, das seltenste Obst aller Zonen in den kostbarsten Gefäßen. Herr John machte die Honneurs mit leichtem Anstand und richtete da zum zweitenmal ein Wort an mich. ›Essen Sie nur, das haben Sie auf der See nicht gehabt.‹ Ich verbeugte mich, aber er sah es nicht, er sprach schon mit jemand anderem.

Man hätte sich gern auf den Rasen am Abhange des Hügels der ausgespannten Landschaft gegenüber gelagert, hätte man die Feuchtigkeit der Erde nicht gescheut. Es wäre göttlich, meinte wer aus der Gesellschaft, wenn man türkische Teppiche hätte, sie hier auszubreiten. Der Wunsch war nicht sobald ausgesprochen, als schon der Mann im grauen Rock die Hand in der Tasche hatte und mit bescheidener, ja demütiger Gebärde einen reichen, golddurchwirkten, türkischen Teppich darauszuziehen bemüht war. Bediente nahmen ihn in Empfang, als müsse es so sein, und entfalteten ihn am begehrten Orte. Die Gesellschaft nahm ohne Umstände Platz darauf; ich wiederum sah betroffen den Mann, die Tasche, den Teppich an, der über zwanzig Schritte in der Länge und zehn in der Breite maß, und rieb mir die Augen, nicht wissend, was ich denken sollte, besonders, da niemand etwas Merkwürdiges darin fand.

Ich hätte gern Aufschluß über den Mann gehabt und gefragt, wer er sei, nur wußt' ich nicht, an wen ich mich richten sollte; denn ich fürchtete mich fast noch mehr vor den Herren Bedienten als vor den bedienten Herren. Ich faßte endlich ein Herz und trat an einen jungen Mann heran, der mir von minderem Ansehen schien als die andern, und der öfter allein gestanden hatte. Ich bat ihn leise, mir zu sagen, wer der gefällige Mann sei dort im grauen Kleide. – ›Dieser, der wie ein Ende Zwirn aussieht, der einem Schneider aus der Nadel entlaufen ist?‹ ›Ja, der allein steht‹. – ›Den kenne ich nicht‹, gab er mir zur Antwort, und, wie es schien, eine längere Unterhaltung mit mir zu vermeiden, wandt' er sich weg und sprach von gleichgültigen Dingen mit einem andern.

Die Sonne fing jetzt stärker zu scheinen an und ward den Damen beschwerlich; die schöne Fanny richtete nachlässig an den grauen Mann, den, so viel ich weiß, noch niemand angeredet hatte, die leichtsinnige Frage, ob er nicht auch vielleicht ein Zelt bei sich habe? Er beantwortete sie durch eine so tiefe Verbeugung, als widerführe ihm eine unverdiente Ehre, und hatte schon die Hand in der Tasche, aus der ich Zeuge, Stangen, Schnüre, Eisenwerk, kurz alles, was zu dem prachtvollsten Lustzelt gehörte, herauskommen sah. Die jungen Herren halfen es ausspannen, und es überhing die ganze Ausdehnung des Teppichs – und keiner fand noch etwas Außerordentliches darin. –

Mir war schon lang' unheimlich, ja graulich zumute; wie ward mir vollends, als beim nächsten ausgesprochenen Wunsch ich ihn noch aus seiner Tasche drei Reitpferde, ich sage dir, drei schöne, große Rappen mit Sattel und Zeug herausziehen sah! – denke dir, um Gottes willen! drei gesattelte Pferde noch aus derselben Tasche, woraus schon eine Brieftasche, ein Fernrohr, ein gewirkter Teppich, zwanzig Schritte lang und zehn breit, ein Lustzelt von derselben Größe, und alle dazu gehörigen Stangen und Eisen herausgekommen waren! – Wenn ich dir nicht beteuerte, es selbst mit eigenen Augen angesehen zu haben, würdest du es gewiß nicht glauben.

So verlegen und demütig der Mann selbst zu sein schien, so wenig Aufmerksamkeit ihm auch die andern schenkten, so ward mir doch seine blasse Erscheinung, von der ich kein Auge abwenden konnte, so schauerlich, daß ich sie nicht länger ertragen konnte.

Ich beschloß, mich aus der Gesellschaft zu stehlen, was bei der unbedeutenden Rolle, ich ich darinnen spielte, mir ein leichtes schien. Ich wollte nach der Stadt zurückkehren, am andern Morgen mein Glück beim Herrn John wieder versuchen und, wenn ich den Mut dazu fände, ihn über den seltsamen grauen Mann befragen. – Wäre es mir nur so zu entkommen geglückt!«

Nun, Peter Schlemihl entkommt dem Grauen nicht, der

sich kriecherisch-höflich an ihn heranmacht, ihm seine Schätze nennt, allerhand Märchen- und Sagenhaftes, die Alraunwurzel, ein Galgenmännlein, Fortunati Wunschhütlein und Glücksseckel – bei diesem letzten wird der gute Junge schwach, und schon weist der Graue ihm das Zauberding vor, einen »mässig großen, festgenähten Beutel, von starkem Korduanleder, an zwei tüchtigen ledernen Schnüren«; greift man hinein, so hat man die Hand voll Goldmünzen, sooft man will. »Top! der Handel gilt.« Und im Nu bemächtigt sich der Graue des Schattens, den Schlemihl aufs Gras wirft, denn auf den hatte er es abgesehen.

Nun lebt Peter Schlemihl als der Mann ohne Schatten; grenzenlos reich, aber todunglücklich, weil ihm etwas mangelt, das niemand beachtet, solange man es hat, das aber den zum Paria stempelt, dem es fehlt. Wo immer er sich im Licht blicken läßt, erregt er Grausen, Spott oder allenfalls Mitleid. Er flüchtet sich ins Dunkel, verkriecht sich in seinem Hotelzimmer. Er hat keinen Menschen, dem er sich anvertrauen kann, als einen treuen Diener namens Bendel (so hieß Chamissos Offiziersbursche im Regiment Götze). Neben dem guten Bendel gibt es noch einen schurkischen Lakeien namens Rascal, der sich aus dem Zauberbeutel seines Herrn ausgiebig bedient und ihm zum Hohn seine Mina ausspannt, das gute und schöne Mädchen, das den Peter glücklich gemacht hätte, wenn diese entsetzliche Sache mit dem Schatten nicht wäre. Auf dem Höhepunkt der Intrige stellt sich der Graue ein, bereit, den Schatten herzugeben unter Belassung des Glücksseckels, nur gegen eine Unterschrift mit einem Tropfen Blut . . .

Die Geschichte ist bezaubernd, schalkhaft geplaudert und traurig zugleich, und wunderbarerweise nicht an einen Zuhörer, einen Leser gerichtet, sondern Peter Schlemihl spricht zu Chamisso: »Da träumt' es mir von Dir, es ward mir, als stünde ich hinter der Glastüre Deines kleinen Zimmers, und sähe Dich von da an Deinem Arbeitstische zwischen einem Skelett und einem Bunde getrockneter Pflanzen sitzen, vor Dir waren Haller, Humboldt und Linné aufgeschlagen, auf

Deinem Sopha lagen ein Band Goethe und der Zauberring, ich betrachtete Dich lange und jedes Ding in Deiner Stube, und dann Dich wieder, Du rührtest Dich aber nicht, Du holtest auch nicht Atem, Du warst tot.«

Die Versuche des Grauen, doch noch zu Schlemihls Unterschrift und so zu seiner Seele zu kommen, scheitern; bei der letzten Versuchung wirft Peter den Glücksseckel fort, ohne dafür seinen Schatten wiederzugewinnen. Den Schatten ist er los, aber seine Seele hat er bewahrt. Einzigartig, wie in dieser »wundersamen Geschichte« der Teufel gemalt ist . . . Chamisso hat später, 1826 in Berlin, Arthur Schopenhauer kennengelernt. Sie sind im Gespräch, seltsam genug, auf den Teufel gekommen. Chamisso hat Schopenhauer gewarnt, ihn zu schwarz zu malen, ein gutes Grau sei für ihn ausreichend.

»Ich saß da ohne Schatten und ohne Geld; aber ein schweres Gewicht war von meiner Brust genommen . . .« Mit diesen Worten wird die wundersame Wende im Leben des Peter Schlemihl eingeleitet. Er sitzt und träumt, seine Mina schwebt an ihm vorüber, der ehrliche Bendel. »Viele sah ich noch, auch Dich, Chamisso, im fernen Gewühl; ein helles Licht schien, es hatte aber keiner einen Schatten . . .« Am andern Morgen, bei Musterung seiner ärmlichen Ausrüstung, mißfällt ihm sein abgenutztes Schuhwerk. In einer Jahrmarktsbude, von einem schönen blondlockigen Knaben bedient, ersteht er ein Paar derbe gebrauchte Stiefel. Kaum hat er sie an den Füßen und ist, nach Norden gewendet, einige Schritte gegangen, befindet er sich zwischen Felsen und altersgrauen Tannen – noch einige Schritte, und er steht im ewigen Eis, Scharen von Seehunden stürzen sich vor ihm in die Flut. Peter Schlemihl hat Siebenmeilenstiefel an den Füßen.

Die knappen Schilderungen arktischer und tropischer Landschaften, die der Dichter damals noch nicht mit eigenen Augen gesehen hatte, sind von eindringlicher Präzision und Schönheit. Eine ungewisse Existenz, im Sinnbild des Mannes ohne Schatten, findet ihren Sinn in der Erfahrung, Umfahrung der Erde. Wunsch und Willen zu einer Weltreise mag

Chamisso in jenem Sommer auf dem märkischen Gut bereits gehabt haben. Unmöglich konnte er wissen, daß dieser Traum sich bald verwirklichen werde – drei Jahre Weltumseglung, und danach alles, was er zuvor entbehrt hatte, Vaterland, Familie, bürgerliche Existenz.

Peter Schlemihls wundersame Geschichte hat den Weltruhm ihres Erfinders begründet. Wir beschränken uns darauf, an Hand der *Bibliotheca Schlemihliana*, die bis 1919 erschienenen Ausgaben und Übersetzungen summarisch zu benennen, also aus rund hundert Jahren nach der ersten, von Freund Fouqué besorgten Augabe (1814). Die unveränderten Neuauflagen nicht gerechnet, ist das Buch wärend dieser Zeit in Deutschland achtzigmal erschienen. Weitere vierzehn Ausgaben in deutscher Sprache kamen in England und Amerika heraus, zehn in Frankreich, vier in Rußland. Die Erzählung ist in zwölf Sprachen übersetzt worden. Zuerst, wie recht und billig, ins Französische. Der erste erfolgreiche Übersetzer (Freund de la Foye hatte seine Übersetzung nicht anbringen können) war der Bruder Hippolyte. In Marbach befindet sich der Entwurf eines Briefes, worin Adelbert dem älteren Bruder die Bedeutung des Wortes Schlemihl erklärt. Es sei ein hebräischer Name und heiße soviel wie Gottlieb, Theophilos oder aimé de Dieu. In der gewöhnlichen Sprache der Juden (also im sogenannten Jargon) sei es die »Benennung von Ungeschickten und Unglücklichen, denen nichts in der Welt gelingt. Ein Schlemihl bricht den Finger in der Westentasche, er fällt auf den Rücken und bricht das Nasenbein, er kommt immer zur Unzeit.« Man sollte nicht übersehen, daß der Dichter an dieser Stelle den in Vergessenheit geratenen ursprünglichen Wortsinn erwähnt. Zu dieser ersten von insgesamt 33 (!) französischen Ausgaben hat Chamisso ein Vorwort geschrieben (au Jardin botanique de Berlin, ce 10 septembre 1821). Es heißt darin, bescheiden, aber doch wohl nicht ohne Koketterie: »I'ai eu l'imprudence de laisser voir le manuscrit a quelques amis; ils ont eu l'indiscretion de le faire imprimer« (Ich war so unvorsichtig, das Manuskript einigen Freunden zu zeigen; sie waren so indiskret, es drucken zu lassen). Ein Jahr später ist die erste englische Übersetzung, illustriert von Cruikshank, erschienen, der nicht weniger als 24 weitere folgen sollten. Dann kam die erste spanische Übersetzung; dann eine holländische; dann eine italienische (L'uomo senz' ombra); eine Übersetzung ins Polnische. Dies alles noch zu Chamissos Lebzeiten, der bei manchen Ausgaben selbst Hand anlegen konnte. Nach seinem Tode wurde Peter Schlemihl noch ins Russische, Tschechische, Schwedische, norwegische und sogar (1902) ins Isländische übersetzt.

»Wundersam«, in der Tat, wie eine so leicht und leise erzählte Geschichte, schwebend zwischen Traum und Tag, gebildet aus Märchenhaftem, Ureigenem und Zufälligem, eine solche Wirkung tun konnte. Es mag sein, daß der *Peter Schlemihl* anfänglich als eine Erzählung für Hitzigs Kinder gedacht war – freilich auch für den Erzfreund selbst und seine schöne junge Frau. Der Satz, daß nichts schwerer sei, als das Leichte zu schaffen, verträgt die Umkehr: daß nichts leichter entsteht als das Schwerlötige, Hochkarätige. Am unreifen Obst wird herumgezerrt. Die reife Frucht gibt sich wie von selbst in die ausgestreckte Hand.

Adelbert von Chamisso.
Stich von Steifensand nach
einer Zeichnung von Ferdinand Weiß

Adelbert von Chamisso.
Gemälde von Robert Reinicke

Die Reise um die Welt

»Das Jahr wird alt, die Sonne schwach, die Luft kalt, die Erde feucht und dunkel, die Asternarten sind schon meist verblüht und die Bäume gelben – es muß bald Winter werden . . . Ich bin noch immer Student medicinae, was hab' ich besseres zu tun, als den Winter bei der Universität und vielleicht mit in den Lazaretten zuzubringen« – Spätherbststimmung auf dem Lande. Chamisso kehrt nach Berlin zurück – ein alter, aber gewissenhafter Student. Inzwischen war die Schlacht bei Leipzig geschlagen, Napoleons Rolle in Deutschland ausgespielt – wir besitzen kein Wort aus Chamissos Feder darüber. Er schreibt aus Berlin an de la Foye: »Ich habe diesen Winter ein naturphilosophisches Collegium von Horkel – ein physikalisches über Magnetismus und Elektricität von Erman, und sonst ein lateinisches von Wolf gehört. – Ich arbeite immer an der Aufstellung der Museen (nun die Fische) und endlich habe ich mein Herbarium vor – mein Schatz und meine Lust – so soll es sein und bleiben, – Lieber, was würde aus mir, wenn mir das Heu zu widerstehen anfinge! – Kein anderes Vaterland habe ich doch, kann ich doch haben, als die gelehrte Republik, wo ich bescheiden und still mich einzubürgern gedenke, und da meine kleine Freiheit harmlos zu genießen.«

Die Sicherheit und Behaglichkeit des studierenden Mannes beruhte auf der Häuslichkeit seines Freundes Hitzig, der Chamisso angehörte wie ein Familienmitglied. Das nahm im Mai 1814 ein trauriges Ende. Die junge Frau starb an ihrem zehnten Hochzeitstag; acht Kinder hatte sie geboren, zwei davon waren ihr im Tode vorausgegangen. »Mein Haus ist verödet« (Chamisso an de la Foye). Eine Hausgenossin und Vertraute der Verstorbenen, Lotte Piaste, sorgt für die Kinder (der Name Piaste wird in Chamissos Leben noch eine Rolle spielen). Hitzig, nach Chamissos Worten »weich und fest, ein unsäglich unglücklicher Mann – aber ein ganzer«, tritt um der Sicherheit seiner Kinderschar willen in den Staatsdienst zurück, vergräbt sich in seine Kanzleigeschäfte. Chamisso fühlt sich einsam; literarische Tees, auch wenn ein E.T.A. Hoffmann teilnimmt, ersetzen ihm nicht den verlorenen häuslichen Frieden. Auch sorgen die Weltereignisse noch einmal dafür, daß sein Zwiespalt zwischen zwei Nationen zu brennen beginnt wie eine alte Narbe beim Wettersturz. Napoleon ist von Elba ausgerissen, hat im Triumph seinen Weg nach Paris genommen, und das bedeutet noch einmal Krieg zwischen Preußen und Franzosen. Die Sehnsucht, die Welt zu umfahren, zu erfahren, die auch den Peter Schlemihl beflügelt, regt sich mit Ungestüm.

Da ist ein Fürst von Wied, der eine Expedition nach Brasilien vorbereitet. Chamisso bewirbt sich – »als Student möchte ich brauchbar sein, nicht als Gelehrter; aber man reist als Schüler aus, um zu sammeln, und heimgekehrt verarbeitet man, mit neuer Kraft ausgerüstet, das Gesammelte; einen anspruchslosen, eifrigen, rüstigen Gehülfen würden Sie an mir haben«. Doch scheitert das Projekt an der Finanzierung; er hätte die Kosten selbst tragen müssen.

»Da kam mir zufällig einmal bei Julius Eduard Hitzig ein Zeitungsartikel zu Gesichte, worin von einer nächst bevorstehenden Entdeckungs-Expedition der Russen nach dem Nordpol verworrene Nachricht gegeben ward. ›Ich wollte, ich wäre mit den Russen am Nordpol!‹ rief ich unmutig aus, und stampfte wohl dabei mit dem Fuß. Hitzig nahm mir das Blatt aus der Hand, überlas den Artikel und fragte mich: ›Ist es Dein Ernst?‹ – ›Ja!‹ – ›So schaffe mir sogleich Zeugnisse deiner Studien und Befähigung zur Stelle. Wir wollen sehen, was sich tun läßt‹«.

Der Kapitän jenes Forschungsschiffs sollte ein gewisser Otto von Kotzebue sein, ein Sohn des Mannes, der, gebürtiger Thüringer, russischer Staatsrat war und der überaus fruchtbare Schreiber ungezählter Theaterstücke, die in aller Welt, das hochklassische Weimar nicht ausgenommen, ein begieriges Publikum fanden. Denn die Ärmsten hatten ja noch kein Kino, kein Radio, kein Fernsehen. August von Kotzebue, so hieß der weltberühmte Mann, war mit Hitzig von Königsberg her bekannt, und der Erzfreund benutzte diese Verbindung, die auch prompt funktionierte. Mit Schreiben vom 12. Juni 1815 (beiläufig bemerkt sechs Tage vor Waterloo) wurde Chamisso angeboten, an Stelle des erkrankten Professors Ledebour als Naturforscher an der Weltreise teilzunehmen. Die folgenden Wochen sind überstrahlt von Vorfreude. Bevor wir aber unserem Mann auf seine Reise um die Welt folgen, soll angedeutet werden, was in jener Zeit, zwischen 1768 (der ersten Ausfahrt Cooks) und 1818 (dem Ende der Weltreise, an der Chamisso teilnahm) Reisen zur See bedeutet haben.

In den 1790er Jahren hat Professor Schlözer in Göttingen (mit seinem *Staatsanzeiger* damals der führende deutsche Journalist) Vorlesungen über Land- und Seereisen gehalten, um seinen Studenten doch etwas Brauchbares auf den Lebensweg mitzugeben. Die Welt hatte der Professor nicht umsegelt, aber genug Erfahrungen gesammelt. Man liest in dem Kollegheft eines gewissenhaften Studenten namens Ebel:

»Man accordire durch einen Kaufmann. Der Accord ist in Geld des Ortes, wo man hinkommt. Auch namentlich für die Coje, die man sich aussuchen kann. Man sey reinlich mit weißer Wäsche. Den Koffer kann man nicht mit in die Kajüte nehmen. Kommt man zu spät, so wird er oben angebunden. Man schicke ihn also bey Zeiten aufs Schiff. Ein Felleisen aber nehme man mit. Man muß sich beym Schiffer auf das Schiff accordiren, nehme aber doch einen Esskorb mit. Diesen fülle man mit kaltem Braten, Hühnern, Schinken, Würsten und Zitronen soviel man kann. Auch mit Tabak, Zucker, Kaffee und Schnaps – wenn auch nur für die Matrosen. – Guten alten Wein vornehmlich. Man schliesse Esskorb und Flaschenfutter an, denn die Matrosen naschen tüchtig. An den Steuermann wende man sich deswegen, der freylich dann mitisst. Man hüte sich vor Passagieren, die immer nöthigen, mitzuessen.« Schlözer fügt hinzu: »Nirgends lernt man die Menschen besser kennen, wenigstens tolerieren, als zur See. Man heiratet sich beinahe.«

Der Professor liest dann über Incommoda, als: Zu volle Kajüte, Sturm und Gegenwind, Seekrankheit. Wir zitieren daraus:

»Schlimm, wenn der Mast knackt, ohne welchen das Schiff schwer weiterzubringen ist. Während des Sturmes setzen sich Seevögel aufs Schiff. Kein Mensch greife nach ihnen, denn die Matrosen leiden es nicht. Ein vier Stunden langer Sturm ist unbeträchtlich. Bey länger dauerndem reissen die Sachen los. Wer in der Coje liegt, mache sie zu. Noch schlimmer, wenn im Raum etwas los geht, wo sich oft mit Gefahr des Untergehens alles auf eine Seite wirft. Kein Licht in der Kajüte – kein Feuer brennt. Nur beym Compass ist ein Licht. Der Steuermann ist mit Stricken ans Ruder gebunden. Der Schiffer giebt nach ein paar Tagen wieder zu essen. Viele machen ihre Teller auf dem Tisch vest oder haben sehr schwere. Oft aber ist daran nicht zu denken. Um etwas aus dem Esskorb zu erhalten, bedarf es drei Menschen. Noch schlimmer beim Trinken. Auf dem Abtritt am ärgsten, wo man zwei Helfer braucht. Im December und im Januar friert man dabey halb todt. Schön, wenn es donnert und blitzt. Auch nach dem tobendsten Sturm werden die Matrosen muthwillig. Die See geht hohl, lange nach dem Sturm. Herrlich ist der Appetit, selbst der Seekranken.

Keine lange Pfeife, keine Untertasse, keine Gläser zu sehen. Pokale. Beym Aussteigen kann man kaum gehen.

Wenn der Sturm sich bald legen will, zeigen sich ein paar kleine Flämmchen an der Spitze des Mastes. Bey stockfinsterer Nacht sieht man einen Feuerstrom in der See. Linné erklärt ihn durch kleine Thierchen. Wer Matrosen hat arbeiten sehen, wird begreifen, warum der Admiral vor dem Feldmarschall geht.

Doch thun unter hundert Stürmen neunundneunzig kein Unglück.

Seekrankheit. Die einen Stein erbarmen möchte.

§ 1. Sie ist ein hoher Grad von Uebelkeit mit beständigem

Zwang zum Erbrechen. Isst man etwas, so bricht mans weg, isst man nichts, so würgt man.

§ 2. Entsteht: 1. vom Teergeruch.
2. von der Bewegung.
3. von der Furcht – ähnlich den Wirkungen des Schwindels.

§ 3. Nicht alle Menschen haben sie gleich stark. Je stärker, robuster und älter man ist, desto leichter bekommt man sie. Meist, jedoch nicht immer, bleibt sie auf der dritten, vierten Reise weg. Bisweilen, wenn es in den ersten Tagen schwacher oder sehr guter Sturm ist, bekommt man sie gar nicht.

§ 4. Viel kommt auf Diät an, und auf die übrige Lebensart. Man esse nicht viel, sobald man einen Reiz zum Brechen verspürt. So nichts Süsses. Man esse etwas, aber harte Sachen, wie Grütze, Erbsen, Geräuchertes und trinke etwas Starkes. Man bleibe nicht immer in der Kajüte, bleibe möglichst lange auf dem Verdeck. In jener sind zuviel Dünste, und die Bewegung ist viel stärker, denn diese ist in der Mitte am schwächsten. Wenn es regnet ohne Sturm, kann man sich unter die Seegel setzen. Zum Essen setzt man sich auf die Treppe.

Vom Brechen enthalte man sich möglichst lange. Man gehe an die Pumpe und pumpe so lange man kann. Wer nicht stark ist, wird sie nur erträglich bey erstem Sturm oder wohl gar nicht kriegen. Fürchterlich, wenn sie lang dauert, wohl vierzehn Tage. Man verfällt, kann nicht stehen. Unter zwanzig Menschen bekommen sie immer fünfzehn, doch hat man noch keinen Fall, dass einer blos daran gestorben ist. Am Lande esse man ja nicht gleich nach der Seekrankheit, man kann sich überessen. Seekrankheit ist eine wahre Kur, aber eine Pferdekur.«

Nach der Probe aus Schlözers Vorlesung zwei Zeugnisse, wie das seltene, ja einmalige Erlebnis einer Seereise auf große Geister gewirkt hat –». . . und was gibt ein Schiff, das zwischen Himmel und Meer schwebt, nicht für weite Sphäre zu denken! Alles gibt hier dem Gedanken Flügel und Bewegung und weiten Luftkreis! Das flatternde Segel, das immer wankende Schiff, der rauschende Wellenstrom, die fliegende

Wolke, der weite unendliche Luftkreis! Auf der Erde ist man an einem toten Punkt angeheftet; und in den engen Kreis einer Situation eingeschlossen. Oft ist jener der Studierstuhl in einer dumpfen Kammer . . .« (Herder, *Journal meiner Reise im Jahr 1769)*. Das Schiff hat ihn von Riga nach Bordeaux geführt. Losgelöst vom Erdenstaub: »O Seele, wie wird dirs sein, wenn du aus dieser Welt hinaustrittst? Der enge, feste, eingeschränkte Mittelpunkt ist verschwunden, du flatterst in den Lüften oder schwimmst auf einem Meere – die Welt verschwindet dir – ist unter dir verschwunden!«

Welcher Standort zum Philosophieren – »unter einem Maste auf dem weiten Ozean sitzend, über Himmel, Sonne, Sterne, Mond, Luft, Wind, Meer, Regen, Strom, Fisch, Seegrund philosophieren und die Physik alles dessen aus sich herausfinden zu können, Philosoph der Natur, das sollte dein Standpunkt sein mit dem Jünglinge, den du unterrichtest! . . . auch ich will mich unter den Mast stellen, wo ich saß, und den Funken der Elektrizität vom Stoß der Welle bis ins Gewitter fühlen, und den Druck des Wassers bis zum Druck der Luft und der Winde erheben, und die Bewegung des Schiffes, um welche sich das Wasser umschließt, bis zur Gestalt und Bewegung der Gestirne verfolgen, und nicht eher aufhören, bis ich mir selbst alles weiß, da ich bis jetzt mirs selbst nichts weiß . . .«

Gewaltig, vom Meerwind beflügelt, schweift der Geist dieses Mannes – er war damals Mitte der zwanzig – über unermessene Bereiche. »Ist Norden oder Süden, Morgen oder Abend, die Vagina hominum gewesen?« Er ahnt, daß die griechische Mythologie samt ihrer Dichtung aus dem Schaum des Meeres geboren ist. Dazwischen Bemerkungen über das Leben auf dem Schiff: »Das Schiff ist das Urbild einer sehr besondern und strengen Regierungsform. Da es ein kleiner Staat ist, der überall Feinde um sich siehet, Himmel, Ungewitter, Wind, See, Strom, Klippe, Nacht, andre Schiffe, Ufer, so gehört ein Gouvernement dazu, das dem Despotismus der ersten feindlichen Zeiten nahe kommt. Hier ist ein Monarch und sein erster Minister, der Steuermann: alles hinter ihm hat seine angewiesenen Stellen und Ämter, deren Vernachlässigung und Empörung insonderheit so scharf bestraft wird . . .« Herders Reisejournal, nach Golo Mann zu den schönsten Seiten deutscher Prosa gehörend, strömt aus in die Vision einer idealen Schule.

Goethes Erfahrungen zur See sind ein Teil seiner Italienischen Reise. Die kurzen Seereisen von Neapel nach Sizilien und sieben Wochen später nach Neapel zurück sind die einzigen in seinem langen Leben geblieben. Er ist erwartungsvoll an Bord gegangen – »Eine Seereise fehlte mir ganz in meinen Begriffen.« Zeigt uns die Meerfahrt Herder als einen Mann voll schöpferischer Ideen, so erweist sich Goethe als der Lebenskluge, aber auch, erstaunlich, als Mann der Tat. Aus der Italienischen Reise:

»Seefahrt, Donnerstag den 29. März.

Nicht wie bei dem letzten Abgange des Packetboots wehte dießmal ein förderlicher frischer Nord-Ost, sondern leider von der Gegenseite ein lauer Süd-West, der allerhinderlichste; und so erfuhren wir denn, wie der Seefahrer vom Eigensinne des Wetters und Windes abhängt. Ungeduldig verbrachten wir den Morgen bald am Ufer, bald im Kaffeehaus; endlich bestiegen wir zu Mittag das Schiff und genossen bei'm schönsten Wetter des herrlichsten Anblicks. Unfern vom Molo lag die Corvette vor Anker. Bei klarer Sonne eine dunstreiche Atmosphäre, daher die beschatteten Felsenwände von Sorrent vom schönsten Blau. Das beleuchtete lebendige Neapel glänzte von allen Farben. Erst mit Sonnenuntergang bewegte sich das Schiff, jedoch nur langsam, von der Stelle, der Widerwind schob uns nach dem Posilippo und dessen Spitze hinüber. Die ganze Nacht ging das Schiff ruhig fort. Es war in Amerika gebaut, schnellsegelnd, inwendig mit artigen Kämmerchen und einzelnen Lagerstätten eingerichtet. Die Gesellschaft anständig munter: Operisten und Tänzer, nach Palermo verschrieben.

Freitag den 30. März.

Bei Tagesanbruch fanden wir uns zwischen Ischia und Capri, ungefähr von letzterem ein Meile. Die Sonne ging hinter den Gebirgen von Capri und Capo Minerva herrlich auf. Kniep zeichnete fleißig die Umrisse der Küsten und Inseln und ihre verschiedenen Ansichten; die langsame Fahrt kam seiner Bemühung zu statten. Wir setzten mit schwachem und halbem Winde unsern Weg fort. Der Vesuv verlor sich gegen vier Uhr aus unsern Augen, als Capo Minverva und Ischia noch gesehen wurden. Auch diese verloren sich gegen Abend. Die Sonne ging unter in's Meer, begleitet von Wolken und einem langen, meilenweit reichenden Streifen, alles purpurglänzende Lichter. Auch dieses Phänomen zeichnete Kniep. Nun war kein Land mehr zu sehen, der Horizont ringsum ein Wasserkreis, die Nacht hell und schöner Mondschein.

Ich hatte doch dieser herrlichen Ansichten nur Augenblicke genießen können, die Seekrankheit überfiel mich bald. Ich begab mich in meine Kammer, wählte die horizontale Lage, enthielt mich, außer weißem Brot und rothem Wein, aller Speisen und Getränke und fühlte mich ganz behaglich. Abgeschlossen von der äußern Welt ließ ich die innere walten, und da eine langsame Fahrt vorauszusehen war, gab ich mir gleich zu bedeutender Unterhaltung ein starkes Pensum auf. Die zwei ersten Acte des Tasso, in poetischer Prosa geschrieben, hatte ich von allen Papieren allein mit über See genommen. Diese beiden Acte, in Absicht auf Plan und Gang ungefähr den gegenwärtigen gleich, aber schon vor zehn Jahren geschrieben, hatten etwas Weichliches, Nebelhaftes, welches sich bald verlor, als ich nach neueren Ansichten die Form vorwalten und den Rhythmus eintreten ließ.«

Ein gehöriges Pensum, in der Tat, hat sich der Reisende vorgenommen und aufs schönste zu Ende geführt; im ersten Akt des *Tasso* schimmern Gartenbilder von bukolischem Reiz. So, in fleißiger Arbeit, zwischen Scherz und Mißbehagen, vergeht der Samstag. Am Sonntag:

»Um drei Uhr Morgens heftiger Sturm. Im Schlaf und Halbtraum setzte ich meine dramatischen Plane fort, indessen auf dem Verdeck große Bewegung war. Die Segel mußten eingenommen werden, das Schiff schwebte auf den hohen Fluthen. Gegen Anbruch des Tages legte sich der Sturm, die

Atmosphäre klärte sich auf. Nun lag die Insel Ustica völlig links. Eine große Schildkröte zeigte man uns in der Weite schwimmend, durch unsere Fernröhre als ein lebendiger Punkt wohl zu erkennen. Gegen Mittag konnten wir die Küste Siciliens mit ihren Vorgebirgen und Buchten ganz deutlich unterscheiden, aber wir waren sehr unter den Wind gekommen, wir lavirten an und ab. Gegen Nachmittag waren wir dem Ufer näher. Die westliche Küste, vom Lilybäischen Vorgebirge bis Capo Kallo, sahen wir ganz deutlich, bei heiterem Wetter und hell scheinender Sonne.

Eine Gesellschaft von Delphinen begleitete das Schiff an beiden Seiten des Vordertheils und schossen immer voraus. Es war lustig anzusehen, wie sie, bald von den klaren durchscheinenden Wellen überdeckt, hinschwammen, bald mit ihren Rückenstacheln und Floßfedern, grün- und goldspielenden Seiten sich über dem Wasser springend bewegten.«

Am Montag, im Angesicht der Küste von Sizilien, ist der Reisende auch physisch wieder auf der Höhe: »Dieser Morgen erschien mir höchst erfreulich.« Am Nachmittag des folgenden Tages läuft das Schiff in den Hafen von Palermo ein. Im Rückblick: »Ich habe nie eine Reise so ruhig angetreten, habe nie eine ruhigere Zeit gehabt . . .«

Erstaunliches ereignet sich auf der Rückreise. In Messina wurde ein französisches Schiff genommen, weil die weiße Flagge der Bourbonen gegen die eben jetzt wie Hornissen schwärmenden türkischen Korsaren den besten Schutz bot. Aber leider erwies sich der Kapitän als ein untüchtiger Mann, dem es wohl auch an einem rechten Patent mangelte. Davon wurde nach dem Absegeln alsbald gemunkelt – weder Kapitän noch Steuermann verstünden ihr Handwerk – »Ich ersuchte diese übrigens braven Personen, ihre Besorgnisse geheimzuhalten«. Aber am dritten Reisetag wurde die Besorgnis offenkundig und allgemein.

Auf der Höhe von Capri treibt das Schiff bei Windstille der Küste zu, »denn obgleich die Nacht die zunehmende Gefahr nicht unterscheiden ließ, so bemerkten wir doch, daß das Schiff, schwankend und schwippend, sich den Felsen näherte, die immer finsterer vor uns standen, während über das Meer hin noch ein leichter Abendschimmer verbreitet lag«. Unter den Passagieren bricht eine Panik aus, Kapitän und Steuermann werden als hergelaufene Krämer beschimpft. Goethe: »Mir aber, dem von Jugend auf Anarchie verdrießlicher gewesen, als der Tod selbst, war es unmöglich länger zu schweigen. Ich trat vor sie hin und redete ihnen zu, mit ungefähr eben so viel Gemüthsruhe als den Vögeln von Malcesine. Ich stellte ihnen vor, daß gerade in diesem Augenblick ihr Lärmen und Schreien denen, von welchen noch allein Rettung zu hoffen sei, Ohr und Kopf verwirrten, so daß sie weder denken noch sich unter einander verständigen könnten. ›Was euch betrifft‹, rief ich aus, ›kehrt in euch selbst zurück und dann wendet euer brünstiges Gebet zur Mutter Gottes, auf die es ganz allein ankommt, ob sie sich bei ihrem Sohne verwenden mag, daß er für euch thue was er damals für seine Apostel gethan, als auf dem stürmenden See Tiberias die Wellen schon in das Schiff schlugen, der Herr aber schlief, der jedoch, als ihn die Trost- und Hülflosen aufweckten, sogleich dem Winde zu ruhen gebot, wie er jetzt der Luft gebieten kann sich zu regen, wenn es anders sein heiliger Wille ist.‹

Diese Worte thaten die beste Wirkung. Eine unter den Frauen, mit der ich mich schon früher über sittliche und geistliche Gegenstände unterhalten hatte, rief aus: Ah! il Barlamé! benedetto il Barlamé! und wirklich fingen sie, da sie ohnehin schon auf den Knieen lagen, ihre Litaneien mit mehr als herkömmlicher Inbrunst leidenschaftlich zu beten an.«

Nun stellt sich das erflehte Wunder nicht prompt ein. Der Versuch, mit einem ausgesetzten Boot das Schiff aus der Gefahr hinauszurudern, mißlingt kläglich. Oben auf den Felsen versammeln sich Hirten und rufen einander zu, da unten strande ein Schiff! Aber ein leichter Wind, der in die schleunigst gesetzten Segel haucht, entfernt das Schiff von den drohenden Felsen.

Für Herder wie für Goethe ist die Meerfahrt ein nie wiederkehrendes Erlebnis gewesen. Es sollen noch zwei Weltfahrer zitiert werden, bevor wir Chamisso auf seine Reise folgen. –

»In meiner Kindheit hatte Cook den Vorhang weggezogen, der eine noch märchenhafte lockende Welt verbarg« sagt er im Vorwort zu seinem Weltreisetagebuch. Im Zeitalter der frühen wissenschaftlich motivierten Weltreisen ragen die drei Weltumseglungen des eisernen Engländers hervor (1768-71; 1772-75; 1776-80). Auf der zweiten Expedition haben ihn zwei Deutsche als Naturwissenschaftler begleitet, Johann Reinhold Forster und sein Sohn Georg; der war achtzehn, als die Reise begann. Dem Sohn verdanken wir den großen, auf den Aufzeichnungen des Vaters aufgebauten Reisebericht (der Alte, »the tactless philosopher«, hatte sich mit den Hochmögenden in London überworfen). Georg Forster wurde später in Mainz Jakobiner, was der Sympathie des die Ordnung liebenden Goethe keinen Abbruch getan hat. Seine Reiseberichte wurden verschlungen. Der begeisterte alte Wieland: »Das alles hast du erfahren – das alles hast du ausgehalten – ein Abgrund von Vergnügen und herzerhöhendem Selbstgefühl!«

Es folgt aus Forsters Reisebericht eine kurze Probe. Das Schiff, »The Resolution«, ist auf dem Weg vom Kap der Guten Hoffnung zur Antarktis.

»Am 22sten November Nachmittags um 4 Uhr segelten wir aus Tafel-Bay, und begrüßten beym Abschiede das Fort. Das unruhige Element, dem wir uns nunmehr von neuem anvertrauten, bewillkommte uns auf keine angenehme Art, denn wir hatten die ganze Nacht über mit heftigen Stoßwinden zu kämpfen. Die See leuchtete jetzt auf eben die Art, als wir bey unsrer Ankunft gesehen hatten, aber nicht so stark als damahls. Am folgenden Tage um acht Uhr des Morgens verloren wir das Cap aus dem Gesicht, und liefen gegen Süden. Da wir jetzt auf einer Reise begriffen waren, die doch niemand vor uns unternommen hatte, auch nicht wußten, wenn oder wo wir einen Erfrischungsort finden würden, so gab der Kapitän die gemessensten Befehle, daß mit dem Trinkwasser gut hausgehalten werden sollte. Zu dem Ende ward eine Schildwache an das Wasserfaß gestellt, und von dem Schiffsvolk bekam der Mann täglich ein gewisses Maß zugetheilt. außerdem durfte ein jeder auch noch beym Faß trinken, aber nichts mit sich nehmen. Der

Kapitän selbst wusch sich mit Seewasser, und unsere ganze Reisegesellschaft mußte sich ein gleiches gefallen lassen. Auch ward die von Herrn Irving verbesserte Destillirmaschine beständig im Gange erhalten, um die tägliche Abnahme des süßen Wassers wenigstens in etwas wieder zu ersetzen.

Am 29sten ging die See fürchterlich hoch, und brach oft über dem Schiffe. Das heftige Hin- und Herschwanken des Schiffs richtete täglich schreckliche Verwüstungen unter unsern Tassen, Gläsern, Bouteillen, Tischen, Schüsseln und anderm Geschirr an; allein die lustigen Auftritte, welche bey dieser allgemeinen Verwirrung vorfielen, und bey denen man sich des Lachens unmöglich enthalten konnte, machten uns gegen diesen in unsrer Lage unersetzlichen Verlust gelaßner, als wir ohnedieß wohl nicht geblieben seyn möchten. Das übelste dabey war, daß die Decken und Fußböden in allen Kajütten gar nicht trocken wurden, und das Heulen des Sturms im Tauwerk, das Brausen der Wellen nebst dem gewalthigen Hin- und Herwerfen des Schiffs, welches fast keine Beschäftigung verstattete, waren neue und fürchterliche Scenen, aber zugleich höchst beschwerlich und höchst unangenehm. Hiezu kam noch, daß, unerachtet wir uns erst im 42. Grade südlicher Breite befanden, die Luft doch schon sehr kalt und scharf zu werden anfing, gleichwie auch der häufige Regen dem Schiffsvolk den Dienst noch schwerer machte. Um nun die Leute einigermaßen gegen die rauhe Witterung zu schützen, ließ der Kapitän jedem, vom Lieutenant an bis zum gemeinsten Matrosen, einen Wamms und ein Paar lange Schifferhosen vom dicksten wollnen Zeuge, fearnought genannt, austheilen, welche die Nässe lange abhielten, und eben so wie alle übrige Artikel, welche die Admiralität von Lieferanten schaffen läßt, nur den einzigen Fehler hatten, daß sie fast durchgehends zu kurz oder zu knapp waren. Einen kritischen Augenblick erlebten wir diese Nacht. Ein Unteroffizier, der im Vordertheile des Schiffsraums schlief, erwachte von ungefähr, und hörte Wasser durch seine Schlafstelle rauschen, das gegen seine und seiner Kameraden Kisten heftig anstieß; er sprang sogleich zum Bette heraus, und fand sich bis an die Waden im

Wasser. Augenblicklich gab er dem Offizier auf der Hinterdecke Nachricht von diesem fürchterlichen Umstande, und in wenig Minuten war im ganzen Schiffe alles wach und in Bewegung. Man fing an zu pumpen, und die Offiziers redeten den Leuten mit einer ungewohnten und daher bedenklichen Gütigkeit Muth ein, daß sie nicht nachlassen sollten, aus allen Kräften zu arbeiten. Dennoch schien das Wasser überhand zu nehmen. Jedermann war in Furcht und Schrecken, und die Dunkelheit der Nacht vergrößerte nur die Abscheulichkeit unsrer Lage.«

Die buchstäblich elementare Gefahr war die ständige Begleiterin auf solchen Reisen. Man muß staunen, daß die meisten Schiffe glücklich heimkehrten nach abenteuerlichen Fahrten um die Welt, wobei das »Glück« begründet ist in solidestem Schiffbau, hochintelligenter Navigation und bewundernswerter Tüchtigkeit der Mannschaft. Wie mutige Männer einer Reise über den Ozean entgegensahen, erhellt aus einer Bemerkung in Alexander von Humboldts *Reise in die Äquinoktialsgegenden des Neuen Kontinents.* Humboldt befand sich im Jahr 1799 in dem spanischen Hafenplatz El Feroll und wartete auf die Einschiffung nach Venezuela.

»Der Augenblick, wo man zum erstenmal von Europa scheidet, hat etwas Ergreifendes. Wenn man sich noch so bestimmt vergegenwärtigt, wie stark der Verkehr zwischen beiden Welten ist, wie leicht man bei den großen Fortschritten der Schiffahrt über den Atlantischen Ozean gelangt, der, der Südsee gegenüber, ein nicht sehr breiter Meeresarm ist, das Gefühl, mit dem man zum erstenmal eine weite Seereise antritt, hat immer etwas tief Aufregendes. Es gleicht keiner der Empfindungen, die uns von früher Jugend auf bewegt haben. Getrennt von den Wesen, an denen unser Herz hängt, im Begriff, gleichsam den Schritt in ein neues Leben zu tun, ziehen wir uns unwillkürlich in uns selbst zusammen, und über uns kommt ein Gefühl des Alleinseins, wie wir es nie empfunden.«

»Den Schritt in ein neues Leben zu tun . . .« – dieses Bewußtsein hat im Sommer 1815 Chamisso erfüllt. Zwei Szenen von seinem Abschied von Berlin: Er übergibt dem Wirt seines Stammlokals eine halb angerauchte Pfeife mit der Weisung, das Ding gut zu verwahren: wenn ich wiederkomme, rauche ich sie fertig. Und einem vierzehnjährigen Kinde sagt er: wenn ich wiederkomme, heirate ich dich. Er hat beides wahr gemacht.

Er reist über Hamburg und Kiel nach Kopenhagen, um dort sein Schiff, die »Rurik« zu erwarten; die Briefe, die er an Hitzig geschrieben hat – Vale pater, frater, amice – atmen Behagen und hochgestimmte Vorfreude. Der deutsche Postwagen, bemerkt er, sei recht eigentlich für den Botaniker eingerichtet, der Muße habe, neben der Straße Pflanzen zu sammeln, ohne das Fuhrwerk aus den Augen zu verlieren. Ein alter Grönlandfahrer, jetzt Elbschifferknecht, sei der einzige unterhaltsame Passagier gewesen. Endlich »kamen wir in die liebe schöne Stadt Hamburg an«. Die vertrauten alten Bekannten, Christen und Juden, findet er wohlauf (von den letzteren befindet sich Dr. Julius als Freiwilliger bei der Armee). Aus diesem Brief geht übrigens hervor, daß auch Claudius zu Chamissos Bekanntenkreis dort gehört – »er mag mich, wie ich ihm auch von Herzen zugetan bin«. Am 22. Juli in Kiel: »Ich war hier gleich zu Hause, wie ich es überhaupt überall gleich zu sein die Gabe unvermutet in mir finde« – auch ein Zeichen seiner Hochstimmung. Von Kiel dann mit dem Paketboot an Falster und Mön vorbei nach Kopenhagen. Es ist seine erste Seefahrt, die Seekrankheit bleibt nicht aus, aber angesichts grüner Ufer »fühlt ich mich geographisch von nahen Küsten umengt, so daß ich nichts großes, erhebendes, ungewohntes in der ganzen Fahrt fand und, so fabelhaft es klingen mag, diese See meinem Gefühle zu enge war«. Am 26. Juli ist Kopenhagen erreicht. »Hier, mein Freund, hatte ich gleich meine Stube, meine Normalkneipe und teilnehmende liebe Freunde.« Zu denen zählte auch Ölenschläger, damals Dänemarks bekanntester Dichter.

»Und nun, mein Lieber, ist der Rurik angekommen (am 9. Morgen) und ich habe nur 3 Tage, um an Bord zu steigen . . . Das Schiff ist ganz klein, eine Kutter-Brigg von 20 Mann

Equipage, 6 Stück eisernen Kanonen, 2 metallenen und zwei kleinen Haubitzen – eine Cajüte für den Kapitän, eine zweite mit vier Betten und der Schiffsraum für die Equipage . . .« Das ist die erste Schilderung des Schiffs, des Brettergehäuses, auf dem unser Mann drei Jahre lang hausen und leben wird, rund um den Erdball geschaukelt, die längste Zeit durch die unermeßlichen Wasserwüsten des pazifischen Ozeans von Kap Horn bis Sibirien und Alaska. – Eine Brigg ist ein Schnellsegler mit zwei Masten, Großmast und Fockmast, mit Rahen an beiden; übrigens kommt das Wort vom italienischen Brigantina, Seeräuberschiff.

Die »Rurik«, ein Schiff von 180 to, war auf einer Werft in der finnischen Hafenstadt Abo (Turku) gebaut worden; Finnland gehörte zum Russischen Reich. Man hatte auf Eichenholz verzichten müssen. Die Brigg wurde aus Fichtenholz unter Verwendung von Kupferplatten gebaut. Das Material war von so vorzüglicher Beschaffenheit, daß nach der dreijährigen Reise durch alle Klimazonen und schwere Stürme das Schiff für eine neue Weltreise tauglich befunden wurde. Es war mit den modernsten und teuersten Apparaten ausgestattet – Kompassen, Sextanten, Thermometern, Hydrometern, Barometern, Teleskopen; zwei englische Chronometer hatten allein 50 und 80 Guinees gekostet.

Die Fahrt von Kopenhagen nach Plymouth, bei meist widrigen Winden und naßkaltem Wetter, dauert drei Wochen. »Die Zeit dieser Fahrt war für mich eine harte Lehrzeit. Ich lernte erst die Seekrankheit kennen, mit der ich unausgesetzt rang, ohne sie noch zu überwinden. Es ist aber der Zustand, in den diese Krankheit uns versetzt, ein erbärmlicher. Teilnahmslos mag man nur in der Koje liegen, oder oben auf dem Verdecke, am Fuße des großen Mastes, sich vom Winde anwehen lassen, wo näher dem Mittelpunkte der Bewegung dieselbe unmerklicher wird. Die eingeschlossene Luft der Kajüte ist unerträglich, und der bloße Geruch der Speisen erregt einen unsäglichen Ekel. Obgleich mich der Mangel an Nahrung, die ich nicht bei mir behalten konnte, merklich schwächte, verlor ich dennoch nicht den Mut. Ich ließ mir von andern erzählen, die noch mehr gelitten hatten als ich, und von Nelson, der nie zur See gewesen, ohne krank zu sein. Ich duldete um des freudigen Zieles willen die Prüfung ohne Murren.«

Eine harte Lehrzeit – nicht nur wegen der schauderhaften Seekrankheit, eingeschachtelt in die bedrängteste Enge. Das Verhältnis zum Kapitän wurde vom ersten Tag an unangenehm belastet. Chamisso wurde weder von ihm noch von anderer Seite über die ungeschriebenen Gesetze des Lebens an Bord belehrt, aber die Verstöße dagegen, die er arglos beging – etwa ungerufen den Kapitän in seiner Kajüte aufzusuchen –, wurden eisig registriert. Als man Plymouth erreicht hat: »Ich ward, sobald das Schiff vor Anker lag, zu dem Kapitän gerufen. Ich trat zu ihm in seine Kajüte ein. Er redete mich ernst und scharf an, mich ermahnend, meinen Entschluß wohl zu prüfen; wir seien hier in dem letzten europäischen Hafen, wo zurückzutreten mir noch ein Leichtes sei. Er gäbe mir zu überlegen, daß ich als Passagier an Bord eines Kriegsschiffes, wo man nicht gewohnt sei, welche zu haben, keinerlei Ansprüche zu machen habe. Ich entgegnete ihm betroffen: es sei mein unabänderlicher Entschluß, die Reise unter jeder mir gestellten Bedingung mitzumachen, und ich würde, wenn ich nicht weggewiesen würde, von der Expedition nicht abtreten. – Die Worte des Kapitäns, die ich hier wiederholt habe, wie sie ausgesprochen wurden und mir unvergeßlich noch im Ohre schallen, waren für mich sehr niederschlagend. Ich glaubte nicht Veranlassung dazu gegeben zu haben . . .«

Chamisso, Edelmann nicht nur seinem Familientitel nach, sondern mit einem ungewöhnlich feinen Ehrgefühl begabt, sah sich auf eine harte Probe gestellt. Nun ist es dem wahren Ehrgefühl eigen, sich in die Seele des andern, des mutmaßlichen Beleidigers, zu versetzen; er kann dann spüren, daß der andere zwar in unguter Manier, aber nicht in kränkender Absicht gehandelt oder gesprochen hat. Ein Mann von Ehre ist nicht auf jeden Anschein hin beleidigt (so traditionsbeladen solches Verhalten ist, aus ridikülen Anlässen Satisfaktion zu fordern und Blut zu vergießen). Chamisso hat gespürt, daß der Kapitän in ihm, dem mitreisenden Gelehrten, die starke Persönlichkeit gewittert hat; und »zwei Auctoritäten können auf einem Schiff nicht zusammen bestehen«. – Chamisso ist dennoch geblieben.

Daß man direkt nach Plymouth und nicht, wie geplant, zuvor nach London gesegelt war, brachte unseren Reisenden in Schwierigkeiten; denn er hatte sich Post und Kreditbriefe nach London schicken lassen. Man lag in Plymouth vier Wochen. Mit Engländern kam Chamisso nicht in näheren Kontakt, außer daß er mit seiner Aussprache überall Heiterkeit erregte. »Die Natur zog mich mehr an als die Menschen.« Das merkwürdigste an seinen Aufzeichnungen aus Plymouth sind die frischen Eindrücke von dem eben vorausgegangenen Aufenthalt Napoleons, der dort einige Zeit an Bord der »Bellerophon« zu sehen war, bevor ihn die »Northumberland« nach St. Helena entführte. Für Plymouth und Umgebung war das eine Sensation, und seltsam ist die Welle von Sympathie, die dem Besiegten entgegenschlug. »Allgemein war für den überwundenen Feind die Begeisterung, die aus allen Klassen des Volkes, besonders aus dem Wehrstande, einmütig uns entgegenschallte. Jeder erzählte, wann und wie oft er ihn gesehen und was er getan, in die Huldigung der Menge einzustimmen . . . Der Bellerophon hatte weit im Sunde vor Anker gelegen, und der Kaiser pflegte sich zwischen fünf und sechs Uhr auf dem Verdecke zu zeigen. Zu dieser Stunde umringten unzählige Boote das Schiff, und die Menge harrte begierig auf den Augenblick, den Helden zu begrüßen und sich an seinem Anblick zu berauschen.«

Am 4. Oktober 1815 beginnt recht eigentlich die Weltumsegelung der Rurik. Der Blick auf Cape Lizard am anderen Morgen ist der letzte Blick auf ein Stück europäischen Bodens für die Dauer von fast drei Jahren. Das Kap versinkt unter dem Horizont – »und nichts war zu sehen als Himmel und Wellen. Also auch gut«. – Überblicken wir jetzt die ganze Reiseroute, zeichnen wir sie in großen Zügen. Wer eine Anschauung gewinnen will, betrachte möglichst einen Globus;

zumal die Dimensionen des Pazifischen Ozeans kann kein Kartenbild vermitteln.

Nachdem westlich Plymouth der Atlantik erreicht war, ging der Kurs ziemlich genau nach Süden auf die Kanarischen Inseln; Ende Oktober lag man einige Tage vor Teneriffa. Von dort wird, südsüdwestlich segelnd, der Äquator passiert, der Atlantik überquert; Mitte Dezember ist bei der Insel Santa Catarina Brasilien in Sicht. Nach einem Aufenthalt von etwa zwei Wochen geht es mit südlichem Kurs weiter. Ende Januar 1816 wird Kap Horn umrundet, es geht nun nach Norden, der chilenischen Küste entlang; am 12. Februar landet die Rurik im Hafen von Talcahuano bei Concepcion; hier bleibt man bis in den März hinein vor Anker liegen, es ist die erste Station, die nähere Bekanntschaft mit Land und Leuten ermöglicht.

Am 8. März segelt das Schiff von Talcahuano ab. Am 19. Juni läuft es in den Hafen von Petropawlowsk auf Kamtschatka ein. Dazwischen liegt eine Welt, die Welt des Pazifischen Ozeans, und man muß staunen, wie diese Nußschale mit zwei Masten die ungeheuren Entfernungen in einem Vierteljahr überwinden konnte. Die Fahrt ging an Salas y Gomez vorbei, zur Osterinsel; durch den Tuamotu-Archipel, zwischen den Marquesas im Norden und den Gesellschaftsinseln im Süden. Bis hierher führte der Kurs ziemlich genau westwärts. Dann wird mehr und mehr in nordwestlicher Richtung gesteuert. Der Äquator wird wieder passiert. Am 21. Mai wird die Ratak-Inselgruppe angelaufen – eine Südseelandschaft, an die und an deren Menschen Chamisso bei einem späteren Aufenthalt beinahe endgültig sein Herz verloren hätte. Von Ratak segeln sie fast genau nach Norden. Unter dem 33. Breitengrad (das ist im atlantischen Bereich die Breite von Madeira) verliert der Himmel seine tiefe Bläue, der nordische Nebel beginnt. Am 19. Juni läuft das Schiff in den Hafen von Petropawlowsk ein; auf Kamtschatka, einer vom östlichsten Sibirien nach Süden gestreckten Halbinsel. »Hier, zu St. Peter und Paul, betrat ich zuerst den russischen Boden.«

Vier Wochen Leben auf dem festen Land. Dann geht die

Fahrt weiter, nach Norden. Die »Erforschung einer nordöstlichen Durchfahrt« war der eigentliche Auftrag der Expedition, also die Gewinnung neuer Erkenntnisse über die Meerenge zwischen Sibirien im Westen und Alaska im Osten, dem Pazifik im Süden und dem Eismeer im Norden. Das Russische Reich, jugendkräftig und nach der Überwindung Napoleons selbstbewußter denn je, konnte diese Erdgegend rundum als Interessenbereich betrachten; schon zwölf Jahre zuvor hatte man von St. Petersburg ein Forschungsschiff unter Krusenstern in diese Gegend entsandt; Otto von Kotzebue war als junger Seekadett dabeigewesen. Die Nordfahrt der Rurik in diesem Sommer 1816 führte jenseits der Beringstraße in eine weite, seither nach dem Kapitän Kotzebue benannte Bucht an der Nordwestküste von Alaska; Kotzebue-Sound, Eschholtz-Bay, Chamisso-Island sind kartographische Bezeichnungen bis heute. Glückliche Rückkehr aus dem hohen Norden, Aufenthalt auf den Aleuten (Unalaschka), von dort nach Kalifornien; den Oktober verbringt man in San Francisco. Dann segeln sie in drei Wochen nach Hawaii. Das Jahr 1816 geht zu Ende.

Das neue Jahr beginnt auf Ratak, dann nimmt die Rurik wieder Kurs nach Norden, nach Unalaschka. Von dort beginnt am 29. Juni der zweite Vorstoß in den hohen Norden, dorthin, wo die wichtigsten Vermessungen gemacht werden sollen – aber am 12. Juli läßt der Kapitän, von einer Krankheit, vielleicht einer Nervenkrise befallen, umkehren. Zurück also nach Unalaschka, wo man vier Sommerwochen liegen bleibt. Dann segelt man in südöstlicher Richtung, trifft Ende September in Hawaii ein. Von dort noch einmal nach Ratak; weiter zur Marianen-Insel Guam, also immer nach Westen, und dieser Westkurs ist die erste Andeutung der Rückkehr. Es geht weiter den Philippinen zu; die Weihnachtszeit 1817, der Januar 1818 werden in Manila und anderen philippinischen Häfen verbracht. Das Pazifik-Abenteuer ist zu Ende.

Sie segeln durch die Sunda-Straße in den Indischen Ozean und über dessen ganze Breite nach Kapstadt, wo man am 31. März 1818 eintrifft. Von dort geht es nach St. Helena. Die letzte weite Strecke wird in acht Wochen bewältigt; am 16. Juni ist Portsmouth erreicht. London, Kopenhagen, Reval, Kronstadt sind die letzten Etappen. Ende September ankert die Rurik im Hafen von St. Petersburg. Drei Wochen später betritt Chamisso in Swinemünde deutschen Boden.

Wir wollen nach diesem chronologischen Überblick von den Reiseerlebnissen unsres Mannes, seinen Eindrücken und Betrachtungen berichten und das heißt gutenteils: zitieren. Wir schöpfen aus dreierlei Quellen: aus den Briefen an Hitzig, aus dem Tagebuch der *Reise um die Welt* und aus deren Anhang *Bemerkungen und Ansichten.* Die Bezeichnung »Tagebuch« ist nicht ganz eindeutig. Der Text beruht zwar auf den während der Reise geführten Tagebüchern, ist aber in der vorliegenden Form erst 1834 niedergeschrieben; die *Bemerkungen und Ansichten* aber bereits im Spätjahr 1818 (erschienen 1821). Die Zuverlässigkeit und der biographische Wert werden durch diese Art des Zustandekommens kaum gemindert.

Mehr als andere Forschungsreisende seiner Zeit läßt Chamisso in seine Aufzeichnungen Persönliches einfließen; auch wenn sie keine Briefe sind, haben sie bisweilen Briefcharakter, sind wie zu einem Freunde gesprochen. Er plaudert gern, und sein Humor läßt ihn oft über sich selbst lächeln; er schildert sich gern als Pechvogel, als rechten Schlemihl, lacht dazu und pafft eine Wolke aus seiner Tabakpfeife. Doch darf der plauderhafte Ton, der immer wieder anklingt, nicht darüber täuschen, daß er ein gründlicher und genauer Beobachter war, nicht nur in den Bereichen, die er kraft Auftrags wahrzunehmen hatte – Botanik, Zoologie, Geologie –, sondern auch im Blick auf die Menschen, auf politische und gesellschaftliche Zustände und deren historische Ursachen.

Das Leben an Bord . . .: »Voller Lust und Hoffnung, voller Tatendurst kommt er hin, und muß zunächst erfahren, daß die Hauptaufgabe, die er zu lösen hat, darin besteht, sich so unbemerkbar zu machen, so wenig Raum einzunehmen, so wenig da zu sein, als immer möglich.« Wenig Raum – man muß sich vorstellen, wie eng gepfercht so ein mitreisender Gelehrter leben mußte: »Die Kajüte ist beiläufig zwölf Fuß ins Gevierte. Der Mast, an dessen Fuß ein Kamin angebracht ist, bildet einen Vorsprung darin. Dem Kamin gegenüber ist ein Spiegel, und unter dem, mit der einen Seite an der Wand befestigt, der viereckige Tisch. In jeglicher Seitenwand der Kajüte sind zwei Kojen befindlich, zu Schlafstellen eingerichtete Wandschränke, beiläufig sechs Fuß lang und dritthalb breit. Unter denselben dient ein Vorsprung der Länge der Wand nach zum Sitz, und gibt Raum für Schubladen, von denen je vier zu jeder Koje gehören. Etliche Schemel vollenden das Ameublement.« Zwölf Fuß im Geviert, das sind etwa 12 Quadratmeter.

Es waren vier nicht zur Besatzung Gehörige, die an Bord geduldet wurden: außer Chamisso Doktor Eschholtz, der Maler Choris und Wormskiold, der die Reise bis Kamtschatka mitmachte. In der geschilderten Kajüte waren zwei Kojen für die beiden Leutnants, eine für Chamisso und eine für Eschholtz. Für die Dauer von drei Jahren hatte unser Mann also eine Koje und drei Schubfächer (eines war an den Maler Choris abgetreten) zu seiner Verfügung. Es ist unter solchen Umständen ein Wunder, daß es ihm gelungen ist, ein Herbarium, oder doch einen ansehnlichen Teil des unterwegs Gesammelten, dazu einige Knochenfunde heimzubringen. »Der Kapitän protestierte beiläufig [immerhin: nur beiläufig] gegen das Sammeln auf der Reise, indem der Raum des Schiffes es nicht gestattete und ein Maler zur Disposition des Naturforschers stehe, zu zeichnen, was dieser begehre. Der Maler aber protestiert, er habe nur unmittelbar vom Kapitän Befehle zu empfangen.«

Chamisso war nie auf Rosen gebettet. Aber unter den verschiedensten äußeren Umständen war er doch gewohnt, einen Bedienten zu seiner Verfügung zu haben; in großen Häusern, in Boncourt, in Chaumont, in Coppet, in Cunersdorf Scharen dienstbarer Geister. Nichts dergleichen an Bord der Rurik. Die russischen Matrosen, »ein tüchtiges, gesundes, ehrgeiziges Volk«, gehorchen ihren Vorgesetzten, aber denken nicht daran, für die gelehren Herren auch nur einen Finger zu rühren. »Wir Passagiere müssen für uns sorgen, keiner kümmert sich um uns, und so vergeht der beste Teil der Zeit in knechtischem Selbstdienst, Du weißt, wie das Leben ja meist aus den kleinen Dingen sich zusammensetzt; so trag ich denn unaufhörlich schmutzige Wäsche und ungeputzte Stiefeln schwer auf dem Herzen, und vor lauter Schildwachstehen vor Pflanzen-Päcken in der Sonne komme ich zu gar nichts« (an Hitzig). Und ein weiterer Stoßseufzer: »Gesammelt kann nicht viel werden. Was ich nicht in meinem Bette hege, geb' ich verloren.«

Aus dem Tagebuch: »Das äußere Leben ist einförmig und leer, wie die Spiegelfläche des Wassers und die Bläue des Himmels, die darüber ruht; keine Geschichte, kein Ereignis, keine Zeitung; selbst die sich immer gleiche Mahlzeit, die zwei Mal wiederkehrend den Tag einteilt, kehrt mehr zum Verdrusse als zum Genusse zurück. Es gibt kein Mittel sich abzusondern, kein Mittel einander zu vermeiden, kein Mittel, einen Mißklang auszugleichen. Bietet uns einmal der Freund, anstatt des Guten-Morgens, den wir zu hören gewohnt sind, einen Guten-Tag, grübeln wir der Neuerung nach, und bebrüten düster unsern Kummer; denn ihn darüber zur Rede zu setzen, ist auf dem Schiffe kein Raum. Abwechselnd ergibt sich einer oder der andere der Melancholie.«

Das hört sich anders an als die heitere Vorstellung der Schiffsgesellschaft, die man in einem aus Plymouth an Hitzig gerichteten Brief findet. Nach russischer Sitte redete man sich mit Vornamen und Vatersvornamen an; Chamisso hieß Adelbert Loginowitsch. Ungeachtet der besonders unter den beengten und oft unbeschäftigten »Passagieren« auftretenden nervösen Überreizung ist Chamisso mit seinen Gefährten ganz gut ausgekommen. Nur in dem gleichaltrigen Wormskiold hat er sich gründlich geirrt – »der beste Knabe von der Welt, mein sehr guter Freund« hat er zu Beginn der Reise voreilig in einem Brief an Hitzig geschrieben. Der beste Knabe entpuppte sich als ein unverträglicher Egoist, machte sich rundherum unbeliebt, bis er endlich in Petropawlowsk das

Schiff verließ, was man schon in Teneriffa, in brasilianischen und chilenischen Häfen erhofft hatte. – Eschholtz, ein Balte, zwölf Jahre jünger als Chamisso, war Schiffsarzt und Zoologe, genauer Insektenforscher. »Ich habe mit meinem treuen Eschholtz immer gemeinsam studiert, beobachtet und gesammelt. Wir haben in vollkommener Eintracht nie das Mein und Dein gekannt; es mochte sich einer nur an der eigenen Entdeckung freuen, wenn er den andern zum Zeugen, zum Teilnehmer gerufen hatte.« Zu den gemeinschaftlichen Forschungsgegenständen gehören die Salpen, seltsame Meerschnecken.

Die beherrschende Figur an Bord: der Kapitän. Otto von Kotzebue, der Sohn des weltberühmten Stückeschreibers, war zu Beginn der Reise 28 Jahre alt. Als junger Kadett hatte er die Weltumseglung Krusensterns, die erste unter russischer Flagge, mitgemacht. Daß er ein tüchtiger Seemann, ein vorzüglicher Navigator gewesen ist, unterliegt keinem Zweifel. Liebenswürdig und liebenswert nennt ihn Chamisso, rühmt besonders seine gewissenhafte Rechtlichkeit. »Aber die zu seinem Herrscheramt erforderliche Kraft mußte er sich mit dem Kopfe machen; er hatte keine Charakterstärke; und auch er hatte seine Stimmungen. Er litt an Unterleibsbeschwerden, und wir spürten ungesagt auf dem Schiffe, wie es um seine Verdauung stand . . . Besonders in der späteren Zeit der Reise, wo seine Kränklichkeit zunahm, mochte er leicht von dem, der ohne Arg grade vor sich schritt und fest auftrat, sich gefährdet glauben.« Hier liegt die Ursache für des Kapitäns schwankende Haltung gegenüber Chamisso. Nach den ersten Wochen hat er ihm in Plymouth ja geradezu ein Consilium abeundi erteilt. Danach: »Auf der Fahrt durch den Atlantischen Ozean hatte er die Vorurteile abgestreift, die er gegen mich gefaßt haben mochte, und ich kam für seinen Günstling zu gelten. Ich hing ihm aber auch an mit fast schwärmerischer Liebe. – Später wandte er sich von mir ab, und auf mir lastete seine Ungnade.«

Im Alltag an Bord spielen die Mahlzeiten, die den für die Passagiere oft so öden Tag einteilen, eine wichtige Rolle –

Kaffee um 7 Uhr, Mittagessen um 12, Tee um 5, Abendessen, »der Abhub der Mittagstafel«, um 8 Uhr. Bei den Mahlzeiten, immerhin, werden sie von einem herkulischen Matrosen bedient. Der Koch war in Kopenhagen ohne viel kritischen Federlesens angeheuert worden, »ein verwahrlostes Kind der See« asiatischer Abkunft. Der Koch, der »Smutje« galt wenig in der christlichen Seefahrt. Ein Hamburger Kaufmann, der 1837 nach Chile segelte: »Der Koch zeichnet sich vor allem durch Schmutz aus; er hat nie in seinem Leben gekocht, sondern will es nun erst lernen.« – Das Standardmenu auf der Rurik: Russische Kohlsuppe »solange Gott Frischkohl gönnt«, Schinken und eine Art Pudding; auffallender Weise erwähnt Chamisso nicht das Sauerkraut, das seit Cook als Mittel gegen die Skorbut erprobt war; es mag Bestandteil der täglichen Kohlsuppe gewesen sein. Bewährt hat sich englisches Büchsenfleisch in verdickter Brühe, das nach drei Jahren unter den verschiedensten Klimazonen noch einwandfrei war. Dem Erfinder wurde auf der Rückreise in London eine Büchse vorgeführt. »Unser Bengaleser war, wie die Frau von Staël mit minderem Recht von ihrem Koch behauptete, ein Mann ohne Phantasie; die Mahlzeit, die er uns am ersten Tag nach dem Auslaufen auftischte, wiederholte sich ohne Abwechslung die ganze Zeit der Überfahrt, nur daß die mitgenommenen frischen Lebensmittel, bald auf die Hälfte reduziert, am Ende gänzlich wegblieben. Verbot man dem verrückten Kerle, ein Gericht, dessen man überdrüssig geworden, wieder aufzutragen, so bat er mit Weinen um die Vergünstigung, es doch noch ein Mal machen zu dürfen.« – Das Trinkwasser muß oft miserabel gewesen sein. Chamisso hatte sich mit der Filtriertechnik vertraut gemacht und erbot sich, das übelriechende Wasser zu reinigen; der Kapitän lehnte das ab mit der Begründung, dem Wasser würden dann die »nahrhaften Stoffe« entzogen . . . Mit dem Schnaps, an dem es auf dem russischen Schiff nicht fehlte, konnte sich Chamisso nicht recht befreunden. Dagegen labte er sich an Wein, wenn solcher zu haben war; in Teneriffa hatte man sich reichlich damit versehen.

Damit auf hoher See von Zeit zu Zeit etwas Frisches auf den Tisch gebracht werden konnte, wurden Tiere an Bord gehalten, Geflügel und Schweine. Die Hühner gingen einmal in einem Sturm zugrunde. Die Schweine erwiesen sich als lebenskräftig. »Die Matrosen hatten denselben scherzweise ihre eigenen Namen gegeben. Nun traf das blinde Schicksal bald den einen, bald den andern, und wie die Gefährten des Odysseus, so sahen sich die Mannen im Bilde ihrer tierischen Namensverwandten nacheinander schlachten und verzehren. Nur ein paar kamen . . . um das Kap Horn nach Chile, darunter aber die kleine Sau, die den Namen Schaffecha führte und bestimmt war, ihren Paten an Bord des Ruriks zu überleben.« Schaffecha, die Sau, in dem chilenischen Hafen gedeckt, bereicherte die Tafel mit einem Wurf Ferkel und machte die Reise über den Pazifik mit, bis sie endlich ihr menschgewolltes Schicksal ereilte.

Es waren auch zwei Katzen mit von der Partie und zu Chamissos besonderer Freude ein kleiner Hund. Nachdem man Brasilien angelaufen hatte, waren auch Affen auf dem Schiff, die anderswo verschenkt und durch neue ersetzt wurden. »Wir hatten ein Pärchen . . . aus Manila mitgenommen. Diese befanden sich in dem gedeihlichsten Zustande; sie belebten unser Tauwerk, wie ihre heimischen Wälder, und blieben unsere lustigen Gesellen bis nach St. Petersburg, wo sie glücklich und wohlbehalten ankamen.« Chamisso zitiert, was Calderon von den Eseln gesagt hat – »denn es sind ja Menschen fast«. Und er fährt fort: »Die Charakterverschiedenheit bei Individuen derselben Art ist bei den Affen wie bei den Menschen auffallend. Wie in den mehrsten unserer Häuslichkeiten, führte das verschmitztere Weib das Regiment, und der Mann fügte sich.«

An Ungeziefer hat es nicht gefehlt. In Chile hatte man Flöhe »in fast bedrohlicher Menge« an Bord bekommen, die aber auf hoher See abstarben. »Dagegen zeigte sich ein anderes Ungeziefer, das wir bis jetzt nicht gekannt, und vermehrte sich auf dieser Fahrt zwischen den Wendekreisen schon merklich; ich meine die bei den Russen sich heiligen

Gastrechtes erfreuenden Tarakanen (Blatta germanica, Licht- und Bäckerschaben). Später wurden sie uns zu einer entsetzlichen Plage; sie zehren nicht nur den Zwieback ganz auf, sondern nagen alles und selbst den Menschen im Schlafe an. In das Ohr eines Schlafenden gedrungen, verursachen sie ihm unsägliche Schmerzen. Der Doktor, dem der Fall öfters vorgekommen, ließ mit gutem Erfolg Öl in das gefährdete Ohr gießen.« Von Ratten blieb die Rurik verschont.

Es wurde schon wiederholt angedeutet, daß die wissenschaftliche Mission des Botanikers von Kapitän und Besatzung nicht nur nicht im geringsten gefördert, sondern aus Gleichgültigkeit arg behindert wurde. Diese andauernde Verlegenheit, die ja auch etwas Entwürdigendes hatte, sei noch durch zwei Tagebuchstellen belegt. Aus Brasilien, wo es meistens regnete: »Indes war von den gesammelten und schwer zu trocknenden Pflanzen mein ganzer Papiervorrat bereits eingenommen. Die vom Schiffe, welche unter dem Zelte schliefen, Maler, Steuermann und Matrose, bedienten sich meiner Pflanzenpaquete zur Einrichtung ihres Lagers und als Kopfkissen. Ich war darum nicht befragt worden, und hätte mich der eingeführten Ordnung zu widersetzen vergeblich versucht. Das Zelt ward aber in einer stürmisch regnichten Nacht umgeworfen, und das erste, woran jeder bei dem Unfalle dachte, war eben nicht, meine Pflanzenpaquete ins Trokkene zu bringen. Ich verlor auf diese Weise nicht nur einen Teil meiner Pflanzen, sondern auch noch einen Teil meines Papiers – ein unersetzlicher Verlust, und um so empfindlicher, als mein Vorrat nur gering war . . .« Im südlichen Pazifik hatte Chamisso seltene Tang-Arten aufgefischt. »Ich hatte die verschiedenen Formen dieser interessanten Gewächse in vielen Exemplaren gesammelt, und es war mir erlaubt worden, sie zum Trocknen im Mastkorbe auszustellen; später aber, als einmal das Schiff gereinigt ward, wurde mein kleiner Schatz ohne vorher gegangene Anzeige über Bord geworfen, und ich rettete nur ein Blatt von Fucus pyriferus, das ich zu andern Zwecken in Weingeist verwahrt hatte.«

Da ist es kein Wunder, wenn ihm in seinen meist munteren

Briefen an Hitzig einmal das Wort in die Feder fließt: »Es gibt Zeiten, wo ich zu meinem armen Herzen sage: Du bist ein Narr, so müßig umherzuschweifen! Warum bliebest du nicht zu Hause und studirtest etwas Rechtes, da du doch die Wissenschaft zu lieben vorgibst?« Doch fährt er fort: »Und das auch ist eine Täuschung, denn ich athme doch durch alle Poren zu allen Momenten neue Erfahrungen ein; und, von der Wissenschaft abgesehen, wir werden an meiner Reise Stoff auf lange Zeit zu sprechen haben . . .«

In demselben Brief (vom 25. Februar 1816 aus dem chilenischen Hafen Talcahuano) findet sich eine erstaunlich gelassene Bemerkung über die Stürme: »Viele Langeweilc während des Sturmcs, wann der Mensch es vor lauter Schaukeln und Wiegen zu weiter nichts bringen kann, als zu schlafen, Durack (Germanisch: Schafskopf) zu spielen und Anekdoten zu erzählen . . .« Und ganz sonderbar schließt er die Bemerkung an, er fühle sich, wenn wieder die Sonne scheine, unglücklich und zerknirscht, weil dann wieder der gewohnte Verdruß beginne. Immerhin hatte die Rurik Serien schwerer Stürme auf dem Wege nach Kap Horn und in den Gewässern um das Kap hinter sich gebracht. An einem dieser Tage »erhob sich ein Sturm, der uns zwischen dem 46. und 47. Grad fast unausgesetzt sechs Tage lang gefährdete. Nachmittags um 4 Uhr schlug auf das Hinterteil des Schiffes eine Welle ein, die eine große Zerstörung anrichtete und den Kapitän über Bord spülte, der zum Glück noch im Tauwerk verwickelt über dem Abgrund schweben blieb, und sich wieder auf das Verdeck schwang. Das Geländer war zerschmettert, selbst die stärksten Glieder der Brüstung zersplittert, und eine Kanone auf die andere Seite des Schiffes geworfen. Das Steuerruder war beschädigt, ein Hühnerkasten mit 40 Hühnern war über Bord geschleudert, und fast der Rest unsres Geflügels ertränkt. Das Wasser war in die Kajüte des Kapitäns zu dem zerstörten Gehäuse hineingedrungen; Chronometer und Instrumente waren zwar unbeschädigt geblieben, aber ein Teil des Zwiebacks, der im Raume unter der Kajüte verwahrt wurde, war durchnäßt und verdorben.«

Es findet sich in dem doch sehr persönlich gehaltenen Tagebuch und in den von Freund zu Freund geschriebenen Briefen nichts vom Bewußtsein der Todesnähe auf dieser von Stürmen geschüttelten Nußschale. Nichts von den Gefühlen und den über Leben und Tod schweifenden Gedanken eines Herder. Wie stark auch schlichtere Gemüter ergriffen werden konnten, zeigt eine Stelle im Schiffstagebuch eines 1837 von Hamburg nach Chile segelnden Kaufmanns: »Wenn ich die Wahl hätte, auf welche Weise ich sterben sollte, so würde ich unbedingt die See im Sturm wählen. Sie ist fürchterlich schön, groß und erhaben, unermeßlich göttlich.« Chamisso ist gewiß ein furchtloser Mann gewesen, in des Wortes üblichem Sinn. Absolut frei von Furcht kann niemand sein. Aber bei aller Mitteilungsfreudigkeit gibt es Bezirke, von denen er schweigt.

Bemüht, den Alltag unsres Mannes auf dieser Weltreise anschaulich zu machen, haben wir von Unerfreulichem genug zu berichten. Es sollen die Stunden eines kaum nachzuempfindenden Hochgefühls nicht vergessen werden. Davon spiegelt sich etwas im Tagebuch, als die Rurik zum erstenmal unter südlichem Himmel segelt:

»Mit den Gestirnen des nächtlichen Himmels hatte sich das Klima verändert, und Bewußtsein des Daseins gab uns nicht mehr, wie in unserm Norden, physischen Schmerz, sondern Atem war zum Genusse geworden. In tieferem Blau prangten Meer und Himmel, ein helleres Licht umfloß uns; wir genossen einer gleichmäßigen, wohltätigen Wärme. Auf dem Verdeck, angeweht von der Seeluft, wird die Hitze nie lästig . . .« Für einmal aus der dumpfen Enge von Kajüte und Koje befreit, »schliefen [wir] die Nacht unter dem freien Himmel auf dem Verdeck. Nichts ist der Schönheit solcher Nächte zu vergleichen, wenn, leise geschaukelt und von dem Zuge des Windes gekühlt, man durch das schwankende Tauwerk zu dem lichtfunkelnden, gestirnten Himmel hinauf schaut«. Doch wurde diese wohltätige Erquickung bald abgestellt; dem Steuermann wurde untersagt, das zur Einrichtung des Lagers erforderliche alte Segeltuch herauszugeben. So waren die Passagiere für ungezählte Tropennächte wieder in die heiße Stickluft ihrer Kajüte verbannt. Man fragt sich bisweilen, wieso Chamisso eigentlich den Kapitän liebenswürdig und liebenswert genannt hat.

Das Wort Weltanschauung hat im Lauf der Zeit seinen Sinn ins Abstrakte verloren und dazu noch einen Beigeschmack von großtuerischem Anspruch und bornierter Intoleranz angenommen. Besinnt man sich auf die Bedeutung des Worts, so entspricht es Goethes Türmerlied »Zum Sehen geboren, zum Schauen bestellt«. Das ist dcr ursprüngliche Standpunkt des Naturforschers. Die Welt zu erfahren und anzuschauen war Adelbert von Chamisso in seinem 35. Lebensjahr aufgebrochen.

Aus seinen Reiseschilderungen spricht nicht nur der Naturbeobachter – der Geograph, Geologe, Meteorologe, Botaniker, Zoologe. Die Menschen, ihre Lebensumstände, die historische Entwicklung und die politischen und sozialen Verhältnisse berühren ihn nicht weniger; ja, sie spielen im Tagebuch und in den *Bemerkungen und Ansichten* eine Hauptrolle, was damit zusammenhängt, daß die naturwissenschaftlichen, namentlich botanischen Erkenntnisse speziellen Veröffentlichungen vorbehalten waren. Einen scharfen Blick hat Chamisso für die Kolonisatoren und die Kolonisierten; sein guter Humor, die Gerechtigkeit in jedem Einzelfall dürfen nicht darüber täuschen, wie dieser Mann etwa der Missionierung gegenüber steht. Oder dem Sklavenwesen – dazu eine Bemerkung über brasilianische Zustände:

»Wir fanden hier den Sklavenhandel noch im Flor. Das Gouvernement Santa Catarina bedurfte allein jährlich fünf bis sieben Schiffsladungen Neger, jede zu hundert gerechnet, um die zu ersetzen, die auf den Pflanzungen ausstarben. Die Portugiesen führen solche aus ihren Niederlassungen in Kongo und Mosambique selber ein. Der Preis eines Mannes in den besten Jahre betrug 2 bis 300 Piaster. Ein Weib war viel geringeren Wertes. Die ganze Kraft eines Menschen schnell zu verbrauchen und ihn durch neuen Ankauf zu ersetzen, schien vorteilhafter zu sein, als selbst Sklaven in seinem Haus zu erziehn. – Mögen euch ungewohnt diese schlichten Worte eines Pflanzers der Neuen Welt ins Ohr schallen. – Der Anblick dieser Sklaven in den Mühlen, wo sie den Reis in hölzernen Mörsern mit schweren Stampfkolben von seiner Hülse befreien, indem sie den Takt zu der Arbeit auf eine eigentümliche Weise ächzen, ist peinvoll und nieder beugend. Solche Dienste verrichten in Europa Wind, Wasser und Dampf. Und schon stand zu Krusensterns Zeit eine Wassermühle im Dorf San Miguel. Die im Hause des Herrn, und die in ärmeren Familien überhaupt gehalten werden, wachsen natürlich dem Menschen näher als die, deren Kraft bloß maschinenmäßig in Anspruch genommen wird. Wir waren übrigens nie Zeugen grausamer Mißhandlungen derselben. Das Weihnachtsfest schien, wie überall das Fest der Kinder, auch hier das Fest der Schwarzen zu sein. Sie zogen truppenweise phantastisch ausstaffiert von Haus zu Haus durch die Gegend, und spielten und sangen und tanzten um geringe Gaben, ausgelassener Fröhlichkeit hingegeben. Um Weihnachten diese grüne Palmen- und Orangenwelt! Überall im Freien Paniere und Fackeln, Gesang und Tanz und das freudige Stampfen des Fandango . . .«

Den ersten Eindruck von Chile schildert Chamisso in den *Bemerkungen und Ansichten:*

»Die Küste von Chile gewährte uns, als wir ihr nahten, um in die Bucht de la Concepcion einzulaufen, den Anblick eines niedrigen Landes. Die Halbinsel, die den äußeren Rand dieses schönen Wasserbehälters bildet, und der Rücken des Küstengebirges hinter demselben, bieten dem Auge eine fast waagerechte Linie dar, die durch keine ausgezeichneten Gipfel unterbrochen wird, und nur die Brüste des Biobio erheben sich zwischen der Mündung des Flusses, nach dem sie heißen, und dem Hafen San Vincent als ein anmutiges Hügelpaar. Wallfische, Delphine, Robben belebten um uns das Meer, auf welchem der Fucus pyriferus und andere gigantische Arten, die wir zuerst am Kap Horn angetroffen, schwammen; Herden von Robben sonnten sich auf der Insel Quiquirina, am Eingange der Bucht, und in dieser selbst umringten uns dieselben Säugetiere, wie im offenen Meer; aber kein Segel, kein Fahrzeug verkündete, daß der Mensch Besitz von diesen Gewässern genommen. Wir bemerkten nur an den Ufern zwischen Wäldern und Gebüschen umzäunte Felder und Gehege, und niedrige Hütten lagen unscheinbar am Strande und auf den Hügeln zerstreut.

Das niedrige Gebirg der Küste, aus welchem der Biobio bei der Stadt Mocha oder Concepcion breit und ohne Tiefe herausfließt, verdeckt die Ansicht der Cordillera de los Andes, welche sich in Chile mit ihrem Schnee und ihren Vulkanen, in einer Entfernung von mindestens vierzig Stunden vom Meer, hinter einer breiten und fruchtreichen Ebene erhebt, und der wissenschaftlichen Forschung ein noch unversuchtes Feld darbietet. Molina, der die Cordillera in Peru und in diesem Reiche gesehen, glaubt, daß die hiesigen Gipfel die um Quito an Höhe übertreffen.

Der Berg, an dessen Fuß die Stadt, und auf dessen Höhe das Fort liegen, ist verwitterter Granit, der kernförmige, unverwitterte Massen derselben Gebirgsart einschließt. Die Hügel, welche die Halbinsel bilden, sind Tonschiefer, über welchem rot- und dunkelgefärbter Ton liegt, und die niedrigen Hügel, an welchen Talcahuano gegen den Port von San Vincent zu lehnt, bestehen nur aus Lagern solchen Tons, deren etliche, und vorzüglich die obern, mit den in diesen Meeren noch lebenden Muschelarten (Concholepas peruviana, ein großer Mytilus u. s. w.) in unverändertem Zustande, angefüllt sind. Der Sand des Strandes und der Ebene zwischen Talcahuano und Concepcion ist durch Schiefertrümmer grau gefärbt.

Die hier berühmten Steine des Rio de las Cruzes bei Arauco sind Geschiebe von Chiastolith.

Die Natur hat auf dieser südlichen Grenze Chiles, des Italiens der Neuen Welt, die wilderzeugende Kraft nicht mehr, die uns in Santa Catarina mit Staunen erfüllte, und es scheint nicht der bloße Unterschied der Erdbreite die Verschiedenheit der beiden Floren zu bedingen. Die Gebirge sind die Länderscheiden. Anmutige Myrten-Wälder und -Gebüsche überziehen die Hügel, andere beerentragende Bäume schließen sich mit verwandten Formen dieser vorherrschenden Gattung harmonisch an. Die schöne Guevina Avellana, aus der Familie der Proteaceen, gesellt sich den Myrten, und von den Vögeln ausgesät, zieren Loranthus-Arten, Bäume und Gesträuche mit dem fremden Schmucke ihrer rot und weißen Blumentrauben. Die Fuchsia coccinea erfüllt zumeist die bewässerten Schluchten, wenige Lianen ranken im dichteren Walde empor...«

Ein Aufenthalt im Hafen von Talcahuano in der Bucht von Concepcion öffnet den Blick in chilenische Verhältnisse. Man erweist dem Gouverneur die üblichen Ehren, sieben Kanonenschüsse etc. etc. und genießt die Gastfreundschaft der spanisch-chilenischen Gesellschaft. Chamisso erfaßt mit einem scharfen Blick die politische Situation. Ferdinand VII., König von Spanien, war noch einmal Chiles Souverän; ein finsterer Reaktionär. Napoleon hatte ihn 1808 abgesetzt, und das hatte in Übersee stürmische Auswirkungen gehabt, Chile hatte sich für unabhängig erklärt, Jahre brodelnder Unruhe waren gefolgt. Mit dem Unglück Napoleons hatten sich die Gewichte wieder verschoben, der Vizekönig von Peru hatte die Souveränität der spanischen Krone restauriert. Das sollte nur wenige Jahre dauern. Noch vor der Heimkehr der Rurik ist die spanische Herrschaft über Chile endgültig untergegangen.

Eigentümlich Chamissos Eindrücke im Jahr 1816: »Ferdinand der Siebente war zur Zeit Herr über Chile. In den Machthabern und in dem Militär, mit denen wir natürlicherweise zunächst in Berührung kamen, trat mir Koblenz von 1792 entgegen, und das Buch meiner Kindheit lag offen und verständlich vor mir. Ich habe einen alten Offizier sich in der Begeisterung ungeheuchelter Loyalität vor dem Porträt des Königs, das der Gouverneur uns zeigte, anbetend auf die Erde niederwerfen sehen, und mit Tränen der Rührung die Füße des Bildes küssen. Was in diesem vor vielen anderen hieroglyphisch herausgehobenem Zuge sich ausdrückt, die Selbstverleugnung und die Aufopferung seiner selbst an eine Idee, sei diese auch nur ein Hirngespinst, ist das Hohe und

Schöne, was Zeiten politischer Parteiungen an dem Menschen zeigen. Aber die Kehrseite ist im Triumphe der Übermut, die Grausamkeit, die sich tierisch sättigende Rachsucht . . .« Kein Wunder, daß die russische Flagge von der aristokratischen Gesellschaft mit großer Herzlichkeit begrüßt wurde – hatte Napoleons Untergang doch auf russischem Boden seinen Anfang genommen.

Nicht nur die politischen Verhältnisse haben in Chamisso Kindheitserinnerungen geweckt. Gerührt erlebt er, wie ein altfranzösischer Charaktertanz mit dem wunderlichen Namen Fricassée, der in den Dörfern um Boncourt nur noch den Alten bekannt gewesen war, hier von der jeunesse dorée getanzt wird. So spiegeln sich – und er hat ein aufmerksames Auge dafür – Traditionen, Schnörkel, vergilbte Neuigkeiten aus der alten Welt an den Küsten des Pazifik. Sonst sind hier die Kenntnisse über das ferne Europa von einem holden Ungefähr – ob das Schiff von Petersburg oder von Moskau ausgelaufen sei, fragen die Gebildeten, denen diese Städtenamen bekannt sind. Verblüffung erweckt eine schwarzbronzierte Büste des Schirmherrn der Expedition, Graf Romanzoff – ob denn der Herr Graf ein Neger sei?

Die Aleuten sind die Inselkette, die in einem weiten Bogen den Pazifik von seinem nördlichsten Teil, der Beringsee, scheidet. Damals gehörten die Inseln, wie auch Alaska, zum russischen Reich; heute sind sie Vorposten der USA. Chamisso in seinem Tagebuch:

»Am 27. (Juli) steuerten wir auf das Land zu, das uns im heitersten Sonnenschein erschien, sowie wir in seiner Nähe aus der Nebeldecke des Meeres heraustraten. Zwei Boote wurden zu einer Landung ausgerüstet. Indem wir nach dem Ufer ruderten, begegneten wir einer Baidare mit zehn Eingeborenen. Wir verkehrten mit ihnen, nicht ohne wechselseitig auf unsrer Hut zu sein. ›Tabak! Tabak!‹ war ihr lautes Begehren. Sie erhielten von uns das köstliche Kraut, folgten unsern Booten freundlich, fröhlich, vorsichtig und leisteten uns beim Landen in der Nähe ihrer Zelte hilfreiche Hand. Die hier am Strande aufgerichteten Zelte von Robben- und Walroßhäuten schienen Sommerwohnungen zu sein und die festen Wohnsitze der Menschen hinter dem Vorgebirge im Westen zu liegen. Von daher kam auch eine zweite Baidare herbei. Unser verständiger Aleut, der eine längere Zeit auf der amerikanischen Halbinsel Alaska zugebracht, fand die hiesige Völkerschaft den Sitten und der Sprache nach mit der dortigen verwandt und diente zu einem halben Dolmetscher. Während der Kapitän, der in ein Zelt geladen worden, den Umarmungen und Bestreichungen sowie der Bewirtung der freundlichen tranigen Leute, die er mit Tabak und Messern beschenkte, ausgesetzt blieb, bestieg ich allein und ungefährdet das felsige Hochufer und botanisierte. Selten hat mich eine Herborisation freudiger und wunderlicher angeregt. Es war die heimische Flora, die Flora der Hochalpen unsrer Schweiz zunächst der Schneegrenze, mit dem ganzen Reichtum, mit der ganzen Fülle und Pracht ihrer dem Boden angedrückten Zwergpflanzen, denen sich nur wenige eigentümliche harmonisch und verwandt zugesellten. Ich fand auf der Höhe der Insel, unter dem zertrümmerten Gesteine, das den Boden ausmacht, einen Menschenschädel, den ich unter meinen Pflanzen sorgfältig verborgen mitnahm. Ich habe das Glück gehabt, die reiche Schädelsammlung des Berliner anatomischen Museums mit dreien nicht leicht zu beschaffenden Exemplaren zu beschenken: diesem von der St. Laurenzinsel, einem Aleuten aus einem alten Grabmal auf Unalaschka, und einem Eskimo aus den Gräbern der Bucht der guten Hoffnung in Kotzebues-Sund. Von den dreien war nur der letztere schadhaft. Nur unter kriegerischen Völkern, die, wie die Nukahiwer, Menschenschädel ihren Siegestrophäen beizählen, können solche ein Gegenstand des Handels sein. Die mehrsten Menschen, wie auch unsre Nordländer, bestatten ihre Toten und halten die Gräber heilig. Der Reisende und Sammler kann nur durch einen seltenen glücklichen Zufall zu dem Besitze von Schädeln gelangen, die für die Geschichte der Menschenrassen von der höchsten Wichtigkeit sind.

Wir erreichten gegen 2 Uhr nachmittags das Schiff und verbrachten, in den tiefen Nebel wieder untergetaucht, noch den 28. und den Vormittag des 29. in der Nähe der Insel, um deren westliches Ende wir unsern Kurs nahmen. Am Abend des 28. hob sich die Nebeldecke, das Land ward sichtbar, und wir erhielten auf drei Baidaren einen zahlreichen Besuch der Eingeborenen, in deren Führer der Kapitän seinen freundlichen Wirt vom vorigen Tage erkannte. Nach vorgegangener Umarmung und Reiben der Nasen aneinander wurden Geschenke und Gegengeschenke gewechselt, und ein lebhafter Tauschhandel begann. In kurzer Zeit waren wir alle und unsere Matrosen reichlich mit Kamlaiken versehen. Die Kamlaika ist das gegen Regen und Übergießen der Wellen schützende Oberkleid dieser Nordländer, ein Hemd mit Haube oder Kapuze aus der feinen Darmhaut verschiedener Robben und Seetiere verfertigt; die Streifen ring- oder spiralförmig wasserdicht mit einem Faden von Flechsen von Seetieren aneinander genäht; die Nähte zuweilen mit Federn von Seevögeln oder anderem verziert. Die gröbste Kamlaika muß für die geübteste Näherin die Arbeit von mehreren, von vielen Tagen sein, – sie wurden ohne Unterschied für wenige Blätter Tabak, soviel wie etwa ein Raucher an einem Vormittag aufrauchen könnte, freudig hingegeben.

Die sonderbare Sitte des Tabakrauchens, deren Ursprung zweifelhaft bleibt, ist aus Amerika zu uns herübergekommen, wo sie erst seit beiläufig anderthalb Jahrhunderten Anerkennung zu finden beginnt. Von uns verbreitet, ist sie unversehens zu der allgemeinsten Sitte der Menschen geworden. Gegen zwei, die von Brod sich ernähren, könnte man fünf zählen, welche diesem magischen Rauche Trost und Lust des Lebens verdanken. Alle Völker der Welt haben sich gleich begierig erwiesen, diesen Brauch sich anzueignen; die zierlichen, reinlichen Lotophagen [Lotosesser] der Südsee und die schmutzigen Ichthyophagen [Fischesser] des Eismeeres. Wer den ihm einwohnenden Zauber nicht ahnet, möge den Eskimo seinen kleinen steinernen Pfeifenkopf mit dem kostbaren Kraut anfüllen sehen, das er sparsam halb mit Holzspänen vermischt hat; möge sehen, wie er ihn behutsam anzündet, begierig dann mit zugemachten Augen und langem, tiefem Zuge den Rauch in die Lungen einatmet und wieder gegen den Himmel ausbläst, während aller Augen auf ihm haften und der nächste schon die Hand ausstreckt, das Instrument zu empfangen, um auch einen Freudenzug auf gleiche Weise daraus zu schöpfen. Der Tabak ist bei uns hauptsächlich und in manchen Ländern Europas ausschließlich Genuß des gemeinen Volkes. – Ich habe immer nur mit Wehmut sehen können, daß grade der kleine Anteil von Glückseligkeit, welchen die dürftigere Klasse vor den begünstigteren voraus nimmt, mit der drückendsten Steuer belastet werde, und empörend ist es mir vorgekommen, daß, wie zum Beispiel in Frankreich, für das schwer erpreßte Geld die schlechteste Ware geliefert werde, die nur gedacht werden kann.

Wir hatten am 29. Ansicht vom Nordkap der Insel, einer steilen Felsklippe, an welche sich eine Niederung anschließt, worauf Jurten der Eingeborenen gleich Maulwurfshaufen erschienen, von den Hängeböden umstellt, auf denen, was aus dem Bereich der Hunde gehalten werden soll, verwahrt wird. Es stießen sogleich drei Baidaren vom Lande ab, jegliche mit beiläufig zehn Insulanern bemannt, die, bevor sie an das Schiff heranruderten, religiöse Bräuche vollbrachten. Sie sangen eine Zeitlang eine langsame Melodie; dann opferte einer aus ihrer Mitte einen schwarzen Hund, den er emporhielt, mit einem Messerstich schlachtete und in das Meer warf. Sie näherten sich erst nach dieser feierlichen Handlung, und etliche stiegen auf das Verdeck.«

Im Herbst 1816 läuft die Rurik San Francisco an. Kalifornien oder vielmehr einige Küstenplätze mit ihrem Hinterland unterstanden noch immer, gerade noch, der 1542 begründeten spanischen Souveränität – weitab vom Sitz des Vizekönigs in Mexiko, weltweit vom Mutterland entfernt. Die Spanier, die diese allerfernste Kolonie noch im 18. Jahrhundert erfolgreich verteidigt hatten, stützten sich auf die unter ihrem Schutz angesiedelte Mission. Diese sterbensmüde Herrlichkeit sollte 1821 ein Ende nehmen. Die Großmacht, die im ersten Viertel des 19. Jahrhunderts nach Kalifornien die Hand ausstreckte, war Rußland. Zwar hatte Kaiser Alexander einiges getan, die spanische Herrschaft gegen revolutionäre Änderungen zu stützen, auch, um nordamerikanischen Absichten vorzubeugen. Aber uneigennützig war die russische Politik nicht. Einstweilen saßen die Yankees noch hinter den Bergen, weit im Osten. Alaska war fest in russischer Hand, unternehmungslustige Handelsgesellschaften stießen von dort nach Süden vor. Das nördlichste Viertel des Pazifik hatte etwas von einem russischen mare nostrum. Das ist der Hintergrund der Rurik-Expedition.

Chamisso hat diese Situation erkannt. Aus seinem Tagebuch wird deutlich, wie ernst das Zeremoniell genommen wurde, das ja die Souveränität spiegelt.

»Der Kapitän hatte hier, wie in Chile, den Commandanten und seine Offiziere an unsern Tisch zu gewöhnen gewußt. Wir speisten auf dem Lande unter dem Zelte, und unsere Freunde vom Presidio pflegten nicht auf sich warten zu lassen. Das Verhältnis ergab sich fast von selbst. Das Elend, worin sie seit sechs bis sieben Jahren von Mexico, dem Mutterlande, vergessen und verlassen schmachteten, erlaubte ihnen nicht Wirte zu sein, und das Bedürfnis, redend ihr Herz auszuschütten, trieb sie sich uns zu nähern, mit denen es sich leicht und gemütlich leben ließ. Sie sprachen nur mit Erbitterung von den Missionaren, die bei mangelnder Zufuhr doch im Überflusse der Erzeugnisse der Erde lebten, und ihnen, seitdem das Geld ausgegangen, nichts mehr verabfolgen ließen, wenn nicht gegen Verschreibung, und auch so nur, was zum notdürftigsten Lebensunterhalt unentbehrlich, worunter nicht Brod, nicht Mehl einbegriffen – seit Jahren hatten sie, ohne Brod zu sehen, von Mais gelebt. Selbst die Kommandos, die zum Schutze der Missionen in jeglicher derselben stehen, wurden von ihnen nur gegen Verschreibung notdürftig verpflegt. ›Die Herren sind zu gut!‹ rief Don Miguel aus, den Commandanten meinend, ›sie sollten requirieren, liefern lassen!‹ Ein Soldat ging noch weiter und beschwerte sich gegen uns, daß der Commandant ihnen nicht erlauben wolle, sich dort drüben Menschen einzufangen, um sie, wie in den

Missionen, für sich arbeiten zu lassen. Mißvergnügen erregte auch, daß der neue Gouverneur von Monterey, Don Paolo Vicente de Sola, seit er sein Amt angetreten, sich dem Schleichhandel widersetzen wollte, der sie doch allein mit den unentbehrlichsten Bedürfnissen versorgt habe.

Am 8. Oktober kam der Courier aus Monterey zurück. Er brachte dem Kapitän einen Brief von dem Gouverneur mit, der ihm seine baldige Ankunft in San Francisco meldete. – Don Luis de Arguello war, nach dem Wunsche des Herrn von Kotzebue ermächtigt worden, einen Eilboten nach dem Port Bodega an Herrn Kuskoff abzufertigen; und an diesen schrieb der Kapitän, um von seiner Handel treibenden und blühenden Ansiedlung mehreres, was auf dem ›Rurik‹ zu fehlen begann, zu beziehen.

Herr Kuskoff, sagt Herr von Kotzebue, II. S. 9 in einer Note, Herr Kuskoff, Agent der russisch-amerikanischen Compagnie, hat sich auf Befehl des Herrn Baranoff, welcher das Haupt aller dieser Besitzungen in Amerika ist, in Bodega niedergelassen, um von dort aus die Besitzungen der Compagnie mit Lebensmitteln zu versorgen. Aber Bodega, beiläufig 30 Meilen, eine halbe Tagereise nördlich von St. Francisco gelegen, wurde von Spanien, nicht ohne einigen Anschein des Rechtes, zu seinem Grund und Boden gerechnet, und auf spanischem Grund und Boden also hatte Herr Kuskoff mit zwanzig Russen und funfzig Kadiakern mitten im Frieden ein hübsches Fort errichtet, das mit einem Dutzend Kanonen besetzt war, und trieb dort Landwirtschaft, besaß Pferde, Rinder, Schafe, eine Windmühle u.s.w. Da hatte er eine Waren-Niederlage für den Schleichhandel mit den spanischen Häfen, und von da aus ließ er durch seine Kadiaker jährlich ein paar tausend Seeottern an der kalifornischen Küste fangen, deren Häute nach Choris, der gut unterrichtet sein konnte, auf dem Markt zu Kanton, die schlechteren zu 35 Piastern, die besseren zu 75 Piastern, im Durchschnitt zu 60 Piastern verkauft wurden. – Es war bloß zu bedauern, daß der Hafen Bodega nur Schiffe, die nicht über 9 Fuß Wasser ziehen, aufnehmen kann.

Es scheint mir nicht unbegreiflich, daß der Gouverneur von Kalifornien, wenn er von dieser Ansiedelung späte Kunde erhalten, sich darüber entrüstet habe. Verschiedene Schritte waren geschehen, um den Herrn Kuskoff zu veranlassen, den Ort zu räumen; mit allem, was sie an ihn gerichtet, hatte er stets die spanischen Behörden an den Herrn Baranoff verwiesen, der ihn hierher gesandt, und auf dessen Befehl, falls man den erwirken könne, er sehr gern wieder abziehen würde. – So standen die Sachen, als wir in San Francisco einliefen. Der Gouverneur setzte jetzt seine Hoffnung auf uns. Ich auch werde von Konferenzen und Unterhandlungen zu reden haben, und die Denkwürdigkeiten meiner diplomatischen Laufbahn der Welt darlegen . . .

Am 15. Oktober kam der an Kuskoff abgefertigte Kourier wieder zurück, und am 16. abends verkündigten Artillerie-Salven vom Presidio und vom Fort die Ankunft des Gouverneurs aus Monterey. Gleich darauf kam ein Bote vom Presidio herab, um für zwei Mann, die beim Abfeuern einer Kanone gefährlich beschädigt worden, die Hülfe unseres Arztes in Anspruch zu nehmen. Eschscholtz folgte sogleich der Einladung.

Am 17. morgens wartete Herr von Kotzebue an seinem Bord auf den ersten Besuch des Gouverneurs der Provinz; und der Gouverneur hinwiederum, ein alter Mann und Offizier von höherem Range, wartete auf dem Presidio auf den ersten Besuch des Lieutenant von Kotzebue. Der Kapitän wurde zufällig benachrichtigt, daß er auf dem Presidio erwartet werde, worauf er mich nach dem Presidio mit dem mißlichen Auftrag schickte, dem Gouverneur glimpflich beizubringen: er, der Kapitän, sei benachrichtigt worden, daß er, der Gouverneur, ihn heute früh an seinem Bord habe besuchen wollen, und er erwarte ihn. Ich fand den kleinen Mann in großer Montierung und vollem Ornat, bis auf eine Schlafmütze, die er, bereit sie a tempo abzunehmen, noch auf dem Kopfe trug.

Ich erledigte mich, so gut ich konnte, meines Auftrages und sah das Gesicht des Mannes sich auf das Dreifache seiner natürlichen Länge verlängern. Er biß sich in die Lippen und sagte: er bedaure, vor Tisch die See nicht vertragen zu können; und es täte ihm leid, für jetzt auf die Freude verzichten zu müssen, den Herrn Kapitän kennen zu lernen. – Ich sah es kommen, daß der alte Mann zu Pferde steigen und unverrichteter Sache seinen Courierritt durch die Wüste nach Monterey zurück wieder antreten würde; denn daß Herr von Kotzebue, wenn ein Mal die Spaltung ausgesprochen, nachgeben könne, ließ sich nicht annehmen.

Dem nachsinnend schlich ich zum Strande wieder hinab, als ein guter Genius sich ins Mittel legte, und bevor es zu Mißhelligkeiten gekommen, den waltenden Frieden durch den schönsten Freundschaftsbund besiegelte. Der Morgen war verstrichen und die Stunde gekommen, wo Herr von Kotzebue Mittagshöhe zu nehmen und die Chronometer aufzuziehen an das Land fahren mußte. – Es wurde von den ausgesetzten Spähern auf dem Presidio gemeldet, der Kapitän komme; und wie dieser ans Land trat, schritt ihm der Gouverneur den Abhang hinab entgegen. Er wiederum ging zum Empfang des Gouverneurs den Abhang hinauf, und Spanien und Rußland fielen auf dem halben Wege einander in die offenen Arme.«

In einem Brief an Hitzig hat sich Chamisso schonungslos über die spanische Herrschaft in diesem Land ausgesprochen: »Spanien erhält die Ansiedlungen hier mit großem Aufwand, da wo nur Freiheit einen durch Handlung und Feldbau reichen Staat erzeugen würde. Man schiebt dieser Hab- und Besitzsucht den Grund unter, die Heiden zu bekehren. – Dieses gute Werk wird schlecht unternommen und ausgeführt; man fängt es mit einer unbegrenzten Verachtung der Völker an, denen man helfen will, und die Priester sind weder in den Sprachen ihrer Pflegekinder noch in den Künsten unterrichtet, worin sie unterrichten sollen. Die Indianer sterben in den Millionen aus (auf 1000 jährlich 300 Tote und darüber), zwischen dem Militär und den Missionarien herrscht ein schlechtes Verhältnis . . . Wie sind diese stolzen Spanier gesunken!«

Chamissos tiefstes Reiseerlebnis ist die Südsee gewesen. Kein Wunder.

»Tout est beauté, tout est bonté, tout est clarté«
(Alles ist Schönheit, alles ist Freundlichkeit, alles ist Klarheit)

so hat noch in später Zeit Gauguin in *Noa Noa* seine Südseeinsel besungen. Georg Forster, der nicht leicht enthusiastisch wird, schwärmt von der Ankunft bei der Insel Otahiti: »Ein Morgen war's! schöner hat ihn schwerlich je ein Dichter beschrieben, an welchem wir die Insel Otahiti, 2 Meilen vor uns sahen. Der Ostwind, der uns bisher begleitet, hatte sich gelegt; ein vom Land wehendes Lüftchen führte uns die erfrischendsten und herrlichsten Wohlgerüche entgegen, und kräuselte die Fläche der See. Waldgekrönte Berge erhoben ihre stolzen Gipfel in mancherlei majestätischen Gestalten, und glühten bereits im ersten Morgenstrahl der Sonne . . .« Wenn irgendwo auf der Erde Paradiese zertreten worden sind durch Profitgier, Großmachtstreben, Kriegstechnik und Massentourismus, dann hier, in der Südsee.

Es waren, über die Jahre 1816 und 1817 verteilt, nicht viel mehr als jeweils einige Wochen, die die Rurik in den Buchten von Südseeinseln vor Anker lag. Und diese Wochen waren für Chamisso erfüllt mit intensiver Arbeit. Ich sammle Heu: so hat er seine wissenschaftliche Tätigkeit drastisch verkürzt genannt. Das Botanisieren war das Hauptstück seiner umfassenden naturwissenschaftlichen Beobachtungen. Aber gerade in der Südsee tritt ein mächtiges völkerkundliches Interesse hinzu, das aus reiner Menschlichkeit quillt – hier ist Chamisso, wie übrigens auch Forster, ein Schüler Rousseaus. Das hat auch zu gründlichen Sprachforschungen geführt, besonders über das Hawaiische. Im *Tagebuch* ist weit öfters als von Landschaftseindrücken von den Menschen der Südsee die Rede. Eine Textprobe (der darin erwähnte Rarick war ein junger Häuptling, der zu den Fremden ein großes Vertrauen gefaßt hatte):

»Es war verabredet, daß ich diese Nacht auf dem Lande zubringen würde, die Menschen in ihrer Häuslichkeit zu beobachten. Als wir anlangten, war schon der Kapitän in seinem Boote an das Schiff zurück gekehrt, und es erschien allen ganz natürlich, daß ich mich der Familie als Gast anschloß. Man war mit der Bereitung des Mogan, des Pandanusteiges, beschäftigt. Wir brachten den Abend unter den Kokosbäumen am Strande des innern Meeres zu. Der Mond war im ersten Viertel, es brannte kein Feuer, und ich konnte keines bekommen, meine Pfeife anzuzünden. – Es wurde gegessen und gesprochen; das Gespräch, dessen Gegenstand unsere Herrlichkeiten waren, wurde munter und in langen Sätzen geführt. Meine lieblichen Freunde beeiferten sich, den fremden Gast zu unterhalten, indem sie Lieder vortrugen, die sie selbst zur höchsten Freude begeisterten. Soll man den Rhythmus dieses Vortrages Gesang, die schönen, naturgemäßen Bewegungen (im Sitzen) einen Tanz nennen? – Als die Radackische Trommel verstummt war, forderte mich Rarick auf, hinwiederum ein russisches Lied vorzutragen. Ich durfte meinem Freunde diese einfache Bitte nicht verweigern, und sollte nun, mit unter uns verrufener Stimme, als ein Muster europäischer Singekunst auftreten. Ich fand mich in diese Neckerei des Schicksals, stand auf und deklamierte getrost, indem ich Silbermaß und Reim stark klingen ließ, ein deutsches Gedicht, und zwar das Goethische Lied: ›Lasset heut im edlen Kreis etc.‹ Verzeihe mir unser verewigter deutscher Altmeister, – das gab der Franzos auf Radack für russischen Gesang und Tanz aus! Sie hörten mir mit der größten Aufmerksamkeit zu, ahmten mir, als ich geendet hatte, auf das ergötzlichste nach, und ich freute mich, sie – obwohl mit entstellter Aussprache – die Worte wiederholen zu hören:

Und im Ganzen, Vollen, Schönen
Resolut zu leben.

Ich schlief zu Nacht an der Seite Raricks im Hängeboden seines großen Hauses; Männer und Weiber lagen oben und unten, und öfters wechselte das Gespräch mit dem Schlafe ab. Ich fuhr am Morgen an das Schiff zurück, um sogleich wieder an das Land zurück zu kehren.

Ich habe einen meiner Tage auf Radack beschrieben; sie flossen sanft mit geringer Abwechselung dahin, es möge an dem gegebenen Bilde genügen. Der Zartsinn, die Zierlichkeit der Sitten, die ausnehmende Reinlichkeit dieses Volkes drückte sich in jedem geringfügigsten Zuge aus, von denen die wenigsten geeignet sind, aufgezeichnet zu werden. Läßt sich das Benehmen einer Familie erzählen, in welcher in unserem Beisein einmal ein Kind sich unanständig aufführte? die Art, wie der Delinquent entfernt wurde, und wie bei der Entrüstung, die der Vorfall hervorbrachte, zugleich die Ehrerbietung für die vornehmen Fremden gerettet, und das Kind zu besserer Lebensart angeleitet wurde? – Auch ist in dieser Hinsicht Verneinendes eben so bezeichnend, und wie soll ich von dem reden, was immer unseren Augen entzogen blieb.

Es wirkt sehr natürlich unsere Volkserziehung dahin, und Volkssagen, Märchen und Lehren vereinigen sich, um uns eine große Ehrfurcht für die liebe Gottesgabe, das Brod, einzuprägen, welche hintenan zu setzen, eine große Versündigung sei. Das geringste Stück Brod an die Erde zu werfen, war in meiner Kindheit eine Sünde, worauf unbarmherzig, unerläßlich die Rute stand. Beim dürftigen Volke von Radack läßt sich ein ähnliches Gefühl in Hinsicht der Früchte, worauf seine Volksnahrung beruht, erwarten. Einer unserer Freunde hatte einen Kokos dem Kapitän zum Trunke gereicht; dieser warf die Schale mit dem ihr noch anklebenden eßbaren Kerne weg. – Der Radacker machte ihn ängstlich auf die verschmähete Nahrung aufmerksam. Sein Gefühl schien verletzt zu sein und in mir selber regten sich die alten, von der Kinderfrau eingepeitschten Lehren.

Ich bemerke beiläufig, daß unsere Freunde erst in den letzten Tagen unseres Aufenthaltes auf Otdia die Wirkung unserer Waffen kennen lernten, indem der Kapitän einen Vogel im Beisein von Rarick und Lagediack schoß. Daß der Schuß sie gewaltig erschreckt, versteht sich von selbst; daß Rarick seither den Kapitän flehentlich bat, wenn er ihn mit der Flinte sah, nicht zu schießen, lag in seinem Charakter . . .

Zu der Zeit waren bereits unsere Namen kurzen Liedersätzen anvertraut und der Vergessenheit entrissen. Deinnam, Chamisso und andere:

> Aé ni gagit, ni mogit,
> Totjan Chamisso.
> Den geschälten Kokos trinkt, Kokos ißt,
> – ? – Chamisso.«

Selten hat ein Schüler Rousseaus dessen vage, aus Herzenswärme und eisigem Verstand wunderlich gemischte Vorstellung vom Menschen, der unberührt von der Zivilisation im Einklang mit der Natur lebt, in der Wirklichkeit wiedergefunden. Chamisso hat es erlebt; seine herzliche Sympathie für diese Menschen, seine unbekümmerte Bereitwilligkeit, nicht zuletzt seine Sprachbegabung haben ihn einen Botschafter der Brüderlichkeit werden lassen. Er hatte seinen Rousseau gelesen. Ihm war auch Schillers Hymne »An die Freude« vertraut, das Lied von der Bruderschaft aller guten Menschen. Einzelne Eingeborene wurden zu Freunden; keiner so wie Kadu, »einer der schönsten Charaktere, den ich im Leben angetroffen habe, einer der Menschen, die ich am meisten geliebt«. Aus dem Tagebuch:

»Wir hatten zu Anfang 1817 im äußersten Osten dieser Provinz auf der Gruppe Otdia und Kaben der Inselkette Radack mit dem lieblichen Volke, welches sie bewohnt, Bekanntschaft gemacht und Freundschaft geschlossen. Als wir darauf in die Gruppe Aur derselben Inselkette einfuhren, die Eingebornen auf ihren Booten uns entgegen kamen und, sobald wir Anker geworfen, an unsern Bord stiegen, trat aus der Mitte ein Mann hervor, der sich in manchen Dingen von ihnen auszeichnete. Er war nicht regelmäßig tatuiert wie die Radacker, sondern trug undeutliche Figuren von Fischen und Vögeln, einzeln und in Reihen um die Kniee, an den Armen und auf den Schultern. Er war gedrungeneren Wuchses, hellerer Farbe, krauseren Haares als sie. Er redete uns in einer Sprache an, die, von der radackischen verschieden, uns völlig fremd klang, und wir versuchten gleich vergeblich, die Sprache der Sandwich-Inseln mit ihm zu reden. Er machte uns begreiflich, er sei gesonnen, auf unserm Schiffe zu bleiben und uns auf unsern ferneren Reisen zu begleiten. Sein Gesuch ward ihm gern gestattet. Er blieb von Stunde an an unserm Bord, ging auf Aur nur einmal mit Urlaub ans Land, und verharrte bei uns, unser treuer Gefährte, den Offizieren gleich gehalten und von allen geliebt, bis zu unsrer Rückkehr auf Radack, wo er mit schnell verändertem Entschluß erkor, sich anzusiedeln, um der Bewahrer und Ausgeber unsrer Gaben unter unsern dürftigen Gastfreunden zu sein. Es könnte niemand von dem menschenfreundlichen Geiste unsrer Sendung durchdrungener sein, als er.

Kadu, ein Eingeborner der Inselgruppe Ulea, im Süden von Guajan, von nicht edler Geburt, aber ein Vertrauter seines Königs Toua, der seine Aufträge auf andern Inseln durch ihn besorgen ließ, hatte auf früheren Reisen die Kette der Inseln, mit denen Ulea verkehrt, im Westen bis auf die Pelew-Inseln, im Osten bis auf Setoan kennen gelernt. Er war auf einer letzten Reise von Ulea nach Feis mit zweien seiner Landsleute und einem Chef aus Eap, welcher letztere nach seinem Vaterlande zurückkehren wollte, begriffen, als Stürme das Boot von der Fahrstraße abbrachten. – Die Seefahrer, wenn wir ihrer unzuverlässigen Zeitrechnung Glauben beimessen, irrten acht Monde auf offener See. Drei Monde reichte ihr kärglich gesparter Vorrat hin; fünf Monate erhielten sie sich, ohne süßes Wasser, bloß von den Fischen, die sie fingen. Den Durst zu löschen, holte Kadu, in die Tiefe des Meeres tauchend, kühleres und ihrer Meinung nach auch minder salziges Wasser in einer Kokosschale herauf . . .

Wir müssen die leichte und schickliche Weise rühmen, womit Kadu sich in unsre Welt zu fügen wußte. Die neuen Verhältnisse, worein er sich versetzt fand, waren schwer zu beurteilen, zu behandeln. Er, ein Mann aus dem Volke, ward unversehens unter den an Macht und Reichtum so sehr überlegenen Fremden gleich einem ihrer Edeln angesehen, und das niedere Volk der Matrosen diente ihm wie dem Oberhaupte. Wir werden Mißgriffe nicht verschweigen, zu welchen er anfangs verleitet ward, die er aber zu schnell und leicht wieder gut machte, als daß sie strenge Rüge verdienten. – Als kurz nach seiner Aufnahme unter uns Häuptlinge von Radack an unsern Bord kamen, erhob er sich gegen sie und nahm die Gebärden an, die nur jenen ziemen. Eine arglose Verhöhnung ihrerseits ward sein wohlverdienter Lohn. – Es geschah nicht ein zweites Mal. – Er suchte anfangs den Gang und die Arten des Kapitäns nachzuahmen, stand aber von selbst davon ab. Es ist nicht zu verwundern, daß er die Matrosen erst für Sklaven ansah. Er befahl einst dem Aufwärter, ihm ein Glas Wasser zu bringen; dieser nahm ihn still am Arme, führte ihn zu dem Wasserfaß und gab ihm das Gefäß in die Hand, woraus andre tranken. Er ging in sich, und studierte die Verhältnisse und den Geist unsrer Sitten, worein er sich bald und leicht zu versetzen und zu finden lernte, wie er eben unsern äußern Anstand im Leben und bei der Tafel sich anzueignen gewußt.

Kadu lernte erst nach und nach die Kraft unsrer geistigen Getränke kennen. Man will bemerkt haben, daß er sich anfangs Branntwein von den Matrosen hat geben lassen. Als darauf ein Matrose bestraft wurde, ward ihm angedeutet, solches geschehe wegen heimlichen Trinkens des Feuers (Name womit er den Branntwein bezeichnete). Er trank nie wieder Branntwein, und Wein, den er liebte, nur mit Mäßigung. Der Anblick betrunkener Menschen, den er auf Unalaschka hatte, machte ihn mit Selbstgefühl über sich selber wachsam. – Er beschwor im Anfang den Wind zu unsern Gunsten, nach der Sitte von Eap; wir lächelten, und er lächelte bald über diese Beschwörungen, die er fortan nur aus Scherz und uns zu unterhalten wiederholte.

Kadu hatte Gemüt, Verstand, Witz; je näher wir einander kennen lernten, je lieber gewannen wir ihn. Wir fanden nur bei seinem lieblichen Charakter eine gewisse Trägheit an ihm zu bekämpfen, die sich unsern Absichten entgegensetzte. – Er mochte nur gerne singen oder schlafen. Als wir uns bemühten, über die Inseln, die er bereist oder von denen er Kenntnis hatte, Nachrichten von ihm einzuziehn, beantwortete er nur die Fragen, die wir ihm vorlegten, und dieselbe

Frage nicht gern zweimal, indem er auf das, was er bereits ausgesagt hatte, sich bezog. Wenn im Verlauf des Gesprächs Neues an das Licht gefördert ward, welches verschwiegen zu haben wir ihn verwiesen, pflegte er gelassen zu entgegnen: ›Das hast du mich früher nicht gefragt.‹ Und dabei war sein Gedächtnis nicht sicher. Die Erinnerungen lebten nach und nach in ihm wieder auf, so wie das Ereignis sie hervorrief, und wir glaubten zugleich zu bemerken, daß die Menge und Vielfältigkeit der Gegenstände, die seine Aufmerksamkeit in Anspruch nahmen, frühere Eindrücke in ihm verlöschten. Die Lieder, die er in verschiedenen Sprachen sang und von den Völkerschaften, unter welchen er gelebt, erlernt hatte, waren gleichsam das Buch, worin er Auskunft oder Belege für seine Angaben suchte . . .

Wir müssen in Kadus Charakter zwei Züge vorzüglich herausheben: seinen tief eingewurzelten Abscheu vor dem Kriege, dem Menschenmord, und die zarte Schamhaftigkeit, die ihn zierte, und die er unter uns nie verleugnet hat.

Kadu verabscheute das Blutvergießen, und er war nicht feig. Er trug vorn auf der Brust die Narben der Wunden, die er im Verteidigungskrieg auf Radack erhalten hatte, und als wir uns zu einer Landung auf der St. Laurenz-Insel mit Waffen rüsteten, und er belehrt war, solches geschehe nicht zu einem feindlichen Angriff, sondern zur Selbstverteidigung im Fall der Notwehr unter einem Volke, dessen Gesinnung uns unbekannt und mit dem wir bloß zu wechselseitigem Vorteil zu handeln gesonnen seien, begehrte er Waffen, einen Säbel, womit er uns im nötigen Fall beistehen könne, da er sich im Schießen auf Unalaschka noch nicht hinreichend eingeübt. – Er hegte fest die Meinung, die er auf Eap sich eingeprägt, daß graue Haare nur daher erwüchsen, daß man der Männerschlacht in ihrem Greuel beigewohnt.

Kadu trug im Verhältnis zu dem andern Geschlechte eine musterhaft schonende Zartheit. Er hielt sich von dem Weibe, das im Besitz eines andern Mannes war, entfernt. Er hatte überall ein richtiges Maß für das Schickliche. Was er auf O-Wahu erfuhr, widerstand ihm, und er sprach frei darüber, wie über die Sittenlosigkeit, die er auf den Pelew-Inseln herrschend gefunden. In das freie Männergespräch gezogen, wußte er in dasselbe dergestalt einzugehen, daß er immer innerhalb der ihm angedeuteten Grenzen blieb . . .«

Kadu hatte die Absicht, auf der Rurik zu bleiben, und er ist, »ein anderer Odysseus«, eine weite Strecke mitgereist, hat Eis und Schnee kennengelernt. Aber nach der Rückkehr des Schiffes in seine heimatliche Inselwelt hat ihn eine zärtlich geliebte kleine Tochter festgehalten. Die ganze Mannschaft hat ihm eine freundliche Erinnerung bewahrt. Otto von Kotzebue erwähnt ihn in seinem großen Reisebericht in einer geradezu herzlichen Weise.

»Die Insel Salas y Gomez ist eine bloße Klippe, die nackt und niedrig aus den Wellen hervortaucht; sie erhebt sich sattelförmig gegen beide Enden, wo die Gebirgsart an dem Tage liegt, indem die Mitte anscheinlich mit Geschieben überstreut ist. Sie gehört nicht zu den Korallenriffen, die nur weiter im Westen vorzukommen beginnen. Vermuten lassen sich Zusammenhang und gleiche Natur mit dem hohen vulkanischen Lande der nahgelegnen Oster-Insel. Noch sind keine Anfänge einer künftigen Vegetation darauf bemerkbar. Sie dient unzähligen Wasservögeln zum Aufenthalt, die solche kahle Felsen begrünten, obgleich unbewohnten Inseln vorzuziehen scheinen, da mit den Pflanzen sich die Insekten auch einstellen, und die Ameisen, die besonders ihre Brut befährden.

Die Seevögel, nach unserer unmaßgeblichen Erfahrung, werden am häufigsten über dem Winde der Inseln, wo sie nisten, angetroffen. – Man sieht sie am Morgen sich gegen den Wind vom Lande entfernen und am Abende mit dem Winde dem Lande zufliegen. Auch schien Kadu den Flug der Vögel am Abend zu beobachten.

Man soll bei Salas y Gomez Trümmer eines gescheiterten Schiffes wahrgenommen haben; wir späheten umsonst nach denselben. Man schaudert, sich den möglichen Fall vorzustellen, daß ein menschliches Wesen lebend darauf verschlagen werden konnte; denn die Eier der Wasservögel möchten sein verlassenes Dasein zwischen Meer und Himmel auf diesem kahlen sonnengebrannten Steingestell nur allzusehr zu verlängern hingereicht haben.«

So steht es in den *Bemerkungen und Ansichten.* Im Tagebuch heißt es lakonisch: »Am Morgen des 25. (März 1816) verkündigten uns über dem Winde von Salas y Gomez Seevögel in großer Anzahl, Pelikane und Fregatten, diesen ihren Brüteplatz, an welchem wir mittags vorüberfuhren.«

Dreizehn Jahre später ist das Gedicht »Salas y Gomez« entstanden, eines der bekanntesten unsres Dichters.

Salas y Gomez raget aus den Fluten
Des stillen Meers, ein Felsen kahl und bloß,
Verbrannt von scheitelrechter Sonne Gluten,
Ein Steingestell ohn alles Gras und Moos,
Das sich das Volk der Vögel auserkor
Zur Ruhstatt im bewegten Meeresschoß.
So stieg vor unsern Blicken sie empor,
Als auf dem Rurik: »Land im Westen! Land!«
Der Ruf vom Mastkorb drang zu unserm Ohr.
Als uns die Klippe nah vor Augen stand,
Gewahrten wir der Meeresvögel Scharen
Und ihre Brüteplätze längs dem Strand.
Da frischer Nahrung wir bedürftig waren,
So ward beschlossen den Versuch zu wagen,
In zweien Booten an das Land zu fahren.
Es ward dabei zu sein mir angetragen.
Das Schrecknis, das der Ort mir offenbart,
Ich werd es jetzt mit schlichten Worten sagen . . .

Die ersten zwölf Zeilen schildern erlebte Wirklichkeit, dann beginnt die Fabel vom Auffinden des sterbenden Schiffbrüchigen und den drei Tafeln mit den Lebenserfahrungen des Unglücklichen.

Uhland hat das Gedicht gerühmt. Thomas Mann bewundert seine Form, »das getriebene Erz seiner Sprache«, meint aber, im Blick auf Chamissos Reiseerinnerung, »Grund genug für ihn, mehr als dreihundert Verse mit diesem Schauder zu erfüllen, aber nicht völlig Grund genug für uns, die Sache sonderlich interessant zu finden«. Doch findet sich später in seinem märchenhaft erzählten, im frühen Mittelalter spielenden Roman *Der Erwählte* eine Leidens- und Läuterungsstation jenes Gregorius, ein Fels im Meer, darauf er, in Ketten ausgesetzt, Jahre der Buße unter den allerwunderlichsten Umständen überlebt – sollte sich der Zauberer da nicht an »Salas y Gomez« erinnert haben? – Widerspiegelung einer Spiegelung . . . Kehren wir zurück zu den Realitäten jener Weltumseglung.

Otto von Kotzebue, der Kapitän, hat seinem Reisebericht den Titel gegeben: *Entdeckungs-Reise in die Südsee und nach der Bering-Straße zur Erforschung der nordöstlichen Durchfahrt.* Damit ist der wissenschaftliche und praktische Hauptzweck der Unternehmung eindeutig gekennzeichnet.

Die »nördliche Durchfahrt« war schon des öfteren Expeditionen als Aufgabe gestellt worden. James Cook hatte auf seiner dritten Weltreise im Spätsommer 1778, wenige Monate vor seinem gewaltsamen Ende, die Meerenge zwischen Sibirien und Alaska durchsegelt und war sehr weit nach Norden vorgedrungen, bis über den 70. Breitengrad hinaus, als er, »einigermaßen vom Eis umringt«, zur Rückkehr gezwungen wurde. Jahrzehnte später hatte die »Nadeshda« unter Krusenstern, mit Kotzebue als jungem Kadetten an Bord, in dieser Weltgegend gekreuzt; wichtige topographische Einzelheiten waren das Ergebnis, aber nichts Genaues über die Möglichkeit einer Durchfahrt vom Süd-Meer (wie Krusenstern den Pazifik nennt) zum Atlantik. Die Rurik hatte im Juli 1816 von Petropawlowsk aus zu »einer bloßen Rekognoszierung« einen ersten Vorstoß in den hohen Norden gewagt; zu den Aleuten, dann zur St. Lorenz-Insel, und von dort, die Meerenge durchquerend, bis etwa zum 67. Breitengrad, im Bereich des seither so genannten Kotzebue-Sundes. Diese Probeerkundung war gut verlaufen. Ein Jahr darauf, am 29. Juni, erfolgte von Unalaschka (Aleuten) aus der eigentliche Vorstoß, der bereits am

12. Juli, angesichts der St. Lorenz-Insel, also etwa unter dem 63. Breitegrad, jählings abgebrochen wurde. Kotzebue selbst schreibt in seinem Reisebericht:

»Um zwölf Uhr nachts, als wir eben am nördlichen Vorgebürge vor Anker gehen wollten, erblickten wir zu unserem Schreck stehendes Eis, das sich, so weit das Auge reichte, nach N. O. erstreckte und nach N. zu die ganze Oberfläche des Meeres bedeckte. Mein trauriger Zustand, der seit Unalaschka täglich schlimmer wurde, erlitt hier den letzten Stoß. Die kalte Luft griff meine kranke Brust so an, daß der Atem mir verging, und endlich Brustkrämpfe, Ohnmachten und Blutspeien erfolgten. Ich begriff nun erst, daß mein Zustand gefährlicher war, als ich bis jetzt glauben wollte, und der Arzt erklärte mir ernstlich, ich könnte in der Nähe des Eises nicht bleiben. Es kostete mich einen langen, schmerzlichen Kampf; mehr als ein Mal war ich entschlossen, dem Tode trotzend mein Unternehmen auszuführen; wenn ich aber wieder bedachte, daß uns noch eine schwierige Rückreise ins Vaterland bevorstand, und vielleicht die Erhaltung des ›Ruriks‹ und das Leben meiner Gefährten an dem meinigen hing: so fühlte ich wohl, daß ich meine Ehrbegier unterdrücken mußte; das einzige, was mich bei diesem Kampfe aufrecht erhielt, war die beruhigende Überzeugung, meine Pflicht redlich erfüllt zu haben. Ich meldete dem Kommando schriftlich, daß meine Krankheit mich nötige, nach Unalaschka zurückzukehren. Der Augenblick, in dem ich das Papier unterzeichnete, war einer der schmerzlichsten meines Lebens; denn mit diesem Federzuge gab ich einen langgenährten, heißen Wunsch meines Herzens auf.«

Die *Quarterly Review* (London, Januar 1822) spricht von »this unsuccessful voyage« (dieser erfolglosen Reise) – »aber es scheint uns, daß ihre abrupte Aufgabe unter den gegebenen Umständen schwerlich gerechtfertigt war. Es würde in England nicht erlaubt sein, daß die Krankheit des kommandierenden Offiziers als Entschuldigung gelten durfte, ein Unternehmen von Bedeutung aufzugeben, solange ein anderer Offizier an Bord in der Lage sei, seine Stelle einzunehmen«.

Chamisso zitiert in seinem Tagebuch sowohl Kotzebue als auch diesen Teil der kritischen Bemerkungen der *Quarterly Review.* Aber nicht, was die englische Zeitschrift weiter schreibt: »Aber wir vermuten vielmehr, daß wenn der Arzt ihn davor warnte, sich wiederum dem Eise zu nähern, diese Vorsicht seinerseits nicht ganz uneigennützig war, und daß die Offiziere und Mannschaften wie die Nachfolger des unsterblichen Cook zu dem Schlusse gekommen waren, der weiteste Umweg sei der nächste Weg nach Hause.« Das freilich ist eine bloße Spekulation, derzufolge Dr. Eschholtz die Verantwortung trüge – eine Vermutung nur, und es ist bezeichnend, daß Chamisso sie nicht unter die Leute bringen wollte.

Seine eigene Meinung: »Und ich selbst kann nicht ohne das schmerzlichste Gefühl dieses unglückliche Ereignis berühren. Ereignis, ja! mehr denn eine Tat. Herr von Kotzebue befand sich in einem krankhaften Zustande, das ist die Wahrheit; und dieser Zustand erklärt vollkommen den Befehl, den er unterzeichnete. Erklärt, sage ich, ob aber auch rechtfertiget, muß erörtert werden.« Und Chamisso billigt die Meinung der *Quarterly Review,* das Kommando hätte dem im Rang nächsten Offizier übergeben werden müssen.

»Ich habe damals den kranken Herrn von Kotzebue tief bedauert, daß ein Verfahren, welches mir unter ähnlichen Umständen auf Schiffen anderer Nationen beobachtet worden zu sein scheint, vermutlich nicht in den Bräuchen des russischen Seedienstes lag, und der von ihm gefaßte Entschluß nicht beraten, nicht von einem Kriegsrat, zu welchem jeder Stimmfähige auf dem Schiffe zugezogen worden, für notwendig erkannt und gerechtfertigt worden sei. Ich habe noch eine Zeitlang gehofft, Herr von Kotzebue werde, den Anfall der Krankheit bemeisternd, sich besinnen und den gegebenen Befehl zurückrufen. Darin hätte er Charakterstärke bewiesen, und ich hätte mich in Demut vor ihm geneigt.«

Die gerecht abwägende und dann männlich entschiedene Art, in der Chamisso hier über das Verhalten des Kapitäns urteilt, erinnert an sein *Memoire über die Ereignisse bei der Kapitulation von Hameln.*

Scheitelpunkt, Wendepunkt der Fahrt. Fast ein Jahr sollte noch vergehen, bis die Rurik vor Portsmouth in europäischen Gewässern Anker warf. Noch einmal die Südsee: Hawaii, Ratack, die Marianen, die Philippinen. In den Indischen Ozean, endlich ums Kap der Guten Hoffnung in den Atlantik. – Wie zu Beginn, so wirft auch gegen Ende der Reise die Riesengestalt Napoleons einen flüchtigen Schatten. Am 24. April 1818 ankerte die Rurik vor St. Helena. »Unser Kapitän hegte den Wunsch, an dem Felsen des gefesselten Prometheus anzulegen.« Unter den Kommissaren der Großmächte, die gewissermaßen das Zwangsasyl des gestürzten Kaisers teilten, war Rußland durch einen Grafen Balleman vertreten; es lag nahe, daß Kapitän Kotzebue sich erbot, dessen Post nach Petersburg zu befördern. Der Kontakt kam aber nicht zustande. Angefangen mit dem englischen Offizier, der mit gespannter Pistole die Kapitänskajüte betrat, bis zu Warnschüssen der Batterien erlebten die Männer der Rurik nichts als nervös überspannte Wachsamkeit; sie konnten den Boden von St. Helena nicht betreten.

Auf der Weiterfahrt kommt es zu einem Zwischenfall zwischen Kotzebue und Chamisso. Aus dem Tagebuch: »Ich ward in diesen Tagen eines Mißverständnisses wegen von dem Kapitän vorgefordert. Es kam zu Erörterungen, wobei die liebenswerte Rechtlichkeit des kränklich-reizbaren Mannes in dem schönsten Lichte erschien. Er erkannte, daß er sich in mir geirrt, bot mir die Hand, wollt selber die Hälfte der Schuld auf sich nehmen, ich solle zu der anderen mich bekennen. Und wahrlich, ich mochte zur Unzeit seiner Empfindlichkeit Stolz und Trotz entgegengesetzt haben. Alles, was ich zu dulden gehabt, war vergessen, und aller Groll ins Meer versenkt.«

Im Juni sind sie in Portsmouth, bald darauf in London. »Sieben Tage in London fassen mehr Erlebtes, mehr Gesehenes, als drei Jahre an Bord eines Schiffes auf hoher See und in Ansicht fremder Küsten – in London, das nächst und abwechselnd mit Paris die Geschichte für die übrige Welt macht und verkündigt.«

Die politische Atmosphäre dieser Stadt fasziniert ihn:

»Wahrlich ich wanderte nicht wie ein Blinder durch diese bewunderungswürdige Welt, welche sich mir, von den Parlamentswahlen aufgeregt, in ihrem Wesen enthüllte. Auf dem öffentlichen Markte bewegt sich in England das öffentliche Leben mit Parlamentswahlen, Volksversammlungen, Aufzügen, Reden aller Arten. – Was hinter Mauern gesprochen wird, hallt auf den Straßen nach, die zu allen Zeiten von Ausrufern, von Ausstreuern von Flug- und Zeitschriften, nachts von transparenten Bildern und Inschriften durchströmet werden. Die Mauern von London mit ihren politischen Plakaten sind für den Fremden, der seinen Augen nicht traut, das märchenhaft wundersamste, das unglaublichste Buch, das er je zu sehen bekommen kann. Und diese heiligen Freiheiten sind es, die das Gebäude sicher stellen, indem sie jeglicher Kraft, und auch den zerstörenden, ihr freies Spiel in die freien Lüfte hin zugestehen. Diese heiligen Freiheiten sind es, welche die notwendig gewordene, zu lange verzögerte, zeitüberreife Revolution, die zu bewirken jetzt England geschäftig ist, hoffentlich als ruhige Evolution gestalten werden, – eine Revolution, die längst schon jeden anderen Boden mit schauerlichem, aus Staub und Blut gemischtem Schlamme überspült hätte.

Der Herzog von Wellington hat durch das unzeitig widerstrebende Wort ›No reform‹ diese Revolution begonnen. Er hat das Schiff dem Winde und Strom übergeben, die es unwiderstehlich dahin reißen, derselbe Herzog hat sich jetzt des Steuerruders angemaßt, und verspricht sich, es unter gerefften Sturmsegeln an den Klippen vorüber zu steuern, aber abwärts, immer abwärts dem Ziele zu.

Zu Vergleichungen geneigt, werfe ich abseits von London den Blick zuerst auf Paris. Da sollen las narizes del Volcan, die Sicherheitsventile des Dampfkessels, zugedammt und zugelötet werden. Das öffentliche Leben wird in das innere Gebäude gewaltsam eingezwängt, und kann sich nur als Emeute oder Aufruhr einen Weg auf den Markt bahnen. Auf den Mauern von Paris werden noch nur neben den Theater-Anschlagzetteln Buchhändler-Anzeigen u. d. m. Privat-Angelegenheiten verhandelt. Da erhebt der Kaufmann seine Ware über die seines Nachbars, da führt Brodneid kleinliche Zwiste u.s.w....

Ich kehre zurück von wo ich ausgegangen. Ich las von den Mauern Londons das Plakat ab, womit sich Lord Thomas Cochrane von seinen Kommittenten, den Wählern von Westminister, verabschiedete. Nach manchen Schmähungen gegen die Minister kam er auf den Helden zu sprechen, den jene widergesetzlich, widerrechtlich auf St. Helena gefangen hielten. Sie selber, nicht Napoleon, gehörten in diesen Kerker. Es gebühre sich ihn zu befreien und sie an seiner Statt einzusperren. Stünde sonst keiner auf, solches zu unternehmen, er, Lord Thomas Cochrane, sei der Mann, es zu tun.

Dieses Kriegs-Manifest hatte in London nichts Anstößigeres als in Berlin der Anschlagzettel der Oper ›Alcidor‹. Es stand im Schutze der Sitte.

Ich kam vor das Wahlgerüste für Westminster auf Covent Garden eine halbe Stunde zu spät, um den Premier-Minister, zur Rüge eines unpopulären Verfahrens bei Ausübung seines Rechtes als Wähler, mit Kot bewerfen zu sehen; eine echt volkstümliche Lustbarkeit, der beigewohnt zu haben der lernbegierige Reisende für eine wahre Gunst des Schicksals ansehen müßte.«

Knapper als die Londoner Eindrücke sind die von St. Petersburg im Tagebuch wiedergegeben. Es macht sich eine Ungeduld bemerkbar, als ob der Text im Jahr 1818 an Ort und Stelle geschrieben worden sei.

»St. Petersburg ist eine großartig angelegte, und prächtig ausgeführte Decoration. Die Schiffahrt, die zwischen Kronstadt und dem Ausfluß der Newa das Meer belebt, deutet auf einen volk- und handelreichen Platz! Man tritt in die Stadt ein, – das Volk verschwindet in den breiten, unabsehbar lang gezogenen Straßen, und Gras wächst überall zwischen den Pflastersteinen.

Decoration im Einzelnen, wie im Ganzen; der Schein ist in allem zum Wesen gemacht worden. Mit den edelsten Materialen, mit Gußeisen und Granit wird decoriert; aber man findet stellenweise, um die unterbrochene Gleichförmigkeit wiederherzustellen, den Granit als Gußeisen geschwärzt, und das Gußeisen als Granit gemalt. Die Stadt wird alle drei Jahre aufs neue und in den Farben, die polizeilich den Hauseigentümern vorgeschrieben werden, angestrichen, außerdem noch außerordentlich bei außerordentlichen Gelegenheiten, zum Empfang des königlichen Gastes u. d. m.; dann wird auch das Gras von den Straßen ausgereutet. Der Herrscher sprach einst das Wohlgefallen aus, mit welchem er auf einer Reise massive Häuser gesehen, an denen alles Holzwerk, Türen und Fensterladen, von Eichenholz gewesen. Darauf wurden Maler polizeilich angelernt, und Türen und Fensterladen aller Häuser der Stadt, auf Kosten der Eigentümer, als Eichenholz bemalt. Da kamen die Maler in das Viertel, wo die reichen englischen Handelsherrn wohnen, und wo der Luxus eichenhölzerner Türen und Fensterladen nicht selten ist, – und sie begannen, das wirkliche Eichenholz wie Eichenholz zu übermalen. – Die Eigentümer verwahrten sich dagegen, und schützten vor: es sei ja schon Eichenholz; – vergebens; der Vorschrift einer hohen Polizei mußte genügt werden . . .«

Graf Romanzoff, der Schirmherr der Expedition, dem Rechenschaft zu legen war, befand sich auf seinen Gütern. Doch stand sein Haus den Reisenden zur Verfügung. Chamisso zog es vor, bei einem ihm vom Studium her bekannten deutschen Arzt zu wohnen; und da er in der Hauptstadt Rußlands ohne Paß war, vertraute er sich dem Schutz der preußischen Gesandtschaft an. »Ich hatte in St. Petersburg nur das eine Geschäft, mich so bald als möglich von St. Petersburg frei zu machen.« Er lehnt alle russischen Angebote ab. »Mein Herz hing an Preußen, und ich wollte nach Berlin zurücke kehren.« Am 17. Oktober 1818 betritt er in Swinemünde deutschen Boden.

Durch mehr als drei Jahre hatte er, wie in den Siebenmeilenstiefeln seines Peter Schlemihl, die Welt erfahren. Erfahren im vollen Sinn des Worts. Der größte Reisende, den Deutschland je hervorgebracht hat, Alexander von Humboldt, schrieb nach der Lektüre des Tagebuchs an Chamisso: »Diese Weltumseglung . . . hat durch Ihre Individualität der Darstellung den Reiz eines neuen Weltdramas erhalten.«

Der Biograph gesteht, daß ihn kein Wort Chamissos aus den Jahren der Weltumseglung so bewegt hat wie eine Bemerkung aus einem kurz vor deren Ende, angesichts der englischen Küste, an Hitzig gerichteten Brief: »Ich kehre dir zurück, der sonst ich war – ganz – etwas ermüdet, nicht gesättigt von dieser Reise – bereit noch, unter diesen oder jenen Umständen, wieder in dic Welt zu gehen, und ›den Mantel umgeschlagen‹.«

Nicht gesättigt von dieser Reise . . .

Heimkehr

Heimkehret fernher, aus den fremden Landen,
In seiner Seele tief bewegt der Wandrer;
Er legt von sich den Stab und knieet nieder,
Und feuchtet deinen Schoß mit stillen Tränen,
O deutsche Heimat! – Woll ihm nicht versagen
Für viele Liebe nur die eine Bitte:
Wann müd am Abend seine Augen sinken,
Auf deinem Grunde laß den Stein ihn finden,
Darunter er zum Schlaf sein Haupt verberge.

Diese Zeilen, kaum ein Gedicht zu nennen, aber eine in ihrer Innigkeit und Wahrhaftigkeit ergreifende Confessio, hat Chamisso an dem Tag geschrieben, an dem er wieder deutschen Boden betreten hat, am 17. Oktober 1818 in Swinemünde; ein Markstein in seiner Biographie. Zu Ende die schmerzhafte Zerrissenheit zwischen dem Volk, dem er durch Herkunft und Geburt angehörte, und dem Volk, zu dem ihn sein Schicksal geführt hatte – diese Ungewißheit, diese Angst, nirgendwo hinzugehören, der Mann ohne Schatten zu sein.

Deutsche Heimat. Um das sagen zu können, braucht es einen festen Punkt, wo man hingehört; und auch darüber konnte es nun keinen Zweifel mehr geben. Schon aus Chile (Talcahuano, 25. Februar 1816) hat er an Hitzig, den Erzfreund, geschrieben: »Berlin ist mir durch Dich die Vaterstadt und der Nabelort meiner Welt, von dem aus ich zu meinem Cirkelgange ausgegangen, und dahin zurück zu kehren und meine müden Knochen zu seiner Zeit, so Gott will, neben den Deinen zur leichten Ruhe auszustrecken.«

In Bescheidenheit kehrt er heim in sein Berlin. Siebenunddreißig Jahre alt, »nullius facultatis Doctor, nullius universitatis ordinarius extraordinariusve Professor, nullius Academiae, nullius scientificae Societatis sodalis« (keiner Fakultät

Doktor, keiner Universität ordentlicher oder außerordentlicher Professor, keiner Akademie, keiner wissenschaftlichen Gesellschaft Mitglied). Sitzt in seinem gewohnten Winkel auf Hitzigs Sofa »und erzählte von den Sandwich-Insulanern, von den Radackern, von den Kamtschadalen... Die Hausgenossen hörten ihm mit offenem Munde zu, aber kein Gefühl des Fremdartigen drängte sich in die Freude des Wiedersehens. Er war . . . das alte herzige Kind.«

Im November läßt er sich wieder an der Universität immatrikulieren, »bemoostes Haupt«, wie es in einem Burschenlied heißt. Aus einem undatierten Brief aus jenem Winter an de la Foye: »Student bin ich noch und weiter nichts, bin ich wieder . . . aber es wird ein Ende nehmen, und ich lebe nach unserer Art mehr der Zukunft, als dem Moment, der wahrlich schön genug ist . . . Wohl – aber mein Freund, mir ist schon grau um's Haupt und kühl um's Herz –« Wir kennen das an unserm Freund, dieses Sich-alt-machen, das Graue-Hauptschütteln – im gleichen Brief lesen wir aber auch: »Kinder und Kindermenschen gehen ihre Schritte fest vor und zurück, wie es ihnen einfällt.«

Die *Bemerkungen und Ansichten* werden niedergeschrieben, unter Zweifeln, wann, wie, wo sie gedruckt werden sollen. Die erste wissenschaftliche Auswertung seiner Reiseerkenntnisse ist zoologischer Natur und gilt dem ungewöhnlichen Generationswechsel einer Sorte Salpen (kleine tonnenförmige Meerschnecken) – eine Arbeit, die ihm prompt die Ehrendoktorwürde der philosophischen Fakultät seiner Universität einbringt; als hätte man auf einen Anlaß gewartet. Schon zehn Tage später wird er Ehrenmitglied der Gesellschaft Naturforschender Freunde zu Berlin, und noch im selben Jahr Mitglied der ehrwürdigen halleschen Leopoldina. Er ist ein berühmter Mann geworden. Als Weltumsegler, Naturforscher, als der Dichter auch, der den Peter Schlemihl geschrieben hat. In dem erwähnten Brief an de la Foye spricht er selbst davon, wie er diesem Büchlein in Kopenhagen begegnet ist, am Kap der Guten Hoffnung – »aus Leihbibliotheken wird es regelmäßig gestohlen«.

Zu denen, die den heimgekehrten Weltumsegler begierig ausfragten, gehörte auch E.T.A. Hoffmann, der schon durch seine Verbundenheit mit Hitzig Chamisso nahestand. Ein Brief Hoffmanns an Chamisso vom 28. Februar 1819:

»Guten Morgen! Die Geschichte von der Laus soll ganz kurz in einer Reihe von Briefen bearbeitet werden. Bedingnisse:

1. Zwei Naturforscher (Engländer denke ich) befinden sich auf einem, zu irgend einer Expedition (etwa nach der Südsee oder wohin?) ausgerüsteten Schiffe.
2. Einer von ihnen findet das merkwürdige Insekt zufällig auf irgend einer Insel. – Neid und Haß des andern! – Hierüber entsteht ein Briefwechsel – Ausforderung – Duell – beide bleiben.

Es kommt darauf an, daß der Leser bis zum letzten Augenblick, als die Ursache des Streits in einem Schächtelchen auf dem Kampfplatz gefunden wird, glaube, es gelte den Besitz eines schönen Mädchens, einer holden Insulanerin.

Ich bitte mir also mit Hinsicht auf jene Bedingnisse gefälligst anzugeben:

a) wohin kann die Expedition ausgerüstet sein?
b) wie heißt das höchst merkwürdige, seltene Insekt und auf welcher Insel wird es gefunden? –

Ich denke, die Laus muß aus dem Geschlecht der Blattläuse, oder wie die Dinger sonst heißen, sein, damit der Naturforscher sie im Walde oder überhaupt in der freien Natur findet; das gibt dann eine empfindsame Schilderung des Moments, in dem er die Insulanerin fand, die sich am Ende sehr burlesk auflöst.

Der Name des Insekts wäre herrlich, wenn er für den Namen eines Mädchens, einer Südsee-Insulanerin gehalten werden könnte, um die Mystifikation des Lesers zu befördern! –

Können Sie mir den charakterischen Namen des Schiffs sowie ein paar tüchtige englische *nomina propria* für die handelnden Personen suppeditieren, tant mieux.

Ich brauche

1. zwei Naturforscher,
2. den Kapitän des Schiffs, der den Bericht erstattet, wie sich seine Naturforscher auf irgend einem Ankerplatz auf Pistolen schlugen, beide blieben, wie man die unglückliche Ursache des Streits, die man auf dem Kampfplatze fand, ins Meer versenkte etc. Hoffmann.«

Alles schickt sich dem Heimgekehrten, alles rundet sich. Mit den wissenschaftlichen Ehrungen wird auch die bürgerliche Existenz begründet. Am königlichen Herbarium, das er großzügig aus seinen mitgebrachten Schätzen, seinem geliebten »Heu«, beschenkt hat, wird er als zweiter Kustos angestellt; zugleich als Adjunkt am Botanischen Garten. Kustos am Botanischen Garten ist der alte Studienfreund Schlechtendal, erprobter Kamerad auf botanischen Wanderungen durch die Mark Brandenburg. Der Botanische Garten lag in Schöneberg, vor den Toren der großen Stadt. Das Herbarium, zunächst noch in der Dorotheenstraße, wurde später in die Nähe des Botanischen Gartens verlegt. – Am 22. Juni tritt Chamisso seinen Dienst beim Herbarium an. Er hat »von jeder im Garten blühenden Art zwei vollständige Exemplare zu trocknen und Samen zu einer vollständigen Kollektion zu sammeln«; und weiter: ein Herbarium zum Handgebrauch im Botanischen Garten anzulegen – das war ganz ihm überlassen.

In jener glücklichen Zeit, die ihm akademische Ehren und einen sinnvollen Broterwerb einbringt, entsteht das Gedicht »Was soll ich sagen«:

Mein Aug ist trüb, mein Mund ist stumm,
Du heißest mich reden, es sei darum.
Dein Aug ist klar, dein Mund ist rot,
Und was du nur wünschest, das ist ein Gebot.
Mein Haar ist grau, mein Herz ist wund,
Du bist so jung, und bist so gesund.
Du heißest mich reden, und machst mir's so schwer,
Ich seh dich so an, und zittre so sehr.

Er hatte sich, weiß Gott, als Mann bewährt, und doch war ihm etwas von einem Knaben geblieben. Antonie Piaste war das Kind, dem er im Aufbruch zur Weltreise gesagt hatte: wenn ich wiederkomme, heirate ich dich. Ein Kind, in Hitzigs Haushalt aufgewachsen, eine Nichte jener Lotte Piaste, dich sich ganz in den Dienst des verwitweten Hitzig und seiner Kinder gestellt hatte. Chamisso am 4. Juni an de la Foye: ». . . ich . . . lobe alle Tage Gott, daß ich kein Schlemihl, sondern ein sehr kluger Herr gewesen bin, der seine Sache sehr fürtrefflich gemacht hat. Alle Tage liebe ich sie, verehre ich sie mehr. Sie kann mich nicht mehr, nicht tiefer, nicht heiterer lieben, als sie tut, und ich bin wahrlich geborgen. Sobald nun meine Anstellung herauskommt, halten wir Hochzeit. Ich werde beim botanischen Garten angestellt und erhalte ein hübsches dicht dabei stehendes Häuslein als Amtswohnung . . .« Und über die Braut: ». . . mein holder Engel, der Jugend, Gesundheit, Klarheit, Licht und Wärme zugleich ist, und wie die Jungfrau zugleich und wie das Kind aussieht.«

Und an denselben, am 28. September: »Nicht mein Mädchen mehr, meine Frau, vom 25. September 1819 an, unter dem Jubel aller Herzen. Nun bleibt es mir, mich in meinem wohl eingerichteten Hause an meinem Arbeitstisch wieder ansässig zu machen, und durch Wirksamkeit und Beschäftigung des Gefühles Herr zu werden, als sei es wieder nur eine Reise-Station und nicht die »Heimat«. Heimat – das will ihm noch unfaßlich erscheinen.

Indem er Heimat und Vaterland gewinnt, streift er bis auf einen gewissen Rest ab, was ihm angeboren ist: den Franzosen, den Aristokraten, den Katholiken. Das Katholische – einen leisen Nachklang mag man aus der Wendung »wie die Jungfrau zugleich und das Kind« vernehmen –, es ist in Chamissos Leben kaum mehr als eine Kindheitserinnerung und ein dunkles, der toten Mutter dargebrachtes Schuldbewußtsein; man kann vermuten, daß der Eintritt des Fünfzehnjährigen in das Berliner Französische Gymnasium mit seiner Hugenottentradition die faktische Trennung von der alten Kirche bedeutet hat. Das Aristokratische – scherzhaft bemerkt er in einem Brief an de la Foye: »Antonie Piaste ist ihr Name, ob aus dem polnischen königlichen Hause wird nicht gefragt. Wir sind bürgerliche Personen und wir müssen alle dem Könige dienen.« Adelbert von Chamisso war ein Edelmann und altadliger Herkunft dazu; das eine bedingt nicht das andere, schließt sich freilich auch nicht aus. In seiner mit den Jahren immer deutlicher werdenden politischen Haltung zeigt er sich als Mann des heraufziehenden demokratischen Zeitalters. – Der Franzose – er war in Berlin umgeben von Hugenottennachkommen, ernsthaften Preußen französischer Herkunft (hat merkwürdig wenig Verkehr in diesem Kreis gehabt) – war ein Franzosen-Preuße der ersten Generation. Seine Entscheidung für die deutsche Nation ist sein Schicksal und sein Wille gewesen; die Liebe zu Frankreich, zu seinen Geschwistern, zur französischen Sprache und Literatur ist diesem Wahlpreußen geblieben.

»Wir sind bürgerliche Personen –« die zurückgekehrten Geschwister hatten sich vergeblich bemüht, Adelbert standesgemäß zu verkuppeln. Sie waren gänzlich in den Grenzen ihres alten Standes geblieben, Royalisten und Reaktionäre reinsten Wassers – aber doch von der Art, daß sie sich mit dem bürgerlichen verheirateten Preußen-Bruder, dessen Gesinnung ihnen jakobinisch erscheinen mußte, familiär verbunden fühlten; der Bruder Hippolyte hat als erster den *Schlemihl* ins Französische übersetzt. Adelbert seinerseits war kein Prinzipienreiter. Er holte sich, Herbst 1825, seinen bescheidenen Anteil an der Entschädigungssumme, die nach dem Reparationsgesetz der Familie zustand.

Das erste Nest für die junge Familie war die Dienstwohnung in Schöneberg, ein Gartenhaus. Dort wurde am 14. September 1820 das erste Kind geboren, Ernst Ludwig Deodatus. Chamisso zwei Monate später an de la Foye: ». . . meine Frau hat mir einen tüchtigen Jungen geboren, der zwar anfangs mager, aber mit gesunden Knochen, sich sehr bald wacker ausgesoffen hat. – Ich habe – nach Landesbrauch, d. h. protestantisch, taufen lassen.«

Die ersten Ehejahre im Schönberger Gartenhaus sind

wahrscheinlich die glücklichsten im Leben dieses Mannes gewesen. Er hat die eigentümliche Gabe besessen, seine Lebenssituationen nicht nur in Briefen, sondern auch in Versen auszudrücken. Das ganze Behagen, die schöne Dankbarkeit des Mannes, der nach langer Odyssee Heim und Heimat gefunden hat, klingen aus einem Brief in Versen an Fouqué:

——— Ja Freund! Schlemihl
Entbehrt nicht mehr des Schattens – hat ihn dreifach.
Zuerst den Schatten unsers Preußenaars
Der seine Flügel ob ihm breitet, daß er
Nun Ruh und Frieden finde im Besitz
Von eignem Haus und Herd, die ihm der König
Mit gutem Sold verlieh'n. Zum zweiten dann,
Den Schatten jener alten hehren Bäume
Den Garten zierend, den botanisch man
Bei uns, und billiger »klein Eden« nennt;
Dess' Hüter er gewählt, ein Blumenfürst.
Den dritten Schatten endlich und den schönsten,
Der ihm gelobt nicht mehr von ihm zu weichen,
Sein Engel jetzt, wie stets ein Engel uns, –
Antonie – das sei dir gnug gesagt.

Nun ist kein Garten, auch der schönste nicht, ohne Gewürm, von den in der Stille nützlich wirkenden Regenwürmern bis zu gelegentlich dahergleitenden Schlangen.

Spätsommer 1821: »Mein Kind wächst und blüht, meine Frau ist gesund und ich schüttle bedenklich mein graues Haupt« (an de la Foye). Tage später machte der Mann mit dem grauen Haupt eine Reise nach Hamburg und kehrte bei der Familie Hertz ein, einem der jüdischen Häuser, die ihm vertraut waren. Die Vertrautheit ging diesmal weit, und im Jahr darauf brachte die schöne Frau des Hauses einen Jungen zur Welt, dessen Vater Chamisso gewesen ist. Dieser Sohn war der spätere Berliner Verlagsbuchhändler Wilhelm Hertz, mit Fontane befreundet und über viele Jahre sein Verleger; sein Sohn Hans hat den Dichter auf manchen seiner Wande-

Robben auf der Insel St. Paul. Im Hintergrund die »Rurik«,
Lithographie von Louis Choris, Paris 1820

Gletscher im Kotzebue-Sund vor der Westküste von Alaska.
Lithographie von L. Choris, Paris 1820

rungen durch die Mark Brandenburg begleitet. Die illegitime Vaterschaft wurde sorgfältig geheimgehalten. Fontane, hätte er davon gewußt, wäre entzückt gewesen. – Diese Vaterschaft hat drei Menschenalter später ein gespenstisches Nachspiel gehabt. Im sogenannten Dritten Reich, in dem es schwer erträglich und schließlich tödlich war, als Jude zu gelten, konnte eine Nachkommin ihr Leben mit dem Nachweis retten, daß Wilhelm Hertz ein Sohn des »Ariers« Chamisso gewesen sei – das Reichssippenamt hat monatelang über diesen Casus gebrütet. Als endlich die Betroffene sich Lebensmittelmarken auf der Kartenstelle holen durfte, bemerkte eine dort tätige Dame aus alter Berliner Familie: »Weiß schon, Chamisso!« Fontane hat nichts gewußt.

Wir kehren nach diesem Exkurs gern in die Zeit zurück, die man nach dem Blick in die Hitlerzeit eine gute alte Zeit zu nennen geneigt ist.

Alles spricht dafür, daß die Affaire mit Marianne Hertz die eine Ausnahme im Leben des Familienvaters Chamisso gewesen ist. Er hat der Mutter dieses Kindes ein warmes Gefühl bewahrt, ohne darüber zu vergessen, wohin er gehörte. Doch der innere Lebenskreis, kaum gerundet, war irritiert. Es gibt zu denken, daß nach den kurzen aufeinander erfolgten Geburten der beiden ältesten Kinder nun eine Pause von fünf Jahren eintritt; erst danach folgen die weiteren fünf Kinder hintereinander.

Der verborgenen Störung entspricht schicksalhaft ein äußeres Fanal. In einer Julinacht des Jahres 1822 erfuhr der endlich Behauste, daß ihm keine bleibende Statt gegönnt war: sein kleines Haus im Botanischen Garten brannte ab. »Und doch ist das Glück nirgends, wenn nicht in unserm Hause zu finden«, hatte er kurz zuvor an de la Foye geschrieben. Und danach: »Seither haben mich verschiedene Stürme heimgesucht, zuletzt bin ich . . . abgebrannt.« Zu den verschiedenen Stürmen zählen die Folgen der Begegnung mit Marianne Hertz; zehn Tage vor der Feuersbrunst hatte sie den Sohn zur Welt gebracht. Chamisso fährt fort: »Es ist abzubrennen eine Lust, aber abgebrannt zu sein das Langweiligste auf der

Welt.« Seltsam genug. Und: »Ich bin ohne Beschäftigung und ohne Muße, ohne Bücher, Arbeit oder Geselligkeit, der ermüdendsten Faulheit zum Raube, ein wahres Faultier, ich nehme mir acht Tage lang vor, einen Brief zu schreiben und, wenn ich endlich Papier, Feder und Tinte vor mir sehe, geh' ich zu Bett. Ich kann erst zu Anfang Septembers in mein neues Quartier einziehen, Gott gebe, daß ich dann wieder zu Kräften komme.«

Das neue Quartier ist in der Stadt, zunächst in der Lindenstraße, dann, und für immer, in der Friedrichstraße 235. Täglich marschiert er nun, bei Sommerhitze, Regenwetter, Winterkälte, den langen Weg nach Schöneberg und zurück; unermüdlicher Fußgänger, dabei aufmerksam auf alles, was am Wege wächst; die Botanisiertrommel immer parat. Pflicht und Neigung befinden sich im schönsten Einklang. – Nur zu seinem eigenen Vergnügen und für den Freundeskreis hat er in jener Zeit Gedichte geschrieben. Einmal, unversehens, hat er seinen alten Horror vor dem Kasernenhofdrill auf die anmutigste Art veralbert:

's war einer, dem's zu Herzen ging,
daß ihm der Zopf so hinten hing,
Er wollt es anders haben.

So denkt er denn: wie fang ich's an?
Ich dreh mich um, so ist's getan –
Der Zopf, der hängt ihm hinten.

Da hat er flink sich umgedreht,
Und wie es stund, es annoch steht –
Der Zopf, der hängt ihm hinten.

Da dreht er schnell sich anders 'rum,
s' wird aber noch nicht besser drum –
Der Zopf, der hängt ihm hinten.

Er dreht sich links, er dreht sich rechts,
Er tut nichts Guts, er tut nichts Schlechts –
Der Zopf, der hängt ihm hinten.

Er dreht sich wie ein Kreisel fort,
Es hilft zu nichts, in einem Wort –
Der Zopf, der hängt ihm hinten.

Und seht, er dreht sich immer noch,
Und denkt: es hilft am Ende doch –
Der Zopf, der hängt ihm hinten.

Man erinnert sich, wie die quälenden Kasernenhoferinnerungen noch im Schiffsbauch durch seine Träume spukten; auch daran, wie er seinen alten, inzwischen erblindeten Obristen, der ihn einstmals in Furcht und Schrecken versetzt hatte, besucht und getröstet hat. Und nun am Ende diese unbekümmerten Verse – geniale Auflösung eines schweren Traumas.

Der Botanische Garten

Der Botanische Garten mit dem Herbarium ist der Platz, auf den sich Chamisso seit dem Sommerbeginn 1819 gestellt sieht, dem er neunzehn Jahre lang bis kurz vor seinem Tode als unermüdlicher Arbeiter seine Kraft, sein Anschauungsvermögen, seine forschende Intelligenz, seine Gabe, sich klar und verständlich auszudrücken, gewidmet hat.

Der Botanische Garten hatte seine Anfänge in den Gärten des Residenzschlosses, wo neben einem Lustgarten mit Blumenflor, Hecken und Laubengängen ein Küchengarten war, pharmazeutische Gewächse und auch exotische Pflanzen gezogen wurden; ein »Pomeranzenhaus« half empfindlichen Gewächsen über den Winter. Im Südwesten der Stadt, auf der Markung des Dorfes Schöneberg, befand sich ein Hofgut, das dem »Großen Kurfürsten« bei Spazierritten gefiel; es schien ihm alle Voraussetzungen zur Anlage eines Mustergartens zu bieten; er hatte sich in Holland gebildet und verstand etwas vom Gartenbau. So ließ er 1679 die seitherige Bewirtschaftung einstellen – es wurde dort vor allem Hopfen gebaut – und einen vorbildlichen Hof- und Küchengarten einrichten, »der sowohl den Bedürfnissen des Hofs als auch der Belehrung dienen sollte« (Timler). Der Hofbotaniker Dr. Elsholtz, Verfasser einer *Flora Marchiae,* war der kundige Berater; die kurfürstliche Familie half eigenhändig mit. Das Grundstück, etwa sieben Hektar, wurde durch regelmäßig kreuzende Wege unterteilt, durch Gräben entwässert.

Als Chamisso hier sein Tätigkeitsfeld fand, hatte sich die Anlage durch mehr als drei Menschenalter unter den Händen tüchtiger Gärtner und Botaniker entwickelt. Von Friedrich Wilhelm I. war der Garten teils der Hofapotheke, teils der »Sozietät der Wissenschaften« unterstellt worden. Unter seinem Nachfolger Friedrich trat an die Stelle der alten Societät die »Academie des Sciences est des Belles Lettres«, die sich wenig um den abgelegenen Platz kümmerte, jedoch einen tüchtigen Botaniker namens Gleditsch mit den nötigen Vollmachten darüber setzte. Gleditsch förderte besonders den Anbau exotischer Pflanzen. Im Siebenjährigen Krieg wurde der Garten ruiniert, doch wurden die Schäden noch unter Gleditsch behoben. Einen Aufschwung nahm der Garten, als 1801 Professor Willdenow mit der Aufsicht betraut wurde. Unter seiner Leitung erfuhr die reguläre Anlage eine totale Umwandlung, geschwungene Wege, parkartige Partien, zahlreiche Wirtschafts- und Gewächshäuser. Die Zahl der Pflanzenarten stieg von 1200 auf 7700; eine breite Grundlage für die botanische Forschung. Willdenow hat auch das »Herbar« eingerichtet; anfänglich in einem noblen Stadthaus, Dorotheenstraße 10, seit 1821 in einem klassizistischen Neubau am Rand des Botanischen Gartens.

Dieses Herbar oder Herbarium ist Chamissos ureigentlicher Arbeitsbereich gewesen. Hier hat auch seinen Bestimmungsort gefunden, was er an botanischer Ausbeute von der Weltumseglung mitgebracht hatte. Es wurden die argen Mühen geschildert, die der Naturforscher damit hatte, seine Schätze zu hüten, und man muß sich wundern, daß trotzdem eine Fülle von Material seinen Bestimmungsort erreicht hat; dem Sammler war wenigstens Gelegenheit geboten, in manchen Häfen Kisten mit Material zur Versendung zu deponieren, die dann wirklich nach vielen Monaten ihr Ziel erreicht haben; wenn nur das Zeug von Bord kam, so war der Kapitän behilflich.

Das war seine Welt – die Pflanzen, zwischen Papierbögen gepreßt, säuberlich katalogisiert in Schränken aufbewahrt; unter den exotischen wie den heimischen ungezählte, nach denen er sich selbst einmal gebückt hatte. Konnte er so ganz im Eigenen wirken, so wurde das Behagen vollkommen durch das gute Einvernehmen mit dem Ersten Kustos, seinem alten Studienfreund Schlechtendal. Aus dessen Feder haben wir ein Zeugnis vom Arbeitstag der beiden:

»An demselben Tisch einander gegenüber sitzend untersuchten und beschrieben wir zusammen, wobei einer dem anderen durch seine Erfahrungen und Kenntnisse zu Hilfe kam; es war ein schönes, ruhiges Verhältnis. Auf dem Wege, der ihn vom Tore über das Feld nach Schöneberg führte, botanisierte er entweder und brachte dies und jenes Merkwürdige oder Brauchbare mit, oder er ging mit einer Dichtung beschäftigt, sinnend hinüber, ergriff, angekommen, Feder und Papier, um das Gedichtete festzuhalten, und manches Schöne habe ich hier zuerst gehört. Als Autodidakt entbehrte Chamisso jener Sicherheit, welche ein frühes Lernen und eine von Kindesalter angefangene Übung gewährt, und die Dinge uns unauslöschlich einprägt; es war ihm daher angenehm, sich auf einen anderen zu stützen, der ihm jene Sicherheit gewähren konnte. Wie gut er aber selbständig arbeiten konnte, das zeigen die Bearbeitungen mehrerer (Pflanzen-)Familien, welche er ganz allein oder fast allein über sich nahm und vollendete, als Kränklichkeit mich während der Wintermonate zwang, den stetigen Besuch des immer eine halbe Stunde vor dem Tore liegenden Herbariums zu entsagen.«

Schlechtendal war seit 1826 auch der Herausgeber der botanischen Zeitschrift *Linnaea* (nach Carl Linné so benannt), die größtenteils in lateinischer Sprache erschien. Chamisso ist bis 1834 ein regelmäßiger Mitarbeiter gewesen. Über mehrere Jahrgänge hat er botanische Beobachtungen auf der Weltreise mitgeteilt – De plantis in expeditione spectacularia Romanzoffiana . . . mit zahlreichen Abbildungen, präzis, klar und schön gezeichnet. Hatte er nicht als kleiner Junge Miniaturen gemalt, um zum Unterhalt der Familie beizutragen? Diese Begabung kam dem Botaniker sehr zustatten. Und er besaß trotz seiner lückenhaften Schulbildung auch genügend Lateinkenntnisse, um seine Arbeiten in der alten Gelehrtensprache beizusteuern. Er hat sich durchaus nicht geniert, Persönliches in seinen botanischen Text einzuflechten. Einmal hatte er in Hitzigs Garten ein ungewöhnliches Exemplar von Fingerhut entdeckt und – »in floraliis amplissimi amicissimique Hitzig« – lateinisch dem Freund auf die Schulter geklopft.

Nicht alle Beiträge für die *Linnaea* mußten lateinisch geliefert werden. In einem Aufsatz Chamissos im 6. Band, 1831, über Gentianae (Enziane) am Kap der guten Hoffnung spiegelt sich, was er in einer einzigen Woche im Frühjahr 1818 dort wandernd beobachtet und gesammelt hatte. Im *Tagebuch* liest man darüber: »Mich hemmte der Sturm nicht, ich war die Stunden des Tages in der freien Natur, die Stunden der Nacht mit dem Gesammelten und Büchern geschäftig . . . Wir machten eine große Exkursion auf den Tafelberg; wir bestiegen ihn vor Tages Anbruch von der Seite des Löwenberges, und kamen bei dunkler Nacht auf dem mehr betretenen Weg zu der Schlucht hinter der Stadt wieder herab. Die Gefährten legten sich sogleich müde und schlaftrunken hin . . . Ich aber, nachdem ich meine Pflanzen besorgt, studierte die Nacht über eine holländisch-malaiische Grammatik . . .« Und so charakterisiert er Jahre später die Fundstellen seiner getrockneten Pflanzen: Teufelsberg, feuchte, sandige Stellen am Fuße desselben – sandige, steinige Stellen auf der nördlichen Seite des Tafelberges – feuchtes Wiesenland und feuchte Stellen der Valleien der capschen Fläche, bei und zwischen den Weinbergen – Kalk, Sandstein und Dünenfeld zwischen Brede und Duivenhoekrivier – feuchte, wiesenartige Stellen bei Seekuhvallei; Hottentotts-Holland; im Gesträuch auf den Anhöhen zwischen dem Tafelberge und dem Löwenkopfe. Über sein »Heu« gebückt wird ein Stück ferner Welt lebendig, das er sich erwandert hat.

Ein unermüdlicher Wanderer war er geblieben. Mark Brandenburg, Pommern, der Harz wurden so gründlich erforscht wie die fernen Weltgegenden von einst. Seine besondere Aufmerksamkeit hat er den Torfmooren zugewendet; seine Beschreibungen verraten ein besonderes erdgeschichtliches Interesse. Eine kurze Probe aus seiner Untersuchung eines Torfmoores bei Greifswald:

»Das Torflager hat bei der Saline 101 Fuß Mächtigkeit; man findet darunter Lehm und Sand, die noch sechs Zoll tiefer mit Torf gemengt sind. Der Sand wird bald vom Lehme rein, und man hat, bis zu einer Tiefe von 24 Fuß, zu welcher man bis jetzt gekommen ist, nur blauen Sand mit großen Geröllen, die sich von denen der Mark nicht unterscheiden. Aus diesem Sande quillt die Sole, die, je tiefer sie gefaßt wird, desto gesättigter erscheint, weshalb man einen zweiten, neuangelegten Brunnen, zu einer größeren Tiefe hinaufzusenken [sic] beabsichtigt. Man nimmt an, daß die Sole überall unter dem Torfmoore vorhanden sei, und es wird geschichtlich nachgewiesen, daß die Saline vormals einen größeren Umfang gehabt, so wie auch daß mehrere Brunnen und Gradierwerte an anderen Punkten der Ebene und in größerer Entfernung von dem Ryck vorhanden gewesen sind.

Der Teil des Torfmoores bei welchem die hier mitgeteilten Beobachtungen angestellt wurden, der Teil nämlich, welcher für den Verbrauch der Saline im Bestich ist, liegt ungefähr dreiviertel Stunde N. N. O. von derselben. Er wird, in großen Gruben, bis zur Unterlage des Lagers, das ist bis zu einer Tiefe von 9' 10" unter dem mittleren Wasserstand der Ostsee abgetorft. Die Entwässerung der Gruben geschieht durch Pumpen, welche durch Windmühlenflügel in Gang erhalten werden. Ein Fahrgraben, der aus dem Rycke bei der Saline, bis zu diesem Torfstiche führt, folgt durch die Ebene den Windungen des Torflagers, und hat in der Mächtigkeit desselben sein Bett. Der Wasserstand hält sich in dem Fahrgraben, dem Ryck und der Ostsee gleich. Die Oberfläche des Moores erhebt sich kaum über den mittleren Wasserstand der See, und wird nicht selten, bei hohen Fluten, die anhaltende Ost- und Nord-Ost-Winde bewirken, überflossen. Das Moor bringt mehrere Solpflanzen hervor. *Glaux maritima, Scirpus rufus* (Schrader und andere), *Aster tripolium* und *Scirpus maritimus* machen an den Ufern des Ryckes den Hauptbestand der Vegetation aus.

Man möchte, bei der soeben beschriebenen Örtlichkeit, erwarten, dieses Torflager werde sich als ein Meermoor erweisen, in welchem man *Zostera marina, Tange* und andere Spreeprodukte, als Zeugen seiner Entstehung, entdecken müßte. – Diesem Vorurteil widerspricht das Ergebnis der Untersuchung.

Der Torf dieses Moores enthält, gleich dem Linumer Torf,

nur Land- und Sumpferzeugnisse und nichts, was im entferntesten an das Meer, unter dessen Niveau er vorkommt, erinnern könnte. Seine Masse ist ungleichartiger als die des Linumer Torfes und im allgemeinen weniger reif. Seine Bestandteile haben einen geringeren Grad der Zersetzung oder der Umwandlung erlitten. Er zeigt dunklere und blassere, braunere und gelbere Schichten, und, besonders gegen die Unterlage, sandig, lehmige Adern. Er liegt, von keiner Bunterde überdeckt, am Tage; der Rasen selbst, der auf dem Moore wächst, wird mit der oberen Sode gestochen. Die Soden werfen oder krümmen sich beim Austrocknen und zerfallen oft schieferartig, wenn Schilf, Binsen- oder überhaupt unzersetzte Pflanzenteile sie nicht zusammen halten. Er brennt mit einem unangenehmen Geruch . . .«

Übrigens hat Chamisso die Strecke von Berlin nach Greifswald, schätzungsweise 200 km, in drei Tagen zu Fuß zurückgelegt. Ein Intermezzo auf dieser Reise: »Auf einem märkischen Gut besuchte er die Hamburger Freundin Henriette Herz (ohne t!) und meldete sich dabei als ›Wilder von den Sandwichinseln‹ an; sein Anzug war nach ihrer Beschreibung in der Tat dementsprechend; mit lang herabhängenden Haaren, unrasiert, in einem grünen Kalmuckflausch, die Botanisiertrommel über die eine Schulter, über die andere den Kasten mit dem Barometer (Tardel). Diese botanischen Fußreisen waren erquickende Intermezzi, Rückfälle in ein rastloses Leben.

Die meiste Zeit ordnete und schrieb er in seinem Herbarium. An de la Foye, 6. Januar 1824, etwas grämlich: »Ich stehe einer großen Königlichen Heumanufactur (30 für Schüler zusammen zu bringenden Herbarien) und kann weiter nichts tun als das; ich huste, weil es Winter ist, sonst treibe ich mein stilles Wesen, und freue mich an meinen Kindern (zwei Knaben), die ausnehmend wohl gedeihen, auch ist die Gesundheit meiner Frau Gottlob wieder ganz befestigt. – Wie sieht es jetzt in unsrer Botanik aus! In jedem Wisch, den man zur Hand nimmt, findet man neue Entdeckungen evulgiert, überall wird gedruckt, jeder schreibt, keiner kömmt zum Lesen, und die Masse des Gedruckten droht jede Manier zu zersprengen . . .«

Ihm selbst war eine schöne Klarheit der Mitteilung eigen. Das zuständige Ministerium hatte ihn zu einem pflanzenkundlichen Unterrichtswerk veranlaßt, auf das er sehr viel Fleiß verwendet hat – ein schlechtes (= schlichtes) dickes volksbotanisches Buch, wie er selbst es nennt. Es erschien endlich 1827 unter dem umständlichen Titel: *Übersicht der nutzbarsten und der schädlichsten Gewächse, welche wild oder angebaut in Norddeutschland vorkommen. Nebst Ansichten von der Pflanzenkunde dem Pflanzenreiche.* Eine kurze Textprobe:

»Auf der untersten Stufe des pflanzlichen Lebens stehen die drei durch Übergangsformen vielfach unter sich verschlungenen Reihen der *Pilze,* der *Wasseralgen* und der *Flechten.* Alle drei werden auch unter dem gemeinsamen Namen *Algen* im weiteren Sinne des Worts begriffen. Die Flechten oder Luftalgen der älteren Naturforscher stehen über den Pilzen und Wasseralgen, die sich ihnen anschließen. Sie gehören entschiedener der Luft an als die Pilze, die meist im Feuchten und Dunklen heimisch sind. Sie sind entschiedenere Pflanzen, und man hat noch keine derselben zu den Tieren gerechnet.

Unter den *Wasseralgen* bildet die Gruppe der *Gallerte* den Übergang zu den Pilzen. Etliche gehören dem Meere, andere dem süßen Wasser an; andere erscheinen nach dem Regen auf dem Erdboden. Es sind einfache, zweifelhafte Wesen, von denen man einigen tierische Natur zugeschrieben hat. Ihre Farbe ist bald bräunlich-grün, bald rötlich. Zur Gruppe der *Wasserfäden* gehört die Gattung *Oscillatoria,* die schon unter den Tieren erwähnt worden ist, weil etliche Arten willkürliche Bewegung zu äußern scheinen. Man nimmt an anderen Gattungen dieser sehr einfachen Pflanzenform Erscheinungen wahr, die nicht minder auffallend sind. Bei der Gattung *Conjugata Vauch.* findet zur Erzeugung der Frucht eine wirkliche Paarung statt. Diese frei im Süßwasser schwimmenden Wasserfäden sind gegliedert; es legen sich ihrer zwei von derselben Art Glied an Glied und verwachsen so miteinander. Aus zwei gepaarten Gliedern fließt der grüne Inhalt in das eine zusammen, worin »Samen« oder Keimkörner ausgebildet werden, indem das andere Glied leer bleibt. Dieses Zusammenziehen des grünen Stoffes findet in Gliedern bald des einen und bald des andern Fadens statt, und die vereinigten trennen sich, wenn es vollführt ist. Das *Wassernetz* (Hydrodictyon) ist eine Pflanze derselben Gruppe. Ihr Name bezeichnet ihre Bildung. Die Maschen lösen sich im Alter auf, und jedes getrennte Glied derselben entwickelt sich zu einem der Mutterpflanze gleichen Netz. Etliche Wasserfäden wachsen außer dem Wasser an feuchten Orten, es sind aber auch oft junge unausgewachsene Pflanzen von höheren Ordnungen für Wasserfäden angesprochen worden. Es haben namentlich die aufkeimenden Moose und ihre ersten Wurzelchen eine täuschende Ähnlichkeit mit denselben. Viele der einfacheren Wasserfäden sind wurzellos, viele sind der grünen pflanzlichen Farbe teilhaftig. Unter den Pflanzen dieser Gruppe, die das Meer hervorbringt, kommen rote und anders gefärbte vor.«

Es ist bezeichnend für Chamisso, daß er diese »volksbotanische« Schrift sein wissenschaftliches Glaubensbekenntnis genannt hat; denn dieser Aristokrat hat eine ganz naive, starke Liebe zu den einfachen Menschen; fürs »Volk« ist ihm das Beste gerade gut genug. Noch ein Zitat aus diesem Buch:

»Die Überreste sonst belebter Wesen, die in den untersten Erdschichten vorkommen, welche überhaupt dergleichen enthalten, gehören sämtlich den niedriger organisierten Seetieren an, den Schalentieren und Korallen, und dieselben Arten werden nicht mehr lebend in unsern Meeren angetroffen. Ein einziges Tier scheint ausnahmsweise in allen Versteinerungen führenden Lagern, von den tiefsten und ältesten an, bis auf die obersten und neuesten, sich wieder zu finden, und es kann auch dessen Dasein in den Meeren der jetzigen Welt nicht mit Bestimmtheit geleugnet werden. Tiere und Pflanzen des festen Landes erscheinen erst in den später abgesetzten Lagern; die obersten derselben enthalten die höher organisierten. Diese Lager und die Versteinerungen, die sie führen, beweisen, daß dasselbe Land bald aus dem Wasser hervorgeragt, und bald überflossen gewesen ist, und daß an manchen Orten Süßwasser- und Salzwasser-Bedeckungen wiederholt über denselben Landstrichen abgewechselt haben. Noch zeugen im allgemeinen die Gattungen und Arten der vergrabenen Tiere und Pflanzen von einer völlig untergegangenen Welt; sie sind aus der Zahl der jetzt lebenden Geschöpfe verschwunden. Es kommen nur in den allerjüngsten Erdschichten, unter andern untergegangenen Arten, etliche vor, die man von jetzt noch lebenden zu unterscheiden nicht vermag. Man hat aber noch keine menschlichen Gebeine darunter angetroffen, denn wir müssen hier von einer neulichen, einzeln stehenden scheinbar widerstreitenden Erfahrung absehen, die, näher beleuchtet, sich nicht als entscheidend bewähret hat.

Die außerordentliche Größe vieler organischer Wesen der Vorwelt ist uns auffallend. Es ist uns ferner auffallend, daß zwischen dem Klima, unter welchem, nach den Ähnlichkeiten zu urteilen, sie gelebt haben müssen, und dem der Erdstriche, wo ihre Überreste abgelagert sind, keine Übereinstimmung stattfindet. So kommt ein Elefant der Vorwelt, der Mammut, im kältesten Norden vor und wird sogar mit wohl erhaltenem Fleisch in dem Eise angetroffen, welches die Gebirgsart eines Teiles der Nordküste Sibiriens ausmacht.

So wie viele und sehr mächtige Kalksteinlager nur aus angehäuften Seemuschelschalen zu bestehen scheinen, so werden die Steinkohlen- und Braunkohlenschichten als Ablagerungen von vorweltlichen Pflanzen in verändertem Zustand betrachtet. Man erkennt meist in der Steinkohle das Gefüge des Palmenholzes, und die Palmen gehören zu den einfacheren, niedriger organisierten Gewächsen. Die höherliegende Braunkohle zeigt im allgemeinen das Holzgefüge der vollkommensten Pflanzen. Der Schieferton, dessen Lager die der Steinkohle begleiten, enthält außerdem Pflanzenabdrucke, die, ihrer größeren Deutlichkeit wegen, von besonderem Werte für die Untersuchung sind. Viele dieser

Pflanzen sind von so eigentümlicher Bildung, daß die jetzige Pflanzenwelt keine ähnliche aufzuweisen vermag. Darunter gehören vorzüglich Baumstämme, die man oft stehend antrifft, und die man am ersten mit den Palmen oder mit den Farnkräutern verwandt glauben kann. Andere gehören zu der einfacheren, den Palmen untergeordneten Familie der Farnkräuter, und man hat unter denselben unsern gemeinen *Adlerfarn-Pteridium aquilinum* zu erkennen geglaubt. Es ist zu bemerken, daß man jetzt dieses Farnkraut in allen Weltteilen und unter allen Himmelsstrichen antrifft.«

»Ich habe immer einen Fuß in der Botanik und einen in der Literatur«, liest man in einem Brief an de la Foye aus dem Jahr 1830. Aber seine Zeit, seine Kraft gehörte vor allem den Naturwissenschaften, wobei neben der Botanik immer wieder Zoologie und Geologie ins Blickfeld treten: seine wahrscheinlich bedeutendste wissenschaftliche Arbeit, die ihm den Ehrendoktor einbrachte, war ein Beitrag zur Zoologie – der Generationswechsel bei den Salpen. Sein ruhender Pol war das Herbarium. Als im Jahr 1833 Schlechtendal einen Ruf an die Universität Halle annahm, wurde Chamisso als »Erster Kustos« der Leiter.

In seinen Briefen ist von der naturwissenschaftlichen Tagesarbeit wenig die Rede, und wenn, dann meistens von einem Seufzer begleitet. »Ein Mensch erleidet wie das Insect seine Verwandlungen, auch in umgekehrter Folge, erst geflügelter Schmetterling, dann Raupe, hörig dem Blatte, auf dem es zehrt« – so liest man in einem Brief an Rosa Maria vom 24. Mai 1827. Und man denkt an das kaum begreifliche Wort vom Ende der mühseligen dreijährigen Weltumseglung: nicht gesättigt.

Im letzten Kapitel des *Peter Schlemihl* heißt es: »Und so, mein lieber Chamisso, leb' ich noch heute. Meine Stiefel nutzen sich nicht ab . . . Ihre Kraft bleibt ungebrochen; nur meine Kraft geht dahin, noch hab' ich den Trost, sie an einen Zweck in fortgesetzter Richtung verwendet zu haben. Ich habe, so weit meine Stiefel gereicht, die Erde, ihre Gestaltung, ihre Höhe, ihre Temperatur, ihre Atmosphäre in ihrem

Wechsel, die Erscheinungen ihrer magnetischen Kraft, das Leben auf ihr, besonders im Pflanzenreiche, gründlicher kennengelernt als vor mir irgend ein Mensch. Ich habe die Tatsachen mit möglichster Genauigkeit, in klarer Ordnung aufgestellt in mehreren Werken, meine Folgerungen und Ansichten flüchtig in einigen Abhandlungen niedergelegt.« Das hat er zwei Jahre vor Antritt seiner Weltumseglung geschrieben, aber es liest sich wie eine Briefstelle aus seinen letzten Lebensjahren.

Wir schließen dieses Kapitel vom Wirken des Naturwissenschaftlers Adelbert von Chamisso mit zwei Würdigungen. Am Anfang dieses Jahrhunderts hat ein deutscher Zoologe, Professor Friedrich Klengel, über ihn gesagt: »In der Geschichte der Wissenschaft nimmt Chamisso eine höchst bedeutsame, eigenartige Stellung ein. Fast möchte man es beklagen, daß man über dem Dichter Chamisso den Naturforscher und Geographen zu vergessen oder doch weniger zu beachten pflegt, und doch sind seine Arbeiten und Leistungen auf letzterem Gebiet so wichtig und hervorragend, daß in mancher Beziehung ein Vergleich mit Charles Darwin naheliegt.«

In jüngster Zeit wurde er gewürdigt im *Dictionary of Scientific Biography* (New York 1978): »Unter Wissenschaftlern kennt man ihn als jenen Naturforscher, der als Erster, viele Jahre vor Darwin, die Ufer des Pazifik abgesucht und eine reiche Pflanzensammlung heimgebracht hat; so ganz nebenbei hat er den Kalifornischen Gelbmohn entdeckt und beschrieben . . .« Und: »Dieser aktive, fleißige und humorvolle Beobachter im Feld und am Gelehrtentisch beschäftigte sich mit Pflanzengeographie, Ökologie, Meteorologie, Ozeanographie, Ethnologie und Linguistik, vor allem aber mit Botanik, Zoologie und Geologie. Auch war er der Erste, der vermutete, daß Driftsamen und -früchte Ursache pflanzlicher Besiedlung von Inseln seien und die ›Meeresblüte‹ pigmentierten Mikroorganismen zuschrieb.«

Biedermeier in Berlin

Die zwanzig Jahre, 1818 bis 1838, die Chamisso mit geringen Unterbrechungen als Berliner in Berlin gelebt hat, gehören der Zeit an, die man das Biedermeier nennt, und sind politisch bestimmt durch die bald nach den Befreiungskriegen einsetzende Reaktion auf die im Krieg gegen Napoleon geweckten großdeutschen und demokratischen Bestrebungen. Das auslösende Moment für die von Metternich dem ganzen Deutschen Bund dringend anempfohlenen Gegenmaßnahmen war ein Ereignis, das Chamissos Lebenskreis in gewissem Sinne berührt hat – nämlich die Ermordung des Vaters seines Kapitäns. Ein Wirrkopf, ein Student namens Sand, hatte am 22. März 1819 den berühmten, an allen Höfen, nicht zuletzt in St. Petersburg hoch geschätzten Theaterstückefabrikanten August von Kotzebue erdolcht. »Welch ein blödsinniger Gedanke, durch den Tod des alten Waschlappens Deutschland befreien zu wollen! Und wovon befreien?« So hat Solger, ein junger Berliner Professor, respektlos vermerkt. Von Chamisso ist meines Wissens keine Äußerung zu dem Ereignis überliefert, was damit zusammenhängen mag, daß er damals mit seinem einstigen Kapitän verdrießliche Auseinandersetzungen wegen der Herausgabe der Reiseberichte hatte.

Die polizeilichen Maßnahmen im Sinne Metternichs wurden außerhalb Österreichs in wenigen Bundesländern so genau genommen wie in Preußen. Zensur, polizeiliche Überwachung freiheitlich gesinnter Männer, Bespitzelung (meist dilettantisch, schon aus Kostengründen), Versetzung mißliebiger Professoren, arrogantes Gehabe kleiner Beamter, Festungshaft für manchen braven Mann – das war die Praxis der Reaktion in jener Zeit zwischen 1819 und 1848. Lästig und ärgerlich, in einzelnen Fällen sehr schmerzlich für die Betroffenen – vom heutigen Standpunkt gesehen, nach allem, was wir erleben mußten und in vielen Ländern noch erleben: Biedermeier (zu welchem Begriff ja auch verdickte Luft gehört). Was an jener Zeit böse gewesen ist, war das Elend der Armen.

Berlin zählte zu Beginn des Jahrhunderts 172 000 Einwohner, Mitte des Jahrhunderts waren es 424 000. Die Volkszahl ist demnach in den Jahren von 1818 bis 1838 ungefähr von 250 000 auf 350 000 gestiegen; als Hauptstadt des Königreichs Preußen kein Wasserkopf, eher bescheiden. Denn seit dem Wiener Kongreß reichte Preußen von der Maas bis an die Memel, und ein klein wenig darüber. Mit Dresden und Wien verglichen war Berlin eine allenfalls anständig zu nennende, gewiß nicht prunkvolle Residenz; mehr Glanz und guter Geschmack war in Potsdam zu finden; eine Art Nebenresidenz war übrigens auch noch Charlottenburg.

Zu Beginn des Jahrhunderts hatte Madame de Staël geurteilt: »Berlin, diese ganz moderne Stadt, macht, wie schön sie auch sein mag, keinen ganz seriösen Eindruck; man spürt hier nichts von der Geschichte des Landes, vom Charakter der Bewohner, und diese prachtvollen neuerrichteten Gebäude scheinen nur zu Stätten des Amüsements oder des Gewerbefleißes bestimmt.« Dieses Zitat findet sich in Heinrich Heines *Briefen aus Berlin* vom Jahr 1822. Obwohl Heines längerer Aufenthalt in dieser Stadt mit vielerlei Verdruß belastet war, zeichnet er ein erstaunlich freundliches Bild, schildert in heiterster Laune »die Königstraße, wo ein Kaufmannsmagazin ans andre grenzt, und die bunten, leuchtenden Warenausstellungen fast das Auge blenden«, das Schloß, »ein hohes, großartiges Gebäude. Die Zeit hat es grau gefärbt, und gab ihm ein düsteres, aber desto majestätischeres Ansehen«; Schlüters Reiterdenkmal des großen Kurfürsten. Und: »Schauen Sie jetzt mal auf. In der Ferne sehen Sie schon die Linden!

Wirklich, ich kenne keinen imposantern Anblick, als vor der Hundebrücke stehend nach den Linden hinauf zu sehen. Rechts das hohe, prächtige Zeughaus, das neue Wachthaus, die Universität und Akademie. Links das königliche Palais, das Opernhaus, die Bibliothek usw. Hier drängt sich Prachtgebäude an Prachtgebäude. Überall verzierende Statuen; doch von schlechtem Stein und schlecht gemeißelt, außer die auf dem Zeughause. Hier stehn wir auf dem Schloßplatz, dem breitesten und größten Platze in Berlin. Das königliche Palais ist das schlichteste und unbedeutendste von allen diesen Gebäuden. Unser König wohnt hier. Einfach und bürgerlich. Hut ab! da fährt der König selbst vorbei. Es ist nicht der prächtige Sechsspänner; der gehört einem Gesandten. Nein, er sitzt in dem schlechten Wagen mit zwei ordinären Pferden. Das Haupt bedeckt eine gewöhnliche Offiziersmütze, und die Glieder umhüllt ein grauer Regenmantel. Aber das Auge des Eingeweiheten sieht den Purpur unter diesem Mantel und das Diadem unter dieser Mütze. Sehen Sie wie der König jedem freundlich wiedergrüßt. Hören Sie: ›Es ist ein schöner Mann‹ flüstert dort die kleine Blondine. ›Es war der beste Ehemann‹ antwortet seufzend die ältere Freundin. ›Ma foi‹ brüllt der Husarenoffizier, ›es ist der beste Reuter in unserer Armee.‹ –

Es versteht sich bei Heine, daß sein spöttischer Witz nach vielen Seiten sprüht, wobei allzu assimilierungsbeflissene Juden auch ihren Teil abbekommen. Um so erstaunlicher muten seine Eindrücke vom preußischen Militär an: »Denn der Lustgarten ist auch der Platz, wo täglich die Parole ausgegeben und die Nachtparade gemustert wird. Ich bin zwar kein sonderlicher Freund vom Militärwesen, doch muß ich gestehen, es ist mir immer ein freudiger Anblick, wenn ich im Lustgarten die preußischen Offiziere zusammenstehen sehe. Schöne, kräftige, rüstige, lebenslustige Menschen. Zwar hier und da sieht man ein aufgeblasenes, dummstolzes Aristokratengesicht aus der Menge hervorglotzen. Doch findet man beim größeren Teile der hiesigen Offiziere, besonders bei den jüngern, eine Bescheidenheit und Anspruchslosigkeit, die man um so mehr bewundern muß, da, wie gesagt, der Militärstand der angesehenste in Berlin ist. Freilich der ehemalige schroffe Kastengeist desselben wurde schon dadurch sehr gemildert, daß jeder Preuße, wenigstens ein Jahr, Soldat sein muß, und, vom Sohn des Königs bis zum Sohn des Schuhflikkers, keiner davon verschont bleibt. Letzteres ist gewiß sehr lästig und drückend; doch in mancher Hinsicht auch sehr heilsam. Unsre Jugend ist dadurch geschützt vor der Gefahr der Verweichlichung. In manchen Staaten hört man weniger klagen über das Drückende des Militärdienstes, weil man dort alle Last desselben auf den armen Landmann wirft, während der Adlige, der Gelehrte, der Reiche und, wie z. B. in Holstein der Fall ist, sogar jeder Bewohner einer Stadt von allem Militärdienste befreit ist. Wie würden alle Klagen über letztern bei uns verstummen, wenn unsere lautmauligen Spießbürger, unsere politisierenden Ladenschwengel, unsere genialen Auskultatoren, Büreauschreiber, Poeten und Pflastertreter vom Dienste befreit wären. Sehen Sie dort, wie der Bauer exerziert? Er schultert, präsentiert und – schweigt.«

Das ist bei Heine zu lesen. Und nichts, in jenen *Briefen aus Berlin,* vom Polizeistaat? Ganz nebenbei einmal ein geträllertes Liedchen

> Ein feste Burg, o lieber Gott,
> Ist Spandau . . .

Spandau war die Festung, in die »ein Kerl, der räsonniert«, eingeliefert werden konnte. Eine merkwürdige Szene findet sich am Ende. Es war die Hochzeit der Prinzessin Alexandrine mit dem Erbgroßherzog von Mecklenburg. Heine steht im Lustgarten vor dem Schloß. Zwölf Kanonen sollten im Augenblick des Ringewechsels abgeschossen werden. »An einem Fenster des Schlosses stand ein Offizier, der den Kanonieren im Lustgarten das Zeichen zum Abfeuern geben sollte. Hier hatte sich eine Menge Menschen versammelt. Auf ihren Gesichtern waren ganz eigne, fast sich widersprechende Gedanken zu lesen.« Er fährt fort: »Es ist einer der schönsten Züge im Charakter der Berliner, daß sie den König und das königliche Haus ganz unbeschreiblich lieben. Die Prinzen und Prinzessinnen sind hier ein Hauptgegenstand der Unterhaltung in den geringsten Bürgerhäusern. Ein echter Berliner wird auch nie anders sprechen, als ›unsre Charlotte‹, ›unsre Alexandrine‹, ›unser Prinz Karl‹ usw.«

Ein ironischer Unterton mag da mitschwingen, es müßte nicht von Heine sein, aber die Sache stimmt. Wirklich war die Popularität des preußischen Königshauses damals auf dem Höhepunkt. In seinem Aufsatz »Die Märker und die Berliner« (ein Meisterwerk!) hat Fontane den Regierungsstil Friedrich Wilhelms III. charakterisiert – »Gerechtigkeit herrschte; noch viel mehr aber herrschte Duldsamkeit und Liebe. Nie hat die Welt etwas Ähnliches gesehen, auch in Duodezstaaten nicht, wie das damalige Verhältnis des preußischen Volkes, speziell der Bewohner der Hauptstadt, zu ihrem Könige«.

Für die Zeit des Biedermeier gibt Fontane jedoch dem leuchtenden Bild eine eigentümliche Färbung: »Die Tage des Königsstädtischen Theaters, die Tage, wo der zu spät zur königlichen Tafel kommende Kronprinz sich mit den Worten ›Na Meester, darum keene Feindschaft nich‹ bei seinem Vater entschuldigte, worauf dieser gnädig antwortete: ›Ach, Fritze, Du kennst mir doch‹ – diese Tage des ›Fests der Handwerker‹, der ›Wiener in Berlin‹, ›der Reise auf gemeinschaftliche Kosten‹ brachen jetzt an und schufen, indem sie die Verschmelzung vollendeten, jene weltbekannte Anschauungs- und Ausdrucksweise, die sich mit dem Begriffe des richtigen Berliners deckt, des ›richtigen Berliners‹, der nun bei Hofe (man denke nur an den damaligen Kronprinzen) gerade so gut existierte wie draußen bei Liesens oder auf dem Wollankschen Weinberg. Das Jahr 30, vielleicht das ganze Jahrzehnt von 30 bis 40, war der Höhenpunkt dieser eigenartigen Erscheinung, ein Höhenpunkt der Familiarität, der freilich – was auch damals schon von sehr vielen empfunden wurde – keineswegs ein Höhenpunkt in allen Stücken war. Vielfach das Gegenteil. Es war, und zwar in einem unglaublichen und auf die Dauer hin geradezu staatsgefährlichen Grade, die Herrschaftszeit der Mittelmäßigkeit, Verschwommenheit und Trivialität, die Herrschaftszeit des Witzes quand même, des Witzes, dem jede Rücksicht auf andres, unendlich Wichtigeres untergeordnet wurde.«

Da führt eine Brücke zu der Äußerung des alten Fontane

(1891 in einem Brief an Georg Friedländer): »Die Zeit, in die meine Jugend fiel, Ende der 30er Jahre, war auch schrecklich.« Es mag diese getrübte Rückerinnerung auch deshalb so skeptisch verfärbt sein, weil der junge Fontane als Lehrling in der Apotheke »Zum weißen Schwan« von Wilhelm Rose harte Zeiten durchlebte. Seine Erinnerungen (von zwanzig bis dreißig) spiegeln auch das Leben der kleinen Leute im biedermeierlichen Berlin.

Im Jahr 1835, Fontane war fünfzehn, mußte er aus einem gemütlichen Quartier in einen Neubau umziehen: »Trotzdem alles ganz neu war, war alles auch schon wieder wie halb verfallen, häßlich und gemein, und wie der Bau, so war auch – ein paar Ausnahmen abgerechnet – die gesamte Bewohnerschaft dieser elenden Mietskaserne. Lauter gescheiterte Leute hatten hier ein billiges Unterkommen gefunden: arme Künstler, noch ärmere Schriftsteller und bankrotte Kaufleute, namentlich aber Bürgermeister und Justizkommissarien aus kleinen Städten, die sich zur Kassenfrage freier als statthaft gestellt hatten. Wir wohnten Parterre. Das von mir bezogene Zimmer, das so feucht war, daß das Wasser in langen Rinnen die Wände hinunterlief, lag schon in einem uns von dem alten Judenkirchhof abtrennenden Seitenflügel, welch letzterer sich, nachdem man einem kleinen Zwischenflur passiert hatte, weit nach hinten zu fortsetzte. Was in diesem letzten Ausläufer des Seitenflügels alles zu Hause war, war mehr interessant als schön. Da hauste zunächst Alma. Alma war eine kleine, sehr wohlgenährte Person mit roten Backen und großen schwarzen Augen, die mit seltener Stupidität in die Welt blickten. Ihre Hauptschönheit und zugleich auch das Zeichen ihres Berufes war eine mit minutiöser Sorgfalt gepflegte Sechse, die sie, glatt angeklebt, zwischen Ohr und Schläfe trug. Als mein Vater mich einmal in dieser meiner Wohnung besuchte, war er auch dieser Alma begegnet. ›Ihr habt ja da merkwürdige Besatzung auf eurem Flur‹, sagte er in seine herkömmlichen Bonhommie. ›Das ist ja eine puella publica.‹ Ich hatte diesen Ausdruck noch nicht gehört, fand mich aber schnell zurecht und bestätigte alles.«

Es wohnte auch ein gänzlich heruntergekommener preußisch-polnischer Edelmann in dieser Mietskaserne, dessen Leichnam, wie es einem Kriegshelden gebührte, auf dem engen Korridor aufgebahrt und von einem betrunken heimkehrenden Schlafstelleninhaber umgeschmissen wurde . . .

Über Berliner Wohnverhältnisse hat auch der junge Jacob Burckhardt in einem Brief (März 1840) berichtet: »Du kannst leicht denken, was hier für eine Armut herrschen muß. Es gibt Zimmer, wo zwei, ja selbst vier Parteien wohnen; dann spannt man Seile über's Kreuz, damit jeder weiß, wohin er gehört. Ich weiß das von Jemandem, der es an mehr als einem Ort so gesehen hat.« Er berichtet dann weiter von dem sehr ausgebreiteten Diebswesen – etwa 3000, die nur vom Diebstahl leben und von nichts anderem – und dementsprechend von dem Zwang, ständig alles abzuschließen. »Kurz, es wäre hier sehr unheimelig zu leben, wenn man nicht Freunde und andere gute Leute hätte, die einem das Leben angenehm machen.«

Sehr viel größer als die Zahl der Diebe war die der Bettler; wobei, wie bei jenen, auf einen professionellen eine Mehrzahl von Gelegenheitsbettlern kam. – Achim von Arnim, der nach kurzen Besuchen in Berlin bei seiner Bettina und den Kindern rasch auf sein Gut Wiepersdorf zu entfliehen pflegte, schreibt einmal an einem Maitage: »Kaum begreife ich es morgens, wenn ich aufwache, wie ich aus der grauen Straßenbeengung und den Staubwegen in den grünen Segen des Landes und in den weiten Himmel versetzt bin, der mich von allen Seiten anblickt und aus dem Gekreisch der blinden und lahmen Bettelsänger vor den Fenstern zu den Nachtigallen, die sich nie heiser singen.«

Am Neujahrstag war das Betteln allgemein. »An diesem Tage gleicht das prächtige Berlin einer großen Bettlerrepublik. Schließt euch immerhin in der Stube ein, das Heer der bettelnden Küster, Nachtwächter, Laternenputzer, Balgentreter, Spritzenleute, Schornsteinfeger, Briefträger usw. schlägt euch die Pforte in Trümmer, wenn ihr nicht öffnen wollt, ihr sollt und müßt gegen eine bare Erkenntlichkeit ihre Glückwünsche hören. Nicht genug, daß diese autorisierten

Bettelgratulanten euch nicht zu Odem kommen lassen, nein – die Industrie geht so weit, daß selbst feine Köpfe an diesem Tage unter der Ägide eines Nachtwächters oder Briefträgerrockes zu lukrieren streben . . .« So liest man in einem Buch *Berlins Licht- und Schattenseiten* eines gewissen Adolph von Schaden (1822). Er erwähnt weiter den »Ochsenkopf«, »die große Anstalt, wo Straßenbettler und lüderliche Weibspersonen zur Arbeit angehalten werden«; die Insassen bekamen am Neujahrstag Ausgang, und die Bettelvögte selbst mischten sich unter ihr Bettelvolk . . .

Der Berliner häusliche Alltag, wie ihn eine Dame der Gesellschaft erlebte, wird lebendig in den Briefen, die Bettina von Arnim, geb. von Brentano, an ihren Gutsherrn-Gatten geschrieben hat. Das sind Spuren eines im Grund einfachen, und oft – eigene Krankheiten, Kinderkrankheiten, Handwerker- und Dienstbotenärger – sehr mühsamen Lebens. Aus einem Brief vom 26. 5. 1818: »Gestern kamen Gerlachs und Götze und Bülow zu mir, ich ließ einen großen Topf mit Erdtoffeln kochen, zwei Flaschen Weißbier und 2 Heringe holen, bei denen sie sich so wohl sein ließen wie die Fürsten.« Und im selben Brief: »Die Leinwand erwarte ich mit Sehnsucht, ich kann sonst meinem Kind keine Windeln machen, bring sie ja alle.«

Bettina hat einen scharfen Blick für Armut und Elend gehabt, was später, 1844, in ihrem dem König gewidmeten Armenbuch den stärksten Ausdruck gefunden hat. Aus einem ihrer Hausfrauenbriefe: »Die Köchin, die ich gemietet habe und dadurch zugleich von der Verzweiflung gerettet, denn sie war so arm, daß sie wegen Mangel an Kleidung das Haus nicht verlassen konnte; sie hat sie erst mit vorgestrecktem Gelde wieder eingelöst, hat manche gute Eigenschaft und paßt sich in vieler Rücksicht sehr gut ins Haus; erstens hat sie ein Talent, mit dem Holz zu sparen, zweitens ist sie ungemein ökonomisch und zu jeder Arbeit bereit, steht alle Morgen vor 5 Uhr auf, backt sehr gutes Brot mit wenig Umständen, ohne daß ich es wußte, hat sie, statt welches zu holen, Mehl gekauft und es selbst gebacken, das so gut war, wie ich noch keins gegessen habe; ausgelernt im Kochen ist sie nicht, aber Hausmannskost macht sie sehr gut, kauft sehr billig ein, die Armut hat sie belehrt . . .« Leider muß sie zwei Jahre später ihrem Mann mitteilen: »Die Karoline hat mich beim Torffahren betrogen.«

Dieses biedermeierliche Berlin, schwarz und weiß wie die preußischen Farben, war Chamissos Heimat geworden. Seine Wohnung war in der Friedrichsstraße 235 in einem ziemlich bescheidenen Haus, sieben Fenster in Front, auf hohem Parterre zwei Stockwerke. Die lange Friedrichstraße kommt in mehreren alten Berichten vor. Heine: »Wenn man diese betrachtet, kann man sich die Idee der Unendlichkeit veranschaulichen.« Und der Göttinger Orientalist Paul de Lagarde erwähnt sie in seinen Erinnerungen an Friedrich Rückert: »Die ganze obere Friedrichstraße von sogenannten Viehmeistern bewohnt, durch welche die Südstadt mit Milch versorgt wurde, welche ehrerbietigst von den grünen Holzstühlen, den Ruhesitzen ihrer Abende, aufstanden, wenn der von ihnen bediente Honoratiore vorbeikam.« Viel Ländliches war noch in der großen Stadt zu finden. Lagarde: »Garten an Garten, voll Baumblüten und Vogelsang im Frühlinge, voll Trauben, Äpfeln und Birnen im Herbste, und nachmittags voller Kinder, welche das Wiesel mitten in der Stadt jagen konnten und nie das Bedürfnis fühlten, frische Luft außerhalb der Stadtmauern zu suchen.« Chamisso wohnte weit draußen, »denn ich lebe in meiner äußersten Ecke am Tore, welches nach Schöneberg führt, wo das Herbarium und mein Geschäft mich sechs Stunden des Tages halten, wie gebannt, und ein Gang in Berlin ist für mich eine Reise in die Fremde« (1827 an Rosa Maria).

In dieser Wohnung wächst die Familie heran; die ältesten Söhne, dann, nach fünfjähriger Pause, in rascher Folge fünf weitere Kinder. Dem Familienoberhaupt haftet Zeit seines Lebens etwas Burschikoses, Junggesellenhaftes an. Er rasiert sich ungern, läßt die grauen Locken wuchern; hüllt sich in Tabaksqualm, aus dem, von Jahr zu Jahr mächtiger, sein Husten dröhnt. Auf häusliche Behaglichkeit, von Luxus zu schweigen, hat dieser Fahrensmann keinen besonderen Wert gelegt. Seine Antonie, mit am Ende sieben Kindern, vermochte nicht entscheidend dagegen zu steuern. Es gibt einen Besucherbericht, in dem die Rede ist von dem Geruch der im Nebenzimmer am Ofen zum Trocknen aufgestellten Kinderbettmatratzen – wogegen denn der Rauch aus der Pfeife des Hausvaters als wohltätiges Remedium dienen mochte. – Im Grunde seines Herzens ist Chamisso wohl immer bereit gewesen zum Aufbruch ins Weite, Grenzenlose, Ungewisse.

Er war ein Freund, wie man sich einen Freund nur wünschen kann; er war ein herzensguter Kamerad; aber eigentlich gesellig war er nicht. »Chamisso war . . . wiedergekommen, eben wie er weggegangen war, ein deutscher Bursche, der sich lieber von allem geistreichen Salon-Verkehr, als von der Cigarre trennte, und nur in äußersten Notfällen zum Rasieren und zum Frack verstand.« (Hitzig).

Anders als in seiner Leutnantszeit ließ er sich in den Salons nur selten blicken; er war sich der geistigen Bedeutung der Rahel bewußt, aber auch seine alte Freundschaft mit Varnhagen vermochte ihn nicht oft an ihren Teetisch zu locken. Dagegen ging er in die 1824 von Hitzig gegründete Mittwochsgesellschaft, in der alte Freunde wie Fouqué und Varnhagen verkehrten, Eichendorff, Alexis, Wilhelm Müller. Hier wurden Werke der Weltliteratur vorgelesen und besprochen, ganz im Sinne Goethes übrigens, mit dem man korrespondieren durfte; auch die Mittwochs-Gesellschaft war eine Stätte der Goethe-Verehrung, wenn auch nicht so schwärmerisch, so absolut wie der Salon der Rahel. Chamisso war kein umtriebiger Teilnehmer in der Mittwochs-Gesellschaft, wenngleich in Fragen der Weltliteratur höchst kompetent. Auch in den berühmten Weinstuben, obenan Lutter und Wegener, war er selten zu finden (obwohl es faszinierend sein mochte, einen E.T.A. Hoffmann von Bouteille zu Bouteille emporschweben zu sehen). Er hat den Verkehr mit Naturwissenschaftlern vorgezogen. Freilich: »Vater Hitzig ist und bleibt unser Vorder- und Flügelmann, in allen Verhältnissen reines Gold« (1824 an de la Foye).

Ein reisender Franzose, Jean Jacques Ampère, hat ein Bild von Chamisso gezeichnet, das nach dessen Tod in der *Revue des deux Mondes* erschienen ist. »Als ich mich im Jahr 1827 in Berlin befand, stellte mich Hitzig in der Literarischen Gesellschaft einem seiner Freunde vor, der mehr als irgendein anderer das Gepräge trug, welches wir in Frankreich eine deutsche Tournüre zu nennen pflegen. Der Mann war groß und hager, lange Haare hingen ihm auf die Schultern hinab, sein Gesicht hatte einen eigentümlichen Ausdruck von Wohlwollen und Festigkeit; es lag darin gleichzeitig etwas Zartes und Kräftiges, Abgespanntes und Kühnes . . .

Der Mann mit der hohen Gestalt und langen Haaren war mein Landsmann; er war ein von der Natur auf seltene Weise ausgestatteter, aber vom Schicksal lange verfolgter Mann, ein französischer Emigrant und preußischer Offizier, ein Edelmann und ein Liberaler, ein Dichter und Botaniker, der Autor eines phantastischen Romans und ein Weltumsegler, er war ein Deutscher und doch ein geborener Franzose: kurz – es war Chamisso.«

Unter den bedeutenden Zeitgenossen haben wenige einen so klaren Blick und ein so starkes Mitempfinden für die Armut und Not der kleinen Leute gezeigt wie Chamisso. Weder die Sphäre seiner Wissenschaft, noch der Familien- und Freundeszirkel, schon gar nicht seine adlige Herkunft haben ihn daran gehindert, das einfache Volk zu achten, ja zu lieben. Statt aller Umschreibung stehe hier das Gedicht »Die alte Waschfrau« (1833).

Du siehst geschäftig bei dem Linnen
Die Alte dort in weißem Haar,
Die rüstigste der Wäscherinnen
Im sechsundsiebenzigsten Jahr.
So hat sie stets mit sauerm Schweiß
Ihr Brot in Ehr' und Zucht gegessen,
Und ausgefüllt mit treuem Fleiß
Den Kreis, den Gott ihr zugemessen.

Sie hat in ihren jungen Tagen
Geliebt, gehofft und sich vermählt;
Sie hat des Weibes Los getragen,
Die Sorgen haben nicht gefehlt;
Sie hat den kranken Mann gepflegt;
Sie hat drei Kinder ihm geboren;
Sie hat ihn in das Grab gelegt
Und Glaub' und Hoffnung nicht verloren.

Da galt's, die Kinder zu ernähren;
Sie griff es an mit heiterm Mut,
Sie zog sie auf in Zucht und Ehren,
Der Fleiß, die Ordnung sind ihr Gut.
Zu suchen ihren Unterhalt,
Entließ sie segnend ihre Lieben,
So stand sie nun allein und alt,
Ihr war ihr heitrer Mut geblieben.

Sie hat gespart und hat gesonnen
Und Flachs gekauft und nachts gewacht,
Den Flachs zu feinem Garn gesponnen,
Das Garn dem Weber hingebracht;
Der hat's gewebt zu Leinewand.
Die Schere brauchte sie, die Nadel
Und nähte sich mit eigner Hand
Ihr Sterbehemde sonder Tadel.

Ihr Hemd, ihr Sterbehemd, sie schätzt es,
Verwahrt's im Schrein am Ehrenplatz;
Es ist ihr Erstes und ihr Letztes,
Ihr Kleinod, ihr ersparter Schatz.
Sie legt es an, des Herren Wort
Am Sonntag früh sich einzuprägen;
Dann legt sie's wohlgefällig fort,
Bis sie darin zur Ruh' sie legen.

Und ich, an meinem Abend, wollte,
Ich hätte, diesem Weibe gleich,
Erfüllt, was ich erfüllen sollte
In meinen Grenzen und Bereich;

Ich wollt', ich hätte so gewußt,
Am Kelch des Lebens mich zu laben,
Und könnt' am Ende gleiche Lust
An mcinem Sterbehemde haben.

Ob dieses Gedicht ein großes Kunstwerk ist, soll nicht untersucht werden. Es ist in seiner Lauterkeit, Wahrhaftigkeit und Liebe ein Dokument der Menschlichkeit. Die vier Zeilen gegen Ende, die mit den Worten »Und ich, an meinem Abend« beginnen, müssen jeden ins Herz treffen, der sie auf sich wirken läßt. – Frau Dorothea von Chamisso verdanke ich die Mitteilung: Eine alte Waschfrau, in unserem Jahrhundert, habe das Gedicht ganz selbstverständlich auf sich bezogen, nur verwundert bemerkt »Er hat mich doch gar nicht gekannt«.

Er hat auch derbere Töne angeschlagen, wenn sein Mitleid mit den Armen in Zorn umschlug. Ein Beispiel ist das Gedicht »Der Bettler und sein Hemd« – »die erste sozialkritische Ballade des deutschen Vormärz« (Volker Hoffmann), 1829. Ein Bettler soll eine Hundesteuer für sein Tier zahlen, seinen einzigen Freund:

Wer hat mich geliebt, wann ich mich gehärmt?
Wer, wann ich fror, hat mich gewärmt?
Wer hat mit mir, wann ich hungrig gemurrt,
Getrost gehungert und nicht geknurrt?

Er will die Kreatur erdrosseln. Aber

Wie er in die Schlinge den Hals ihm gesteckt,
Hat wedelnd der Hund die Hand ihm geleckt,
Da zog er die Schlinge sogleich zurück,
Und warf sie schnell um sein eigen Genick.

Der grobe Ton der rührseligen Geschichte hat ein unfreundliches Echo hervorgerufen. Sie bleibt jedoch ein Zeugnis nicht nur für des Dichters zornige Liebe zu den Armen und Gedemütigten, sondern auch seiner Liebe zu den Hunden.

Nicht weniger kraß ist das 1827 geschriebene Gedicht »Der

Invalid im Irrenhaus«. Das ist ein alter Soldat, dem anno 13 bei Leipzig ein Säbelhieb den Kopf gespalten hat und der nun seinen Lebensrest in einem Irrenhaus verdämmert:

Schrei ich wütend nach der Freiheit,
Nach dem bluterkauften Glück,
Peitscht der Wächter mit der Peitsche
Mich in schnöde Ruh zurück.

Solche Zitate führen zu der Frage nach Chamissos politischer Haltung im preußischen Biedermeier. Wie manche seiner Gedichte lassen sich Briefstellen von radikaler Gesinnung nachweisen. »Denn mir kommt immer vor, als läge die alte Hure Europa siech und elendiglich an ihrer letzten Krankheit darnieder, und müsse (möge sie sich noch so sehr aufputzen, einerseits mit alten Fetzen und Lumpen behängen, andererseits wieder kindisch werden und Zähne kriegen) endlich und baldigst verrecken. Die Sonne Amerika's ist hingegen im Aufgang . . « Auswanderungsgedanken – »hilft es nicht mir, hilft es vielleicht noch meinen Kindern«. Und im selben Brief: »Der Prunk, das ist die Seuche der Zeit. – Die Armeen sind nur zum Prunk, nicht mehr zum Losschlagen da, daher fürchtet sich auch jeder vor jedem, man prunkt mit Selbstherrschaft; wer aber herrschet selbst! – Daher diese Herde von Beamten, die, was von selbst ginge, überall hemmen, und das alles kostet viel! und wem! – Die Wechselreiterei, die man in unserer Rothschildschen Zeit Finanzen nennt, reicht bald nicht mehr aus, die Staaten nennen's Deficit, die Cassen-Officianten Defect, die armen Schlucker Schulden; es ist all eins . . .«

So ehrlich all dies Schelten (in einem Brief an den Freund de la Foye vom Januar 1825) gemeint ist, es wäre verkehrt, wollte man es absolut nehmen. Übrigens hat Chamisso die Politik nicht nur als Berliner und preußischer Beamter gesehen, sondern auch als alter Franzose, der die für Europa exemplarischen Bewegungen dort voll Anteilnahme beobachtet hat. Noch einmal, im Herbst 1825, hat ihn sein Weg ins einstige Vaterland geführt.

Diese Reise nach Frankreich stand unter einem freundlichen Stern. Der Anlaß war eine Vermögensangelegenheit. Im Rahmen der recht großzügigen Reparationen für die Vermögensschäden der während der Revolution Emigrierten stand ihm ein Teil der seiner Familie zugesprochenen Summe zu. Die Zahlenangaben schwanken. Wahrscheinlich konnte die Familie insgesamt rund 100 000 Franken beanspruchen, wovon auf Adelbert der fünfte Teil entfiel. Das mußte dem Familienvater mit seinem preußischen Beamtengehalt die Reise wert sein. Unterwegs: »Ich hielt es für einen Witz des mir lächelnden Schicksals, daß ich unversehens in Reisemütze und halbrobinsonischen Kleidern die Ehre hatte, an den Hof des Königs der Könige, des Herrn von Rothschild in Frankfurt vorgerufen zu werden – Männer wie ich bedürfen des Anzugs nicht . . .« (brieflich an seine Frau).

In Paris wurde er herzlich aufgenommen. Er kam mit Dumont d'Urville zusammen, dem Weltumsegler und Antarktisforscher (der übrigens sein Leben bei einem Eisenbahnunglück verlieren sollte). Bory St. Vincent, Naturforscher und Geograph, saß gerade im Schuldgefängnis, ließ es sich aber nicht nehmen, den berühmten Kollegen aus Berlin in diesem unfreundlichen Lokal aufs beste zu bewirten. Er traf auch Choris, den Maler von der Rurik. Der gab ihm zu Ehren ein Bankett mit einer Speisenfolge, die sich beide einmal auf hoher See, des eintönigen Fraßes überdrüssig, ausgemalt hatten. Wiedersehen mit der Familie, der Schwester, dem Bruder Hippolyte. Ein Besuch beim Erzfreund de la Foye in Caen. Wiedersehen mit August von Staël. Und Theaterbesuche jeder Art, von Schillers Maria Stuart bis zu den pantomimischen Künsten eines gewissen Mazurier, von welchem, wie Chamisso sich ausdrückte, »selbst die Affen noch lernen konnten«.

Er hat auch Auge und Ohr für die politischen Verhältnisse gehabt. Er hat den Gerichtsverhandlungen und dem endlichen Freispruch des »Constitutionel«, einem Presseprozeß also, beigewohnt. Er hat mit Lafayette geplaudert über Gott und die Welt und besonders über Amerika; denn er war von dort, ein schwer reicher Mann, eben zurückgekehrt; im Begriff, wieder eine politische Rolle in Frankreich zu spielen. König war damals Karl X., ein nicht unwürdiger Monarch, aber völlig in uralten Vorstellungen befangen; immerhin – das Reparationsgesetz, das auch dem preußischen Chamisso zugute kam, war ganz in seinem Sinne. – Der familiäre Respekt, den Adelbert für seinen Bruder Hippolyte empfand, hat immer wieder seine demokratischen Regungen gedämpft.

Die Heiterkeit, die über allen Äußerungen aus dieser Zeit liegt, hat ihren tieferen Grund darin, daß er sich nicht mehr zwischen zwei Nationen zerrissen fühlte; daß er nun wußte, wo seine Heimat war. Aus einem Brief an seine Frau: »Vergiß nicht die Rosen; vergiß nicht die Buchstaben (nämlich sie die Jungen zu lehren); vergiß nicht den Sperlingen Vogelfutter auf mein Fenster zu streuen; vergiß nicht die Blumen, die ich gepflanzt habe, zu pflegen. Ich werde Dir zurückkehren wie ich von Dir gegangen bin, lasse auch mich alles wiederfinden, wie es war.« – Im Januar 1826 ist er wieder in seinem Berlin.

Es waren vielleicht diese frischen Einblicke in die französischen Zustände, die ihm die lichten Seiten seines Staates – sozusagen das Weiß im preußischen Schwarzweiß – bewußt gemacht haben. Chamissos erste Reaktion auf die Juli-Revolution freilich war freudige Erregung, in Schlafrock und Pantoffeln rennt er über die Straße, um Hitzig die frohe Nachricht brühwarm zu überbringen. Aber bereits im August schreibt er an de la Foye: »Soll man gratulieren? – Ich denke ja. Aber sachte im Schritt!« Und ein Jahr später an denselben: »Wir haben in der Tat das Mehrste von dem, wonach bei Euch geschrieen wird. Communal-Gesetz, Gleichheit vor dem Gesetz, eine Nationalarmee, die aus dem Volke hervorgeht, wir haben Unterrichts-Wohltätigkeits-Vereine und Gesetze u.s.w. Wir haben eine Gewohnheit der Rechtlichkeit, die zu einer andern Natur geworden ist, wir wissen nicht, was Gunst heißt. Wir haben eine väterliche Regierung, Liebe und Zutrauen zu dem Oberhaupt, und in Zeiten der Gefahr hat der Instinct alle um den Thron versammelt, da ringsher sich alle gegen ihre Regierungen verbündeten. In der Tat hätte ganz

Norddeutschland nichts besseres begehrt, als Preußisch zu werden – es mangelt uns wohl noch manches, aber wir haben Zutrauen und Geduld . . .«

Wenn bei Chamisso, dem das Herz links schlug, immer wieder die Besonnenheit die Oberhand gewinnt, so hat das auch seinen Grund in der von Dankbarkeit erwärmten Treue gegen das Königshaus und zum preußischen Staat. Man muß weiter daran denken, daß sein Erzfreund Hitzig seit 1827 eine dem heutigen Generalstaatsanwalt ähnliche Position am Kammergericht innehatte – bildhaft ausgedrückt so etwas wie die Speerspitze der Reaktion gewesen ist.

Das mag auch Chamissos zwar kritische, aber zurückhaltende Einstellung zur Zensur erklären. Er spricht wohl aus eigenen Erfahrungen, gelegentlich von den Albernheiten der preußischen Zensur – mit dem frommen Ausruf: si le roi savoit! (Wenn der König wüßte!). In einem nicht mehr zu datierenden (1832?) Aufsatz über Zensur und Pressefreiheit schreibt Chamisso:

»Bei der Zensur, wie sie zur Zeit besteht, machen sich die Regierungen selbst für die Unterbeamten verantwortlich, durch welche sie sie ausüben lassen. – Verantwortlich für alles, was unter ihrem Schirm gedruckt wird, verantwortlich für alles Gehässige und Alberne, was die Unterbeamten bei Ausführung ihres Amtes verschulden; und da schreit das sich anhäufende Jämmerliche und Lächerliche so laut, daß unnötig wird, über einmütig Anerkanntes ein Wort mehr zu verlieren.

Und dennoch möchte jeder Redlichgesinnte wünschen, daß den Regierungen eine väterliche verständige Beaufsichtigung der Presse möglich gemacht und gesichert werde, auf daß das Bestehende gegen feindliche Angriffe geschützt werde, durch welche eine unbesonnene Umwälzungssucht dessen zeitgemäße ruhige Fortentwicklung stört und gefährdet.

Aber ist denn der Zweck nur auf dem Wege der verrufenen präventiven Zensur zu erreichen, welche doch immer nur von Menschen, und zwar von untergeordneten Menschen gehandhabt wird, welche, zu keiner Selbsttätigkeit in der Literatur befähigt, sich zu Beaufsichtigern des Gedankens verdingen?

Ich bin der Meinung nicht.

Sprecht jedem Beamten, Gelehrten und Bürger, dessen Stellung im Staate eine hinreichende Bürgschaft für seine Anhänglichkeit an das Bestehende gewährt, das Recht zu, unter seiner persönlichen vollen Verantwortlichkeit vor dem Gesetz, was er schreibt, drucken zu lassen.

Das Gesetz hat die Kategorien derer, die dieses Rechtes teilhaftig sind, bestimmt abzugrenzen. Wer in dieselben nicht gehört, Einheimischer oder Auswärtiger, hat selbst sich seinen Zensor unter den Berechtigten zu suchen, von denen einer für seine Schrift bei Nennung des eigenen Namens die persönliche volle Verantwortlichkeit vor dem Gesetze übernehmen muß . . .«

Bei Heine, beim »Jungen Deutschland« las man's anders.

Chamisso ist nicht »zu Hofe« gegangen. Aber er hat den König und sein Haus geachtet und war im Königshaus hoch angesehen. Alexander von Humboldt hat in Potsdam dem König aus Chamissos Reiseberichten vorgelesen. Eine besondere Neigung hatte der Kronprinz zu ihm gefaßt – er hat als König Friedrich Wilhelm IV. keine gute Figur gemacht, war zuletzt durch Krankheit geistig gelähmt; in jüngeren Jahren lebhaft und romantisch bewegt. Sein schöner Brief an den Dichter wurde schon einmal erwähnt: »Ihre Strophen an Boncourt möcht ich singen hören! Schon beim Lesen gehen einem die Augen über und man gibt unwillkürlich Ihnen selbst den Segen zurück, welchen Sie dem Acker auf der teuren Stelle zurufen.« Und: »Wo haben Sie das Göthesche Deutsch her? Manche Franzosen haben wohl ein Herz für Deutschland und seine Sprache gewonnen, aber nie hat irgend Einer es dem Besten gleich und darüber hinaus getan in der Sprache.«

Das war 1836, als sich das Leben des einst so kraftvollen Mannes neigte. In seinem Todesjahr 1838 wurde ein Briefwechsel geführt, der in der Geschichte des preußischen Beamtentums eine der hellsten Seiten ist. Chamisso an seinen Minister: »Nicht ohne Wehmut aber wohlbedächtig und nach Ehre und Pflicht, nur die Wohlfahrt des Instituts berücksichtigend, dem ich seit seiner Gründung mit Liebe angehangen habe, sage ich heute zu Ew. Excellenz: Lassen Sie mich zu Gunsten meines treuen Gehülfen auf die Stelle verzichten, die ich noch einnehme und, durch chronisches Übel geschwächt, genügend auszufüllen nicht mehr im Stande bin.« Er fügt die unbestimmt gehaltene Bitte an: »Ich werde ohne Erröten das Brod essen, welches das hohe Wohlwollen, dessen ich mit dankbarer Anerkennung genieße, meinem Alter zuteilen wird.«

Sein unmittelbarer Vorgesetzter, Professor Link, fügt ein Begleitschreiben bei. »Sollte der Dr. von Chamisso bei der von ihm beantragten Veränderung im Geringsten verlieren; so bitte ich Ew. Excellenz, diese Veränderung nicht zu genehmigen. Er hat viele Kinder und kann keinen Groschen von seinen Einnahmen missen. So lange seine Gesundheit es erlaubte, hat er sein Amt beim Herbarium mit der größten Treue verwaltet . . .« Link verweist dann auf die Geschenke an getrockneten Pflanzen, die Chamisso »ganz in der Stille in das Herbarium eingeschoben habe« und rühmt ihn weiterhin, obgleich dies kaum zur Sache gehört, als einen deutschen Dichter.

Minister und König reagieren nobel. Chamisso wird pensioniert unter Fortzahlung des ungekürzten Gehalts: »Ew. Hochwohlgeboren haben Vieles und viel geleistet und dürfen sich nun wohl gestatten zu ruhen.« Auch ein Dokument aus dem reaktionären, biedermeierlichen Preußen zur Zeit Friedrich Wilhelms III.

Er war ein Edelmann und ein treuer, bescheidener Beamter. Er war voll zornigen Mitleids mit den Armen und Elenden. Und er war ein begeisterter Anhänger des Fortschritts. Wer sich über diese wirklichen und scheinbaren Widersprüche beschweren will, muß sich belehren lassen, daß jedes Menschenleben Widersprüchliches umfaßt.

In seinem Glauben an den technischen Fortschritt, in der Freude daran, war Chamisso weder eine einsame Ausnahme unter den Romantikern, noch stand er damit im Widerspruch zur Regierung. Beides sei beispielhaft angedeutet. Achim von Arnim spricht 1820 in einem Reisebrief vom »Zauberkreis deutscher Fabrikarbeit« zwischen Elberfeld und Dortmund. Sprühende Essen, surrende Räder haben feinfühlige Geister in jener Zeit eher entzückt als erschreckt. Fürst Pückler beschreibt in einem Brief aus England 1827 geradezu liebevoll eine Dampfmaschine. – Und die preußische Regierung, so bedächtig, ja rückwärts gewendet sie in mancher Hinsicht war, zeigte sich in Dingen des technischen Fortschritts resolut. Da wurde 1827 eine Maschine erworben und dem Fabrikanten Harkort zur Verfügung gestellt: »Das Ministerium des Innern hat die neue amerikanische Scheer-Maschine von Swift nebst Schleifbank für Sie hier nachbauen und sorgfältig verpackt, unter Ihrem Wunsche abgehen lassen. Diese Maschine wird Ihnen als eine Auszeichnung bewilligt, jedoch unter der Bedingung, solchen Fabrikanten des Inlandes, welche sich bei Ihnen melden, und dergleichen Maschinen bei sich einzuführen wünschen, davon Kenntnis nehmen zu lassen und sie ihnen zu einem angemessenen Preise zu bauen . . .«

Das geradezu magische Symbol einer ganz neuen Zeit war aber das Dampfroß, der Dampf-Eilwagen, die Eisenbahn. Goethe, der das Modell einer englischen Lokomotive unter seinen Raritäten stehen hatte, bemerkte in einem Gespräch mit Eckermann 1828: »Mir ist nicht bange, daß Deutschland eins werde; unsere guten Chausseen und künftigen Eisenbahnen werden schon das Ihrige tun.« Das war drei Jahre, nachdem die erste Eisenbahn von Stockton nach Darlington gefahren war. In Deutschland fuhr die erste Eisenbahn bekanntlich in Bayern, 1835 von Nürnberg nach Fürth, und zwar bereits stündlich nach einem Fahrplan.

Chamisso hat im Sommer 1830 ein Gedicht geschrieben, »Das Dampfroß« – nicht nur das erste Eisenbahngedicht in deutscher Sprache, wahrscheinlich das erste überhaupt, sondern auch das allerseltsamste:

Schnell! schnell, mein Schmied, mit des Rosses Beschlag!
Dieweil du zauderst, verstreicht der Tag. –
»Wie dampfet dein ungeheures Pferd!
Wo eilst du so hin, mein Ritter wert?« –

Schnell! schnell, mein Schmied! Wer die Erde umkreist
Von Ost in West, wie die Schule beweist,
Der kommt, das hat er von seiner Müh,
Ans Ziel um einen Tag zu früh.

Mein Dampfroß, Muster der Schnelligkeit,
Läßt hinter sich die laufende Zeit,
Und nimmt's zur Stunde nach Westen den Lauf,
kommt's gestern von Osten schon wieder herauf.

Ich habe der Zeit ihr Geheimnis geraubt,
Von Gestern zu Gestern zurück sie geschraubt,
Und schraube zurück sie von Tag zu Tag,
Bis einst ich zu Adam gelangen mag.

Ich habe die Mutter, sonderbar!
In der Stunde besucht, da sie mich gebar,
Ich selber stand der Kreißenden bei,
Und habe vernommen mein erstes Geschrei . . .

Des Dichters Dampfroß schießt also mit solcher Schnelligkeit dahin, daß es die Sonne überrollt und den mitgerissenen Dichter in die Vergangenheit zurück katapuliert – »es verlangt mich schon zu sehen den Kaiser Napoleon«. Ganz banal, ganz auf die Gegenwart bezogen heißt es gegen Schluß: »ein Wort im Vertraun! Ist's weis auf Rothschild Häuser zu baun?« In der Tat waren die Rothschilds Eisenbahn-Financiers großen Stils, unter anderem in Österreich. Salomon Rothschild, von Metternich begünstigt, stellte dem Kaiser Ferdinand in einem ehrfurchtsvollen Schreiben vor »die Steigerung des öffentlichen Wohlstands, Wohlbehagens, Handelsaufschwungs, des Steuer-Einkommens, Grundeigentums und die innigere Verbindung so entfernter Provinzen . . .« Eisenbahnaktien hat auch der Dichter gezeichnet; er hat den größten Teil seines disponiblen Vermögens in Aktien der Halle-Rhein-Weser-Eisenbahngesellschaft angelegt.

Im Jahr 1835 hat Chamisso an de la Foye geschrieben, als er eben auf Alexander Humboldts Antrag in die Akademie der Wissenschaften aufgenommen worden war: »Glaube keiner, unentbehrlich zu sein, ich werde meinen Kindern einen Namen guten Klanges hinterlassen, und das ist ein sichereres Erbe, als irgend ein anderes . . . Wir haben uns durch die Welt schlagen müssen: das werden unsere Kinder auch, jeder für sich, – und die fortgeschrittene, von Dampfschiffahrt, Eisenbahnen und telegraphischen Linien durchfurchte Welt ihrer Zeit wird eine ganz andere sein, als die unserer Zeit.«

In seinem letzten Lebensjahr hat er selbst noch eine Eisenbahnfahrt gemacht. In Sachsen war 1837 die Strecke zwischen den beiden wichtigsten Städten Leipzig und Dresden in Angriff genommen worden. Chamisso ist von Leipzig per Dampf über Naunhof, Grimma bis Althen gefahren; bis dorthin reichten die Schienen. Trotz seiner schon schwer erschütterten Gesundheit hat er dieses Erlebnis ausgekostet: »Im Herbste war ich votum solvens [in Erfüllung eines Gelübdes] in Leipzig, die Eisenbahn mit vorgespanntem Zeitgeist zu befahren. Ich hätte nicht ruhig sterben können, hätte ich nicht vom Hochsitze dieses Triumphwagens in die sich entrollende Zukunft hinein geschaut.«

Erst im Jahr darauf, in Chamissos Todesjahr 1838, fuhr die erste Eisenbahn in Preußen von Berlin nach Potsdam. Der Schienenstrang kreuzte den Weg, den Chamisso so viele Jahre von seiner Wohnung hinaus nach Schöneberg zum Botanischen Garten in sein geliebtes Herbarium gegangen ist. Er wird den Beginn der Bauarbeiten noch gesehen haben. Bereits vier Jahre nach seinem Tode wurden in Preußen 800 km Strecke mit Dampf befahren. Der junge Jacob Burckhardt 1842 an einem Freund: »Schätze Dich nur recht glücklich, daß Du eben jetzt nach Berlin kommst, wo ein Eisenbahnnetz das Nest von allen Seiten einfaßt: vor 1 1/2 Jahren noch mußte man von hier nach Leipzig eine schmerzensreiche Nacht im Postwagen zubringen . . .«

Der Dichter

»Daß ich kein Dichter war und bin, ist eingesehen, aber das schließt den Sinn nicht aus; und nicht die Fähigkeit ein Lied zu singen, wenn im Leben einmal die Lust erwacht . . .« – so liest man in einem Brief an Rosa Maria vom Mai 1827. Schon ein Jahr später heißt es in einem Brief an de la Foye: »Was man sich in der Jugend wünscht, hat man im Alter die Fülle; ich glaube fast, ich sei ein Dichter Deutschlands.« Und an denselben nach weiteren vier Jahren: »Das Volk singt meine Lieder, man singt sie in den Salons, die Componisten reißen sich danach, die Jungen declamiren sie in den Schulen, mein Portrait erscheint nach Goethe, Tieck und Schlegel als das vierte in der Reihe der gleichzeitigen deutschen Dichter und schöne junge Damen drücken mir fromm die Hand . . . Wer hätte das alles in unsern grünen Jahren gedacht!«

Chamisso ist einer der eigenartigsten deutschen Dichter. Nicht eigenartig nur, sondern einzigartig: hinter der Sprache, in der er dichtet, steht die andere, die Muttersprache, in der er das Thema umkreist, bevor das auf Französisch voraus Gedachte in die deutsche Form gegossen wird. – Einige seiner berühmtesten Gedichte sind ganz persönlicher Natur, kristallisiertes eigenes Erleben – die an die Braut gerichteten Verse, Schloß Boncourt, »Traum und Erwachen«; auch das Gedicht von der alten Waschfrau wäre hier zu nennen. Es gibt auch Gedichte, in denen ein fremdes Motiv wie ins eigene Leben eingeschmolzen erscheint; etwa das Doppelgängermotiv in »Die Erscheinung«.

Die allermeisten seiner Gedichte sind aber Gelesenes, Auserlesenes, das gezündet, die Lust zum Fabulieren geweckt hat. Da gibt es Gedichtanfänge wie

Ich will mich für das Factum nicht verbürgen,
Ich trag es vor, wie ich's gelesen fand,
Schlagt die Geschichte nach von Siebenbürgen . . .
(Der Szekler Landtag).

In alten Büchern stöbr ich gar zu gern,
Die neuen munden selten meinem Schnabel,
Ich bin schon alt, das Neue liegt mir fern.
Und manche Sage steigt, und manche Fabel
Verjüngt hervor aus längst vergessenem Staube,
Von Ahasverus, von dem Bau zu Babel,
Von Weibertreu, verklärt in Witwenhaube,
Von Josua, und dann von Alexandern,
Den ich vor allen unerschöpflich glaube;
Der strahlt, ein heller Stern, vor allen andern;
Wer gründlich weiß die Mitwelt zu verheeren,
Muß unvergeßlich zu der Nachwelt wandern,
Wer recht uns peitscht, den lernen wir verehren;
Doch plaudert das Geheimnis mir nicht aus,
Und sorgt nur eure Gläser schnell zu leeren.
Ich geb euch alten Wein beim schmalen Schmaus
Und tisch euch auf veraltete Geschichten,
Ihr seid in eines alten Schwätzers Haus.
(Sage von Alexandern. Nach dem Talmud).

Wie leuchtet aus diesen Zeilen die Freude am Erzählen im vertrauten Kreis! Die Freude, Gelesenes, Gehörtes schön wiederzuerzählen. Den Stoff ergreift er, der Stoff ergreift ihn, wo immer er »stöbert« – in Grimms Märchen und im Talmud, in deutschen und französischen Kriminal- und Gerichtsblättern, in Reisebeschreibungen von Humboldt, von Ellis' Polynesian Researches und anderen Berühmten und Unberühmten, aus einer mittelalterlichen italienischen Novellensammlung, aus der zeitgenössischen französischen, slawischen, skandinavischen Literatur. »Ich schmücke mich mit fremden Federn«, bekennt er gelegentlich unbekümmert. Übersetzung, Nachdichtung schwimmen ineinander. Er war allen Anregungen offen – eine Windmühle, deren mächtige

Flügel in Bewegung geraten, ob ein frischer Wind von West oder Ost, von Nord oder Süd weht.

Hitzig gibt uns interessante Aufschlüsse: »Die Wahl der Stoffe zu seinen erzählenden Gedichten legt gleichermaßen Zeugnis ab von einer Vorliebe für eine Welt, die nicht unsere europäisch-zivilisierte ist. Das wußte Hitzig wohl, wenn er, der immer Beauftragte für Material zu sorgen, ihm aus dem, was ihm bei der Redaktion seiner criminalistischen Zeitschriften, oder bei Zeitungs- oder Journal-Lecture an poetischen Motiven aufstieß, aus Corsica, Spanien, überhaupt aus Ländern zutrug, wo es noch rohe Tugend und rohes Laster gibt. Aus diesem Verkehr der beiden Freunde erklärt sich äußerlich, was so oft an Chamisso als Dichter getadelt wurde, das geflissentliche Suchen nach dem Abnormen. Er suchte nicht, es wurde ihm gebracht, freilich nur darum gebracht, weil der Freund darauf rechnen durfte, daß ihm grade solches willkommen war . . . Es war ein seltsamer Verkehr der beiden alten Männer, dieser poetische Stoffverkehr. Chamisso, vorbeigehend an dem Fenster des parterre wohnenden Hitzig, klopfte ihn gewöhnlich vom Schreibtisch und von den Akten auf, mit den Worten: ›Vater Ede, gib Stoff, ich bin abgebrannt.‹ Und dann erzählte Hitzig, was er wußte.«

Die Lust am Fabulieren – das ist aber auch die Freude daran, das Merkwürdige, das vielleicht Unerhörte *schön* zu sagen. Schön, in guter Sprache und Form. Dieser geborene Franzose hat dem Volk, seinen Deutschen, lutherisch gesagt: aufs Maul geschaut. Er singt, wie der Vogel singt. Es klingt wie das Volkslied: »Das Volk singt meine Lieder.«

Hab oft im Kreise der Lieben
In duftigem Grase geruht,
Und mir ein Liedlein gesungen,
Und alles war hübsch und gut.

Hab einsam auch mich gehärmet
In bangem düsteren Mut
Und habe wieder gesungen
Und alles war wieder gut.

Und manches, was ich erfahren,
Verkocht ich in stiller Wut,
Und kam ich wieder zu singen,
War alles auch wieder gut.

Sollst nicht uns lange klagen,
Was alles dir wehe tut,
Nur frisch, nur frisch gesungen!
Und alles wird wieder gut.

Das ist ganz und gar volkstümlich, einfach, und doch mit den vier Reimwörtern auf »gut« nicht ohne Kunst gefertigt. Andere Gedichte sind streng, kunstreich gefügt. Seine bevorzugte Form ist die Terzine, das Versmaß von Dantes *Divina Commedia,* mit den fünf Hebungen in jeder Zeile
– Ich bín schon ált, es máhnt der Zéiten Láuf –
»Es ist sicher, daß, wie Platen die vollkommensten deutschen Sonette geschrieben hat, Chamisso in unserem Sprachbereich der meisterliche Terzinenschmied genannt zu werden verdient.« So Thomas Mann.

»Er war ein sanfter, liebenswürdiger Mann, aber er erzählte am liebsten grausige Geschichten«, bemerkt Hebbel einmal. Da steht nun Chamisso nicht allein. Es begegnet uns immer wieder, daß gerade solche Dichter und Erzähler, deren Charakter von Herzensgüte erwärmt ist, gern Grausiges ausplaudern. Jeremias Gotthelf hat die entsetzliche Geschichte von der Schwarzen Spinne geschrieben. Selma Lagerlöf hat so fürchterliche Mordgeschichten wie die von der Alm und Herrn Arnes Schatz erzählt.

Schreckliches geschieht in vielen Gedichten Chamissos. Wie scheinbar behäbig fängt ein solches Gedicht an:

Gemächlich in der Werkstatt saß
Zum Frühtrunk Meister Nikolas;
Die junge Haufrau schenkt' ihm ein;
Es war im heitern Sonnenschein. –
   Die Sonne bringt es an den Tag.

Die Sonne blinkt von der Schale Rand,
Malt zitternde Kringeln an die Wand,
Und wie den Schein er ins Auge faßt,
So spricht er für sich, indem er erblaßt:
»Du bringst es doch nicht an den Tag.«

»Wer nicht? was nicht?« die Frau fragt gleich;
»Was stierst du so an? was wirst du so bleich?«

Nun ist die Geschichte nicht mehr aufzuhalten, die Neugier der Frau ist entfacht, sie schwatzt ihm das grausige Geständnis ab. »Auf der Wanderschaft, 's sind zwanzig Jahr« hat er auf öder Heide einen alten Juden erschlagen und seiner Barschaft, es waren acht Pfennige, beraubt. Nun ist es heraus:

So hatte die Sonn eine Zunge nun,
Der Frauen Zungen ja nimmer ruhn. –
Gevatterin, um Jesus Christ!
Laßt Euch nicht merken, was Ihr nun wißt. –
Nun bringt's die Sonne an den Tag.

Und Meister Nikolas findet auf dem Rabenstein sein gräßliches, aber verdientes Ende. Den Stoff hat der Dichter der Sammlung der Brüder Grimm entnommen.

Aus der gleichen Märchensammlung stammt der Vorwurf für das Gedicht »Die Männer im Zobtenberge«, eine Sage aus Schlesien.

Es wird vom Zobtenberge gar Seltsames erzählt:
Als tausend und fünfhundert und siebzig man gezählt,
Am Sonntag Quasimodo lustwandelte hinan
Johannes Beer aus Schweidnitz, ein schlichter, frommer Mann.

Er war des Berges kundig, und Schlucht und Felsenwand
Und jeder Stein am Stege vollkommen ihm bekannt;
Wo in gedrängtem Kreise die nackten Felsen stehn,
War diesmal eine Höhle, wo keine sonst zu sehn.

Er nahte sich verwundert dem unbekannten Schlund,
Es hauchte kalt und schaurig ihn an aus seinem Grund;
Er wollte zaghaft fliehen, doch bannt' ihn fort und fort
Ein lüsternes Entsetzen an nicht geheuren Ort.

Er faßte sich ein Herze, er stieg hinein und drang
Durch enge Felsenspalten in einen langen Gang!
Ihn lockte tief da unten ein schwacher Dämmerschein
Den warf in ehrner Pforte ein kleines Fensterlein.

Die Pforte war verschlossen, zu welcher er nun kam;
Er klopfte, von der Wölbung erdröhnt' es wundersam;
Er klopfte noch zum andern-, zum drittenmal noch an,
Da ward von Geisterhänden unsichtbar aufgetan.

An rundem Tische saßen in schwarzbehangnem Saal,
Erhellt von einer Ampel unsicher bleichem Strahl,
Drei lange, hagre Männer, betrübt und zitternd sahn
Ein Pergament vor ihnen sie stieren Blickes an.

Er, zögernd auf der Schwelle, beschaute sie genau, –
Die Tracht so altertümlich, das Haar so lang und grau; –
Er rief mit frommen Gruße: *»Vobiscum Christi pax!«*
Sie seufzten leise wimmernd: *»Hic nulla, nulla pax!«*

Er trat nun von der Schwelle nur wen'ge Schritte vor,
Vom Pergamente blickten die Männer nicht empor;
Er grüßte sie zum andern: *»Vobiscum Christi pax!«*
Sie lallten zähneklappernd: *»Hic nulla, nulla pax!«*

Er trat nun vor den Tisch hin und grüßte wiederum:
»Pax Christi sit vobiscum!« sie aber blieben stumm,
Erzitterten und legten das Pergament ihm dar:
»Hic liber obedientiae« darauf zu lesen war.

Da fragt' er: wer sie wären? – Sie wüßten's selber nicht.
Er fragte: was sie machten? – Das endliche Gericht
Erharrten sie mit Schrecken, und jenen jüngsten Tag,
Wo jedem seiner Werke Vergeltung werden mag.

Er fragte: wie sie hätten verbracht die Zeitlichkeit?
Was ihre Werke waren? Ein Vorhang wallte breit
Den Männern gegenüber und bildete die Wand;
Sie bebten, schwiegen, zeigten darauf mit Blick und Hand.

Dahin gewendet, hob er den Vorhang schaudernd auf:
Geripp' und Schädel lagen gespeichert da zuhauf;
Vergebens war's mit Purpur und Hermelin verdeckt,
Drei Schwerter lagen drüber, die Klingen blutbefleckt.

Drauf er: ob zu den Werken sie sich bekennten? – »Ja.«
Ob solche gute waren, ob böse? – »Böse, ja.«
Ob leid sie ihnen wären? Sie senkten das Gesicht,
Erschraken und verstummten; sie wüßten's selber nicht.

»Welch eine vortreffliche Arbeit! Wie knapp und lebensvoll ist der indirekte Dialog in den Vers gespannt! Mit welch ökonomischer Weisheit sind die Mittel der Sprache gewählt und verwandt, die Furcht und Grausen zu erregen geeignet sind!... – wie ganz vorzüglich ist das!«, sagt Thomas Mann über dieses Gedicht.

Das erstaunlichste unter Chamissos grausigen Gedichten ist »Die Giftmischerin«. Den Stoff dazu hat ein Kriminalfall gegeben, der die Welt schaudern ließ – der Fall der Giftmörderin Gesche Gottfried in Bremen. Er ist in Hitzigs Annalen für deutsche und ausländische Kriminalrechtspflege und von Willibald Alexis (zeitweilig in der Mittwochsgesellschaft) im *Neuen Pitaval* beschrieben worden. Die Gottfried stammte aus einer ehrbaren Handwerkerfamilie und war, ein auffallend zartes und anmutiges Kind, »die Freude und der Augapfel« ihrer Eltern; da diese arm waren, gewöhnte sich das Kind früh daran, sich mit kleinen Diebereien zu beschaffen, was es nicht entbehren wollte; vermochte aber den Schein eines guten und frommen Kindes zu wahren. So begann der Lebenslauf einer Frau, die, gutbürgerlich verheiratet, im Lauf der Zeit dreißig Menschen durch Gift umgebracht hat, darunter ihre Eltern, ihren Bruder, ihre drei

Kinder und beide Ehemänner. Erst nach dem 30. Mord, im März 1828, führte ein seit langem schwelender Verdacht zu ihrer Verhaftung. Die Nachricht lief durch alle Welt; über Hitzig hat Chamisso davon erfahren. Ihr Prozeß schleppte sich durch Jahre dahin. Es ist merkwürdig, fast rätselhaft, wie zartfühlend sie während der Untersuchungshaft behandelt worden ist. Am 20. April 1831 wurde sie geköpft. Chamisso hat ihr sein seltsamstes Gedicht sozusagen gewidmet.

Dies hier der Block, und dorten klafft die Gruft.
Laßt einmal noch mich atmen diese Luft.
Und meine Leichenrede selber halten.
Was schauet ihr mich an so grausenvoll?
Ich führte Krieg, wie jeder tut und soll,
  Gen feindliche Gewalten.
Ich tat nur eben, was ihr alle tut,
Nur besser; drum, begehret ihr mein Blut,
  So tut ihr gut.

Es sinnt Gewalt und List nur dies Geschlecht;
Was will, was soll, was heißet denn das Recht?
Hast du die Macht, du hast das Recht auf Erden.
Selbstsüchtig schuf der Stärkre das Gesetz,
Ein Schlächterbeil zugleich und Fangenetz
  Für Schwächere zu werden.
Der Herrschaft Zauber aber ist das Geld:
Ich weiß mir Beßres nichts auf dieser Welt
  Als Gift und Geld.

Ich habe mich aus tiefer Schmach entrafft,
Vor Kindermärchen Ruhe mir geschafft,
Die Schrecken vor Gespenstern überwunden.
Das Gift erschleicht im Dunkeln Geld und Macht;
Ich hab' es zum Genossen mir erdacht
  Und hab' es gut befunden.
Hinunter stieß ich in das Schattenreich
Mann, Brüder, Vater, und ich ward zugleich
  Geehrt und reich.

Drei Kinder waren annoch mir zur Last,
Drei Kinder meines Leibes; mir verhaßt,
Erschwerten sie mein Ziel mir zu erreichen.
Ich habe sie vergiftet, sie gesehn,
Zu mir um Hilfe rufend, untergehn,
　　Bald stumme, kalte Leichen.
Ich hielt die Leichen lang auf meinem Schoß
Und schien mir, sie betrachtend tränenlos,
　　Erst stark und groß.

Nun fröhnt' ich sicher heimlichem Genuß;
Mein Gift verwahrte mich vor Überdruß
Und ließ die Zeugen nach der Tat verschwinden.
Daß Lust am Gift, am Morden ich gewann,
Wer, was ich tat, erwägt und fassen kann,
　　Der wird's begreiflich finden.
Ich teilte Gift wie milde Spenden aus
Und weilte lüstern Auges, wo im Haus
　　Der Tod hielt Schmaus.

Ich habe mich zu sicher nur geglaubt
Und büß' es billig mit dem eignen Haupt,
Daß ich der Vorsicht einmal mich begeben.
Den Fehl, den einen Fehl bereu' ich nur
Und gäbe, zu vertilgen dessen Spur,
　　Wie viele eurer Leben!
Du, schlachte mich nun ab, es muß ja sein!
Ich blicke starr und fest vom Rabenstein
　　Ins Nichts hinein.

Es gebe kein Verbrechen, als dessen Urheber er sich nicht denken könne, hat Goethe einmal bemerkt. Wenige Dichter waren von so herzensguter Art wie Chamisso. Aber er konnte sich in die Seele einer dreißigfachen Mörderin einfühlen.

Unter allen zeitgenössischen Dichtern hat Chamisso Ludwig Uhland besonders hoch geschätzt. Man erinnert sich: sie waren 1810 einander in Paris begegnet; Sympathie auf beiden Seiten. Aber danach haben sie sich nie wieder gesehen.

Nach der Rückkehr von der Weltreise hat Chamisso das Bedürfnis verspürt, sich bei Uhland in Erinnerung zu bringen. Am 5. Januar 1821 hat er ihm einen merkwürdigen Brief geschrieben, der den Eindruck erweckt, als wende sich da ein Jüngerer an den Älteren; wirklich ist aber Chamisso einige Jahre älter gewesen. – Dieser Brief ist von einer naiven Zutraulichkeit, plauderhaft, aber mit Bruchstücken einer ernsthaften confessio: »Ich war als geborener Franzos und nur gepfropfter Deutscher, sehr (zerrissen) in meiner Wurzel erschüttert.« Spricht von seiner Weltumseglung und seinen Aufzeichnungen darüber – »das beste bleibt, und reifet aber in Einem, es geht in kein Buch über« – und zitiert sein Gedicht von Swinemünde »Heimkehret, fernher, aus den fremden Landen . . .« Er flicht ein Sonett ein, »das ich mich nicht entblöde an Sie, dessen Muse mich begeistert, zu schicken.« Es beginnt mit den Worten »Ja, überhand nimmt Ungerechtigkeit« und ist unter der Überschrift »An die Apostolischen« in die Werke eingegangen. Er berichtet von gemeinsamen alten Bekannten, und »Sie sind unser Dichter, nehmen Sie die Huldigung an, sie kommt von Herzen.« Am Ende: »Ich habe Ihnen, lieber Uhland, das beste was ich von mir zu sagen weiß gesagt, möchten Sie doch im Spiegel meines Plauderns ein gefälliges Bild von mir fassen. Ich eile diesen Brief zuzuschließen aus Furcht ihn nicht abzuschicken. Ich reiche Ihnen wiederholt die Hand – mit Herz und Sinn.«

Uhland hat diesen Brief nie beantwortet, was jedoch nicht auf Gleichgültigkeit und schon gar nicht auf Geringschätzung zu schließen erlaubt. Denn wie er schweigsam und verschlossen im persönlichen Umgang war, so war er auch ein karger Briefschreiber. Bis zum Ende seines Lebens ist er für Chamisso etwas wie ein Maßstab geblieben. In seinem letzten Brief an de la Foye, Wochen vor seinem Tode, heißt es scherzhaft: »Zu Geburtstags-, Paten-, Christ- und Brautgeschenken werden in Deutschland beiläufig jährlich 1000 Uhland und 500 Chamisso gebraucht.«

Im Jahr zuvor hatte er, gleichfalls diesem Brieffreund gegenüber, in milder Gelassenheit eine Bilanz gezogen: »Ich verdanke meiner Schriftsteller-Carriere wirkliche Freuden, die mich erheitern und die ich zu würdigen weiß – es wird nicht blos meiner Eitelkeit geschmeichelt; ich kann sagen, ich werde geliebt, und die Beweise fließen mir von allen Seiten zu – das tut wohl.« Dabei war er ja kein bequemer Mann. Es wäre grundverkehrt, aus dem zitierten Brief an Uhland zu schließen, er sei der Schmeichelei fähig gewesen. Er konnte verehren. Schmeichelei, und sei es in der Form unverbindlicher Lobsprüche, war ihm fremd. Viel mehr lag ihm, inmitten höflicher Konversation, rauh und holprig vorgebrachter Widerspruch; dazu sein Unwille, sich äußerlich anzupassen. Sein altväterischer Rock, seine langen Haare, beides vom Tabak eher riechend als duftend, taten seine Widerborstigkeit kund. Selbst frei von Eitelkeit, rührte er keinen Finger, um fremde Eitelkeit zu streicheln. Wer ihn aber kannte, liebte ihn.

An Rosa Maria hat er 1827 geschreiben: »Ich spiele in der neuen Literatur nicht mit, und der Zeitungsschaum bespült nicht meinen Strand. Ich ziehe alte Freunde, Shakespeare, Uhland, Goethe, neueren Bekanntschaften in der Regel vor«

In alten Büchern stöbr ich gar zu gern,
Die neuen munden selten meinem Schnabel . . .

Um so erstaunlicher, daß er vier Jahre hindurch die wichtigste deutsche Gedichtsammlung seiner Zeit, den *Deutschen Musenalmanach* herausgegeben hat; gemeinsam mit dem Schwaben Gustav Schwab.

Der um neun Jahre jüngere Gustav Schwab war Stadtpfarrer und Gymnasialprofessor in Stuttgart; ein Dichter, zu seinen Lebzeiten überschätzt, aber von nicht geringem Rang; Herausgeber von klassischen und altdeutschen Sagenbüchern; ein Naturfreund auch und Wanderer. Er war ein Mann des Maßes und des Mittelmaßes. – »Der Musenalmanach ist weder für die Buchhandlung noch für die Redakteure ein Geldgeschäft; es sollte nur dem Gesang eine Freistatt offen erhalten werden, und die Redaktion ist wohl ein Geschäft der Aufopferung zu nennen. In doppelter Instanz, hier und zu Stuttgart, wird im Freundeskreis über Jegliches beraten, und mit großer Gewissenhaftigkeit bei der Auswahl verfahren.« So schreibt Chamisso im Juni 1834 an einen jungen Dichter.

Der erste Band, 1833, mit einem guten Porträt Chamissos geschmückt, beginnt mit einem von ihm ad hoc verfaßten Gedicht:

Was mir im Busen schwoll, mir unbewußt,
Ich konnt es nicht verhindern, ward Gesang . . .

Programmatische Verse – die »hohen Meister« werden angesprochen, die Jungen ermutigt

Wer will, sei mit im Uns; die Kunst ist frei,
Es singe, wem ein Gott Gesang gegeben.

Als Chamisso diese Stanzen schrieb, Mitte Januar 1832, lebte noch Goethe, dem kräftig gehuldigt wird:

Herein! du Dichterfürst in deinem Ruhme,
Und laß die Mächte deiner Lieder walten;
Beschirme diese du im Heiligtume,
Dir ziemt die Jugend ehrenvoll zu halten.

So steht denn auch an der Spitze der Beiträge ein Gedicht Goethes. Ein recht kurioses Gedicht. Es trägt die hier vermiedene Überschrift »Ein Reicher, dem gemeinen Wesen zur Kenntnis« und hebt an mit sechs Zeilen, die gleichfalls aus guten Gründen nicht im Almanach stehen, denn es heißt da bündig

Genug, ich bin reich,
Und drum scheiß ich auf euch!

Das ist nun nicht der Hochmut des alten Olympiers, der sich schwerlich so blank gezeigt hätte, sondern der Übermut des jungen Goethe, der sich schon reich fühlte. Im *Deutschen Musenalmanach* für das Jahr 1833 prangt nur das folgende:

»Von wem auf Lebens- und Wissensbahnen
Wardst du genährt und befestet?
Zu fragen sind wir beauftragt.«

Ich habe niemals danach gefragt,
Von welchem Schnepfen und Fasanen,
Kapaunen und Welschenhahnen
Ich mein Bäuchelchen gemästet.

So bei Pythagoras, bei den Besten
Saß ich unter zufriedenen Gästen;
Ihr Frohmahl hab ich unverdrossen
Niemals bestohlen, immer genossen.

So hatte man denn Verse des Dichterfürsten, sehr muntere, im Almanach. Es folgt eine Huldigung »An Goethe« aus der Feder seines getreuen Riemer, der Hauslehrer bei Goethes Sohn August gewesen war, später Bibliothekar und Gymnasiallehrer. Als der Almanach erschienen und der Dichterfürst tot war, hat er zusammen mit Eckermann Goethes Nachlaß gesichtet und herausgegeben. Sein Beitrag war zu Goethes letztem Geburtstag gedichtet »mit einem Schlummerpfühl, darauf ein gestickter Kranz von orientalischen Mohnen«.

Nicht weniger als 36 Lieder von Rückert eröffnen dann den Reigen zeitgenössischer Dichtung. Man begegnet darin ebenso Chamissos alten Freunden: Fouqué, Varnhagen und seiner Schwester Rosa Maria – wie den Landsleuten Gustav Schwabs: Justinus Kerner (mit acht Gedichten), Gustav Pfizer, Karl Mayer und dem späteren linken Paulskirchenmann Wilhelm Zimmermann. Unter den Namen von Rang finden sich Eichendorff mit sieben Gedichten, Platen, Immermann, Lenau. Die Herausgeber selbst stehen nicht zurück. Schwab hat vier Gedichte beigesteuert, darunter das eindrucksvolle »Herzog Alba«. Stärker noch tritt Chamisso hervor. Der Band enthält unter anderem die Gedichte nach deutschen Volkssagen: Das Riesen-Spielzeug, Die versunkene Burg, Die Männer im Zobtenberge, Der Birnbaum auf dem Walserfeld.

Ihre liebe Not hatten die Herausgeber mit dem von ihnen so hoch verehrten Uhland. Salomon Hirzel, ein Schweizer, seit 1830 Mitinhaber der Weidmannschen Buchhandlung, Goethebibliograph, holte sich eine noch höfliche Absage:

»Für den Musenalmanach habe ich nichts zu übersenden. So gern ich unter deinen und Chamissos Auspizien Teil nähme, so kann ich doch unmöglich mit jenen Kleinigkeiten, deren Du erwähnst, auftreten . . «; das wäre, meint er »gerade aus ein testimonium paupertatis [Armutszeugnis]«. Schlechter erging es dem herzensguten Grüneisen, Verfasser geistlicher Lieder und später Oberhofprediger, der versucht hatte, Uhland in Stuttgart anzusprechen, aber, wie er Chamisso klagt, »aufs schnödeste« abgewiesen wurde. »In dieser widerhaarigen Stimmung soll er sich jedesmal vor, bei und nach dem Landtage befinden.« Tatsächlich hat Uhland in vier Jahren nur einen einzigen Beitrag geliefert; er steht im Jahrgang 1835 an erster Stelle:

Auf der Bidassoabrücke
Steht ein Heil'ger, altersgrau,
Segnet rechts die span'schen Berge,
Segnet links den fränk'schen Gau . . .

Es ist den Herausgebern gelungen, in diesen vier Bänden ein ziemlich stimmiges Abbild zeitgenössischer deutscher Poesie zu geben. Die Berliner Redaktion unter Chamisso hat eine gewisse zeitkritische, liberale Linie durchzusetzen vermocht; so kommen Freiligrath zu Wort und Hoffmann von Fallersleben, die ihrer demokratischen Bestimmung zustrebten. Politische Töne fehlen nicht. Ein merkwürdiges Gedicht Platens »An einen deutschen Staat« beginnt mit den Worten:

Du wachst, allein wer bürgt dafür,
Ob nie Du schlafen wirst?

Schwab in Stuttgart war der politischen Unruhe abhold. Platen, Eichendorff, Immermann, Anastasius Grün, Lenau, Rückert, alle stark vertreten, das gibt schon ein Bild der 1830er Jahre. Und auch der Größte, fast noch Unbekannte, fehlt nicht ganz: Eduard Mörike. Der Band für 1834 enthält zwei Beiträge von ihm. »Scherz«:

Einen Morgengruß ihr früh zu bringen
Und mein Morgenbrot bei ihr zu holen . . .

Und das zauberhafte »An einem Wintermorgen, vor Sonnenaufgang«:

O flaumenleichte Zeit der dunklen Frühe!
Welch neue Welt bewegest du in mir?
. . .
Einem Kristall gleich meine Seele nun,
Den noch kein falscher Strahl des Lichts getroffen . . .

Meisterstück eines Einundzwanzigjährigen. Diese beiden Gedichte, das eine 1825, das andere 1829 geschrieben, sind im *Almanach* zum erstenmal gedruckt worden.

Höflichkeitshalber wurden auch Verse des Bayernkönigs Ludwig abgedruckt, denn dieser um die künstlerische Blüte seiner Stadt München in der Tat verdiente Monarch versuchte sich als Reimeschmied:

Jetzo fallen Flocken Schnee,
Tun dem Auge ziemlich weh . . .

Er ist unter anderem mit einem Gedicht »Die Augen der teutschen Frauen« vertreten. Dagegen haben die Verse Alexanders von Württemberg, auch aus königlichem Haus, etwas Frisches, Jägermäßiges, und fallen unter den Beiträgen der Minores nicht auf.

In einem Brief vom 20. März 1837 an de la Foye schildert Chamisso rückschauend seine Rolle als Herausgeber dieser Gedichtsammlung: »Ich habe doch jahrjährlich die Eitelkeit von nicht weniger als fast allen deutschen Dichtern zu kränken, deren Zahl bekanntlich Legion ist, – indem ich mit dem großen Wedel an der Tür des Musenalmanachs stehe, die mehrsten von ihnen wegzuscheuchen und den wenigen eine wenige Zoll nur breite Spalte zum Hereinschlüpfen zu lassen, da sie doch die zwei Flügel auf erwarten. – Noch ist keiner zu Feindseligkeiten geschritten.« – Doch der Almanach war in der Krise. Feindseligkeiten hatte es nicht mit gekränkten Poeten gegeben, wohl aber einen ernsthaften Zwist mit der Stuttgarter Redaktion.

Es ging um Heinrich Heine. Chamisso und Heine wußten längst voneinander. In seinen Briefen an Varnhagen – diesen geborenen Vermittler – läßt Heine ihn immer wieder grüßen. Sie hätten sich beinahe einmal in Göttingen getroffen. Im Herbst 1830 sind sie dann in Hamburg zusammengekommen. Chamisso an seine Frau: »Wir hatten einander ein paar Stunden in einem Austernkeller, und ich war mit ihm wohlzufrieden. Daß er eine Macht in Deutschland ist, verhindert nicht, daß er mit sich sprechen lasse, und so tat ich es denn. Sein Gift nur seinen Feinden, mit unser einem ist er ein guter Teufel, und im Gespräch ist er gegen Freund und Feind gerecht.«

Daß sie sich persönlich nahegekommen waren, beweist der Ton, in dem sich Chamisso am 16. 1. 1832, sozusagen im Vorhof des Almanachs, an Heine mit der Bitte um Beiträge wendet: »Ich stürze mit der Türe ins Haus. Nachdem die Weidmannsche Buchhandlung mir und Gustav Schwab die Redaktion des weiland Wendt'schen Musenalmanach übertragen hat, liegt mir ob, alles zu tun . . . Also, mein reicher, vielmögender Freund, komme ich betteln an Ihre Türe. Ich bettle, sage ich, und zwar selbst ohne Hoffnung, daß mir gereicht werde, was schon andern hartnäckig abgeschlagen worden ist . . .« Heine war damals bereits in Paris. Chamisso: »Ich wünsche Ihnen Glück, mein köstlicher Freund, zu Ihrem jetzigen Aufenthalt in der interessanten Fabrikstadt der modernen Welthistorie, wo Sie die Suppe einbrocken sehen, die sodann manchem der nicht daran dachte, zum Ausfressen aufgetischt wird . . .« Heine hat dieser im fast verwandtschaftlich-vertrauten Ton geäußerten Bitte nicht entsprochen; später gegenüber Varnhagen mitgeteilt, er werde nichts schicken, aber Chamisso schreiben. Bewunderung und Distanz kennzeichnen Chamissos Verhältnis zu Heine; ein »gottbegabter Straßenjunge« nennt er ihn 1832 in einem Brief an Schwab.

Einige Jahre später hat sich der Verleger des Musenalmanachs direkt an Heine wegen eines Porträts gewendet. Chamisso, der vorher nicht gefragt worden war, zeigte sich einverstanden. In Stuttgart dagegen wirkte dieses Zeichen einer Annäherung an Heine wie eine Bombe. Schwab an Freiligrath: »Der Almanach . . . macht mir viel Kummer, weil er mich in (natürlich nur ästhetische) Opposition mit meinem lieben Freunde Chamisso und seinen Adjutanten setzt. Diese haben leider ganz andere Geschmäcke als wir Schwaben . . . Heinescher und jungdeutscher Teufelsdreck und berlinische (unerträgliche) Sophistik gefällt.« Die Stuttgarter Redaktion sagte die Mitarbeit auf; die ihr Nahestehenden, darunter Lenau und Kerner, zogen ihre Beiträge zurück. – Zu der allgemeinen Ablehnung des neuen, nie vernommenen Tons, den Heine in die deutsche Lyrik gebracht hatte, kam in Stuttgart der besondere Zorn über den Spott, mit dem er einige dichtende schwäbische Zeitgenossen übergossen hatte. Daß Heine im dritten Band der *Romantischen Schule* Uhland mit feinem Verständnis und herzlicher Sympathie behandelt, daß er auch Kerner und Schwab hervorgehoben hat, wurde nicht zur Kenntnis genommen. »Teufelsdreck.« Der Almanach hat diesen Zwist nicht lange überdauert.

Heine in der *Romantischen Schule* über Chamisso: »Von Adelbert von Chamisso darf ich hier eigentlich nicht reden; obgleich Zeitgenosse der romantischen Schule, an deren Bewegungen er teilnahm, hat doch das Herz dieses Mannes sich in der letzten Zeit so wunderbar verjüngt, daß er in ganz neue Tonarten überging, sich als einer der eigentümlichsten und bedeutendsten modernen Dichter geltend macht, und weit mehr dem jungen als dem alten Deutschland angehört. Aber in den Liedern seiner früheren Periode weht derselbe Odem, der uns auch aus den Uhlandschen Gedichten entgegenströmt: derselbe Klang, dieselbe Farbe, derselbe Duft, dieselbe Wehmut, dieselbe Träne . . .

Wenn man vom Dichter Chamisso spricht, kann man seine Versuche, auf dem Theater zu wirken, nicht übersehen. »Auf die Bretter muß der Dichter wollen«, hat er einmal gesagt. Schon in seiner Leutnantszeit hatte er Fingerübungen im dramatischen Fach gewagt, ein märchenhaftes Spiel *Fortunat* und sogar *Faust,* »ein Versuch«, eine Szene im Studierzimmer. Im Jahr 1825, angeregt durch Gespräche in der Mittwochs-Gesellschaft, hat er ein kleines Lustspiel *Die Wunderkur* geschrieben. Kein Stück ist diese Wunderkur, ein Stückchen nur, in dem spaßhaft über die medizinische Mode des tierischen Magnetismus gespottet wird (der Jugendfreund Koreff brillierte in diesem Fach). Es ist ein Zeichen für Chamissos außergewöhnliche Beliebtheit, daß dieses kleine Machwerk sofort angenommen und aufgeführt wurde, mit dem großen Devrient in der Hauptrolle. Es ist nacheinander in Potsdam, Charlottenburg und Berlin aufgeführt worden – jedoch mit so dürftigem Erfolg, daß der Dichter die Drucklegung untersagte. Sonderlichen Kummer hat der Mißerfolg ihm nicht bereitet.

Chamisso ist ein Dichter nach Herders Sinn gewesen. »Stimmen der Völker« tönen hundertfältig aus seinem Werk; neben den deutschen und französischen spanische, baskische, korsische Stimmen, polnisch-jüdische, ungarische, nordische, russische; Stimmen aus dem alten Orient, aus Amerika, aus der Südsee. In seinen Gedichten fließt es ineinander: Aufnehmen und freie Gestaltung fremder Motive, Nachdichtung und Übersetzung. – Bei diesem deutschen Dichter französischer Herkunft und Muttersprache spielt die Vermittlung französischer Poesie natürlicherweise eine besondere Rolle. Hier hatte Chamisso eine Mission zu erfüllen.

Zufall und Neigung haben diese Mission auf das Werk seines Zeitgenossen Béranger konzentriert. Béranger (1780 bis 1857), bescheidener Herkunft, aber Parisien de Paris, in jungen Jahren im bürgerlichen Leben gestolpert, dann auf einem Schreiberposten auf dem Bureau der Sorbonne gelandet, wurde zum volkstümlichsten Liedersänger Frankreichs. Aus alter Tradition heraus hat er das Chanson seiner Zeit gemäß gesungen.

»La chanson, das französische Volkslied, vertritt schon früh in der Geschichte des französischen Volkes die Stelle, die später die Presse, vorzüglich die periodische, in der Welt unserer Gesittung eingenommen hat. Die chanson ist, wenn gleich keine selbständige Macht, doch das Organ einer Macht, das Organ der Meinung bald des Volkes, bald der Parteien im Volke. Das Volk macht sich seine Lieder und Liederdichter, wie die öffentliche Meinung ihre Journale und Journalisten erzeugt, und das Lied oder das Blatt, die keinen Anklang finden, sind wie nicht vorhanden. läßt sich auch nicht wegleugnen, daß zwischen der Meinung und ihren Organen eine gewisse sich steigernde Wechselwirkung stattfindet, so ist es doch nicht minder wahr, daß den Wortführern der Massen keine andere Macht, als die der Massen selbst zu Gebote steht, und daß sie dieselben nur in der bezeichneten Richtung fortzuführen vermögen. La chanson, die volkstümliche, nicht zu unterdrückende Freiheit der Franzosen, vertritt bei ihnen die Stelle anderer Freiheiten (Rede-, Preßfreiheit, Petitionsrecht u.s.w.), die, wie das Beispiel Englands uns lehrt, in bedrohlichen Zeiten das Sicherheitsventil des Dampfkessels sind. Der Franzos versingt seinen Kummer, seine Not, seinen Groll, seinen Haß, und die chanson sagt selbst: ›Tout finit par des Chansons‹.«

So stellt Chamisso in seiner Vorrede zu Bérangers Liedern dem deutschen Publikum das französische Chanson vor. Er fährt fort:

»Wie man einerseits in Béranger den außerordentlichen Dichter bewundern muß, dem alle Töne zu Gebote stehen, der bald die Sprache des alten Soldaten oder die der unteren Volksklassen redet, und bald dem Liede, zum Erstaunen, eine Erhabenheit und Fülle der Poesie verleiht, die man vergeblich bei den französischen Klassikern sucht, so kann man andererseits nicht umhin, der Lauterkeit seiner Gesinnung und der Reinheit seines Charakters Gerechtigkeit widerfahren zu lassen. Er ist ein Mann, dem man wohl als Gegner feindlich entgegentreten, dem man aber nicht seine ganze Achtung versagen kann.«

Er hält es für angezeigt, den Dichter gegen den Vorwurf der Frivolität in Schutz zu nehmen:

»Der Gegensatz, in welchem die verschiedene Volkstümlichkeit der Franzosen und der Deutschen sich in Hinsicht auf Sitten in ihrer Volkspoesie und in ihrer Literatur abspiegelt, müßte zuvörderst wohl erwogen werden, bevor Béranger unter diesem Gesichtspunkt beurteilt werden könnte. Das französische Volkslied ist wesentlich frivol. Les rondes (Reigen, das allein echt französische Volkslied, nach welchem getanzt wird) sind ohne Ausnahme der Art, daß sich der Fremde höchlich verwundert, sie auch in gesitteten Kreisen ohne Arg im Schwange zu finden. In der höhern Literatur besingt der Franzos les faveurs de Glycère und sa belle maîtresse, wo der ehrbare Deutsche in der Regel seine Liebe, seine Braut, seine Frau und seine Kinder meint; das alles kann der Franzos auch haben, aber es fällt ihm nicht ein, daß man es besingen könne. In diesem Betracht unterscheidet sich Béranger nicht von andern Franzosen; er besingt hergebrachter Weise die Lust. Von etlichen unsittlicheren Liedern, die, sei es zu seiner Ehre gesagt, zu seinen schwächsten Erzeugnissen gehören, sagt er selber, sie hätten guten Vorschub seinen politischen Gesängen geleistet, die ohne ihr Geleit minder leicht so weithin, so tief hinab und so hoch hinauf gedrungen wären. Er kennt sein Volk.

Wir haben in dieser Hinsicht unsern Autor oft mehr verdeutscht als übersetzt. Er selbst kommt in manchen seiner Dichtungen und Sittengemälde dem deutschen Geiste näher, als irgend einer seiner Landsleute, die er alle übertrifft.«

Friedrich Wilhelm, der Kronprinz, in dem überaus herzlichen Brief an Chamisso vom 16. Mai 1836: ». . . sogar den gottlosen Béranger haben Sie nicht übersetzt, sondern verdeutscht – ich wollt Sie hätten ihn zerdeutscht.« – Béranger selbst war sehr wohl unterrichtet von der tatkräftigen Sympathie des Dichters in Berlin. In einem an Chamisso gerichteten Brief vom 1. August 1834 beklagt er, daß er keine andere Sprache verstehe als die eigene (mit dem eigenartigen Zusatz »in der ich nicht einmal unterrichtet worden bin«), daß er deswegen kein Wort von der »so reichen und so mannigfaltigen Sprache Goethes und Schillers« begriffe.

Chamissos Arbeit an Bérangers Liedern ist erst kurz vor seinem Tode zu einem Abschluß gekommen. Er hat bei diesem Vorhaben eng mit dem jungen Literaten Franz von Gaudy zusammengearbeitet. Ganz im Sinne Chamissos hat sich Gaudy geäußert: »Beider Bearbeiter Grundansicht war aber, das Wort dem Geiste zu opfern, lieber lose und frei über dem Originale zu schweben, als dessen Farbe zu verwischen, sich eher selber zu emancipiren, als den Autor herabzuziehen.« Einige Gedichte sind von beiden Bearbeitern gemeinsam verdeutscht worden, so das vom »alten Korporal«, der standrechtlich erschossen wird, weil er sich – in der restaurierten Königs-Armee – an einem Milchbart von Fähnrich vergriffen hat. Die letzte Strophe lautet:

Sieh da! – wir sind zur Stelle, – hier die Linden. –
  Blitz! Meine Pfeife? – Brennt! – Noch hat's nicht Not. –
Ich lasse mir die Augen nicht verbinden, –
  Wir kennen uns schon längst, ich und der Tod.
Dank für die Müh. Jetzt steh ich zu Befehle.
  Zielt hoch. Das Herz sitzt mir am rechten Ort.
Schlagt an! Und zittert nicht, – daß keiner fehle!
  Mit Gott! Und kommt ihr los, so macht euch fort.

Von Chamisso allein wurde das folgende Gedicht Bérangers übersetzt, eine pariserische Variante des alten Themas von *The rake's progress:*

Die fünf Stockwerke

Beim Portier im Erdgeschoß
Ward ich, armes Kind, geboren,
Früh von der Lakaien Troß
Zur Herzliebsten auserkoren;
Meine Tugend zu belohnen,
Kam ein junger Herr, die Kronen
Braucht er eben nicht zu schonen,
  Und ich zog ins erste Stock.

Große Spiegel, goldne Wände,
Jeder Tag ein Feiertag,
Ros'ge Wangen, zarte Hände,
Wie man sich's nur wünschen mag.
Unbesonnen war sein Lieben,
Lange hat er's nicht getrieben;
Mir war Schönheit noch geblieben
  Und ich zog ins zweite Stock.

Und ein Herzog wird der Meine,
Dessen Neffe mir gefällt;
Jeder zollet mir das Seine,
Dieser Liebe, jener Geld.
Zieht der Adel ab, was tut es?
Kommt ein Tänzer frohen Mutes,
Und mein Spiegel spricht noch Gutes,
  Und ich zieh ins dritte Stock.

Folgt ein Lord, ein dicker, alter,
Will von mir gerupfet sein;
Dann ein reicher Bankverwalter,
Ein Prälat noch hinterdrein. –
Ach, ein Spieler kommt gezogen,
Der die Eh mir vorgelogen;
Grau von Haaren, ausgesogen,
  Zieh ich in das vierte Stock.

Und es werden hübsche Nichten
Recht bei Zeiten angeschafft,
Da erbauen wir mit nichten
Unsre fromme Nachbarschaft.
Nur die Wirtschaft darf ich führen;
Alt und häßlich, muß ich spüren,
Daß die Feunde sich verlieren,
  Und ich zieh ins fünfte Stock.

Siech, verarmt, nichts zu verzehren,
Und der Winter ist so kalt!
Habe nur das Haus zu kehren,
Wo mein Freudenlied verhallt.
Von dem, was ich hier gewesen,
Gute Leute, seht, mein Besen
Kann davon noch Spuren lesen
  Täglich und in jedem Stock.

»Stimmen der Völker« – nur in seinen jungen Jahren hat er französische Verse geschrieben, später hat er mit einer Art Hartnäckigkeit bestritten, das zu können. Es finden sich gelegentlich Reimereien in anderen Sprachen, etwa spanisch: Carolina, Carolina! que pagar tan generosa . . .

Die Welt der Südsee leuchtet von ferne. Er bringt ihre Lieder seinen Deutschen nahe. Aus dem Malaiischen:

Wenn im Wege du vorangehst,
Wolle mir suchen Rosmarinlaub,
Wenn im Tode du vorangehst,
Woll' mich erwarten am Paradies-Tor.

Eine »möglichst genaue Übersetzung aus der Tonga-Sprache« beginnt mit den Zeilen:

Müssig plaudernd von dem äußern Strande
Weilten wir und weilten, als daher kam
Uns auffodernd eine Schar von Mädchen:
Kommt, wir wandern nach dem äußern Strande,
Schaun von dort den Untergang der Sonne,
Lauschen dort dem Zwitschern von den Vögeln
Und der Klage von der wilden Taube.
Blumen wollen wir am Fuß der Klippen
Bei Matowno pflücken, und das Mahl dort,
Das von Öne man uns bringt, genießen;
In dem Meere schwimmen, in den süßen
Wasserbächen uns das Salz abspülen
Dann mit duft'gem Sandelöl uns salben
Und zu Kränzen unsre Blumen flechten . . .

Paradiesische Szenen.
Er hat sich bei seinen Streifzügen durch die Lieder der Völker ironische Anmerkungen nicht immer versagt. So hat er aus den alt-isländischen Liedern die Erzählung von Thors Hammer »in einer leichten Verdeutschung« kräftig schön wiedergegeben:

Zornig ward Thor,
Als beim Erwachen
Er seinen Hammer
Vorhanden nicht fand.
Schüttelnd den Bart,
Schlagend sein Haupt,
Der Sohn Odins suchte
Umsonst umher.

Aber obenan setzt er die frechen Verse des jungen Berliner Künstlers und Literaten Franz Kugler:

Die Heiden, heißt es, waren
Nicht Christen, so wie wir:
Sie schlachteten die Leute
Und brauten schlechtes Bier.

Chamissos letzte poetische Arbeit ist die Nachdichtung eines Liedes von Puschkin gewesen: »Der Rabe fliegt . . .« aus dem Schatz russischer Volkspoesie. Das war zwei Wochen vor seinem Tod.

Frau und Kinder und Gevatter Tod

Für einen Mann, der in zwei Berufen Bedeutendes leistet, kann die Familie nicht die Hauptsache sein. Ein Rest, eine Spur von Junggesellenwesen haftet Chamisso auch in seinem Familienleben an. Sein unsterbliches Geschöpf, Peter Schlemihl, ist ein Junggeselle par excellence (Volker Hoffmann hat darauf hingewiesen) – bezeichnend Chamissos Jubelruf nach der Verlobung: »Ich lobe alle Tage Gott, daß ich kein Schlemihl, sondern ein sehr kluger Herr gewesen bin . . .«; aber eine geheime Übereinstimmung von Geschöpf und Schöpfer ist eben doch geblieben. Indessen, er war Ehemann und Vater von zuletzt sieben Kindern; ein guter Ehemann, nehmt alles nur in allem, und in Ernst und Scherz ein guter Vater. – Spiegelungen des Familienlebens in Briefen an de la Foye:

Im Frühling 1820: »Die Weiber wissen allenfalls sich darin zu finden, daß zu bestimmter Stunde das Katheder bestiegen werden soll, daß man um so viel Uhr auf das Bureau muß, um zu gleichfalls festgesetzter Stunde wieder herauszukommen; wo aber von häuslichem Fleiß, von Studium und Arbeit überhaupt die Rede ist, sind sie mit Tändeln und Küssen immer da, und freuen sich jeglichen Sieges, den sie über den Feind erringen. Man ist im Grunde mit ihnen verbündet . . .«

Im Dezember 1820: »Mutter und Kind (es wird morgen drei Monate alt) befinden sich wohl und wir leben äußerst glücklich, wir lieben uns nicht mehr wie am ersten Tag, aber gewiß besser: Mit dem alten Dichter Angelus Silesius:

Die Liebe, wenn sie neu, braust wie ein junger Wein.
Je mehr sie alt und klar, je stiller wird sie sein . . .«

Im Spätsommer 1821: »Mein Kind wächst und blüht, meine Frau ist gesund und ich schüttle bedenklich mein graues Haupt«.

Kurz darauf die Reise nach Hamburg und die Affaire mit Madame Hertz.

Im Dezember 1821: »Mein Erstgeborener ist bereits eine tüchtige Person, die sich auf die Hinterbeine stellt und die Zähne zeigt; ein Brüderchen oder Schwesterchen wird erwartet.«

Im März 1822: ». . . und doch ist das Glück nirgends, wenn nicht in unserm Hause zu finden.«

Im Sommer 1822 dann die Krisis: Ein Kind wird in einem fremden Nest geboren, und die eigene kleine Welt, das Gartenhaus in Schöneberg, brennt ab.

Im September 1826: »Ich bin bei meinem weißen Haare fest und stark, möchte fast jung zu nennen sein, aber meine Frau, die ich sehr gesund geheiratet habe, ist bei ihren 26 Jahren sehr gebrechlich geworden und mein ältester Sohn gibt mir auch oft Stoff zu Besorgnis. Diesen habe ich schon auf die unterste Bank der Schule gebracht . . .«

Hier sei eine Stelle aus einem Brief an Rosa Maria vom Mai 1827 eingeschaltet. Es stehen darin kluge Maximen über die Erziehung, über die engen Grenzen pädagogischer Einwirkung. »Die Jungen erziehen einander in der Schule, wie die Männer in der Welt.« Es heißt dann: »Das Eine habe ich, das ist die Liebe der Kinder, und so bilden sie sich, wie wir, nach selbstgewähltem Muster, was wollen wir mehr verlangen. Der älteste, eine Zeitlang kränklich, hat keine kräftige Natur, doch arbeitet er sich zusehends heraus. Der zweite ist ein gewaltiger Bursch, stark, fest, unbändig, Liebe- und Anmutsvoll. – Dieser meiner Zukunft, teure, liebe Freundin, reiht sich Unbekanntes noch an, wir sehn der baldigen Entbindung meiner Frau entgegen. Wenn ich oft den Wunsch gezeigt habe, ihr ein Weniges von der Welt zu zeigen, von der ich selber ein Mehreres geschaut habe, wenn ich an Hamburg, die Nordsee u.s.w. gedacht, sind diese Träume jetzt weit und weiter hinausgerückt.«

Wieder an de la Foye, im Juni 1827: »Meine Familie hat sich in diesen Tagen um eine Tochter vermehrt, und über die Gesundheit aller der Meinigen bin ich jetzt, Gott sei Dank, beruhigt. Meine zwei Knaben sind bereits den Schulen überantwortet, das stillgewordene Haus hat in dem Ankömmling Ersatz gefunden. Wir leben still und im Schatten. Wir stehn am Morgen auf, wie wir uns am Abend gebettet haben.«

Im August 1831: »Es geht uns wohl, meine kleine Welt wächst und gedeiht und ist nicht, wie die große . . . aus den Fugen gekommen. Vater, Mutter und fünf Kinder. Zwei Jungen in der Schule, zwei Mädchen bei der Mutter und der fünfte in der Wiege.« Es ist in diesem Brief von der Cholera die Rede, die in der Tat drei Wochen später Berlin erreichte. »Ich fürchte weniger das Uebel als die Zwangsmaßregeln, die es bedingt . . . Schon jetzt leidet alles und alle Lustigkeit ist aus dem Leben verschwunden.« – Die Seuche hat Vater, Mutter und Kinder verschont, aber: »Wir haben ihr auch unsern Tribut gezahlt, meine vortreffliche Schwiegermutter liegt auf dem Kirchhof der pestiférés, und zwar durch einen seltsamen Witz des Schicksals in der Grube, die dort für den Weltphilosophen Hegel bereitet war, die schlichte Bürgerfrau und Hausmutter, die in dieser Welt, wahrlich, ihre Stelle ganz rein und schön ausfüllte, wie kein Philosoph die seine auszufüllen vermag« (am 2. Juni 1832).

Unverkennbar ist die Zäsur im Familienleben, die mit der Geburt des Hertz-Kindes und dem Brand des Hauses so überdeutlich markiert ist. Für die Dauer von fünf Jahren kommt kein Kind. Eine gewisse Entfremdung ist eingetreten. Überliefert ist eine Szene, wie ein literarischer Gast ein Liebesgedicht vorgetragen hatte, und Antonie darauf mit den Worten »Wie kann man mit der Liebe so wichtig tun!« (oder ähnlich) das Zimmer verließ. Nach einem halben Jahrzehnt haben die Gatten wieder zusammengefunden. Im Mai 1827 kommt das dritte Kind zur Welt, die Tochter Adelaide. Es folgen hintereinander: im März 1829 Johanna, im Dezember 1820 Adolph, im Oktober 1832 Hermann; endlich im Januar 1835 Adelbert.

Der wiedergewonnene häusliche Friede spiegelt sich in dem Zyklus *Lebens-Lieder und Bilder* vom Jahr 1831 – eine kleine Sinfonie inniger Gemeinsamkeit im Wechselspiel: Vater und

Söhne, Vater und Tochter, Mutter und Tochter, Mann und Frau. Beinahe wie aus der ersten Zeit tönt es:

Er Wie klang aus deinem Munde
  Das *Ja* so wunderbar?
 Ich bin nun zwei geworden,
  Der ich so einsam war.

Sie Wie klang es aus deinem Munde
  Beseligend meinem Ohr?
 Ich habe Ruhe gefunden,
  Da ich in dir mich verlor.

Er Mein Kind, mein Weib, mein Liebchen,
  Mein süßes Eigentum,
 Du meines Laubes Blume,
  Du meine Freude, mein Ruhm!

Sie Dein Kind, dein Weib, dein Liebchen,
  Und deine Magd, und dein!
 Mein teurer Herr, mein Gebieter,
  Du Vielgeliebter mein!

»Ihr meine Spielgesellen« redet er seine beiden Buben an, den zehnjährigen Ernst und den achtjährigen Max, in Versen, wie sie selten ein Vater für seine Söhne geschrieben hat. Es geht um einen Kampf mit dem Drachen:

Er liegt gekrümmt am dunklen Ort
Im kleinen Schrank am Spiegel dort,
Da hat er seine Höhle.

Gegen den ziehen sie selbdritt in den Kampf:

Die Schlacht beginnt, wohl aufgepaßt!
  Wir wollen Gutes hoffen;
Er denkt: er hält mich schon gefaßt,
  Sein weites Maul ist offen, –
Der dicke Scheller fliegt hinein,
Die andern folgen, groß und klein,
  Die Bröder und der Buttmann.

Tanz der Frauen auf den Sandwich-Inseln.
Lithographie von L. Choris, Paris 1820

Der Vulkan Taal auf Luzon/Philippinen.
Lithographie von L. Choris, nach einer Zeichnung
von Adelbert von Chamisso, Paris 1820

Scheller, Bröder, Buttmann – das waren Lexika und Grammatiken. (Der Bröder ein lateinisches Lehrbuch, das in ganz Deutschland verbreitet war.) Heiterer Trost für die kleinen Schulbuben, geradezu aufmüpfig:

Die durch die Rute mächtig sind,
  Die Ruten werden enden.
Ich hab als Kind den Schwur getan,
Und bin ich erst erwachsner Mann,
  Dann weh den Rutenführern!

Danach läßt der Vater die kleine Tochter Adelaide, drei-bis vierjährig damals, zu Wort kommen (»englisch« bedeutet engelsgleich):

Mutter, Mutter! meine Puppe
Hab ich in den Schlaf gewiegt,
Gute Mutter, komm und siehe,
Wie so englisch sie da liegt.

Vater wies mich ab und sagte:
»Geh, du bist ein dummes Kind«;
Du nur, Mutter, kannst begreifen,
Welche meine Freuden sind.

Wie du mit den kleinen Kindern,
Will ich alles mit ihr tun,
Und sie soll in ihrer Wiege
Neben meinem Bette ruhn.

Schläft sie, werd ich von ihr träumen,
Schreit sie auf, erwach ich gleich, –
Meine himmlisch gute Mutter,
O wie bin ich doch so reich!

Er läßt die Kleine noch einmal ihre Stimme erheben:

Mutter, Mutter! unsre Schwalben –
Sieh doch selber, Mutter, sieh!
Junge haben sie bekommen,
Und die Alten füttern sie . . .

Und so fort. Der ganze Zyklus, nicht weniger als 22 liedhafte Gedichte, an manchen Stellen das Sentimentale streifend, schließt sich dem anderen, im 19. Jahrhundert berühmten und von Schumann vertonten Zyklus *Frauen-Liebe und Leben* an. Der ist eineinhalb Jahre früher geschrieben worden. Hier ist das Sentimentale vorherrschend; man kann mit Rudolph Borchardt von »künstlichen Beseligungen« sprechen. Seine Bedeutung in der Biographie des Dichters mag darin liegen, daß die Zeit der Entfremdung zwischen den Gatten überwunden war, und wer sehr interpretationsbegierig ist, könnte aus der überspannten Tonart etwas wie ein schlechtes Gewissen des poetischen Hausvaters heraushören. – *Lebens-Lieder und Bilder* jedenfalls sind frischer und in ihren besten Stücken Abbilder herzlicher Vaterfreuden. Nur gegen Ende treten seltsame Phantasiebilder hervor: Auszug des Mannes in den Kampf, Hektor und Andromeda, Krieg und Tod – »Bestreut mit Eichenlaub die Bahre dort . . .«

Als im Oktober 1832 das sechste Kind, der Sohn Hermann, in der Wiege liegt, schreibt der Vater ein Gedicht »Der Klapperstorch«, das sich in den ersten Strophen in lustigem Ton an die Geschwisterschar wendet. Aber im Schreiben wandelt sich der Scherz in Ernst:

Als ich so schrie, wie du nun schreist, die Zeiten waren
Nicht so, wie sie geworden sind,
Geduld, Geduld! und kommst du erst zu meinen Jahren,
So wird es wieder anders, Kind!

Da legten sie, mit gläub'gem Sinn, zu mir dem Knaben
Des Vaters Wappenschild und Schwert;
Mein Erbe war's, und hatte noch, und sollte haben
Auf alle Zeiten guten Wert.

Ich bin ergraut, die alte Zeit ist abgelaufen,
Mein Erb ist worden eitel Rauch.
Ich mußte, was ich hab und bin, mir selbst erkaufen,
Und du, mein Sohn, das wirst du auch.

Man weiß, daß der häusliche Zyklus *Lebens-Lieder und Bilder* von Hitzig mit Korrekturen versehen worden ist. Keine schönenden Veränderungen, wie er sie gelegentlich als Herausgeber der Briefe vorgenommen, Adelbertinische Derbheiten mildernd, sondern mit fein entwickeltem Sprachempfinden an einigen Stellen ein Wort durch ein treffenderes ersetzend, auch das Versmaß überwachend.

Es ist vielleicht kein Zufall, daß Hitzig gerade an diesen dem Familienleben gewidmeten Gedichten so stark Anteil genommen hat. »Vater Ede« war so etwas wie das Oberhaupt einer Großfamilie, der die Chamissos angehörten. Des Dichters Jugendwunsch, er wolle dereinst seine Hütte an Hitzigs Wohnung anlehnen, hat sich fast wörtlich erfüllt. Seine Antonie war in Hitzigs Familie aufgewachsen, so war sie ihrem künftigen Mann von klein auf vertraut; ihre Tante hat dem früh verwitweten Hitzig den Haushalt geführt. Chamisso hat an Hitzigs Schicksal den wärmsten Anteil genommen; er sah die Kinder heranwachsen. Als er einmal die Schönheit einer Hitzig-Tochter preist, winkt der Vater energisch ab. Der Dichter erwidert ihm mit einem gereimten Zwiegespräch:

Ede:

Du, komm uns nicht mit solchen Sachen
....
Du wirst sie mir noch eitel machen . . .

Adelbert:

Ede, das verstehst du schlecht,
Du kannst dem Spiegel nicht verwehren,
Ihr vorzuschmeicheln ihr Gesicht . . .

So konnten sie miteinander lachen. Hitzigs unter allen Umständen bewährte Treue und seine Erfahrung, Tüchtigkeit und Findigkeit in allen praktischen Dingen sind für den Dichter eine mächtige Lebenshilfe gewesen. Ludwig Feuerbach, der später berühmte Anthropologe, in jungen Jahren in Berlin Gast der Mittwochs-Gesellschaft, urteilt über Hitzig:

»ein höchst einfacher, schlichter und gebildeter Mann«; so war er, wir wissen es auch von anderen; seltsam genug bei seiner rastlosen und vielfältigen Tätigkeit.

Hitzig und Chamisso waren Nachbarn. Über das Milieu kann man nirgends Besseres lesen als in den Erinnerungen von Paul Heyse: »Mancher, der das alte Berlin noch gekannt hat, wird sich entsinnen, wie still plötzlich die große Friedrichstraße wurde, wenn man, nach dem Halleschen Tor zu, eine bestimmte Linie passiert hatte. Die Kochstraße zog eine Grenze zwischen Stadt und Vorstadt; diesseits lag der Lärm, jenseits die Stille. Und dieser Wechsel tat unendlich wohl. Die plötzlich beruhigten Nerven ließen erkennen, daß man aus der Zone des Rollwagens in die der schlafenden Droschke getreten war; die Läden hörten auf, die Jalousien fingen an; auf dem Bürgersteig lagen die Marmelspieler und auf dem Fahrdamm lag die Sonne. – Lauter stille Häuser, aber eines war ein allerstillstes: gelb, zweistöckig und mit einer Mansarde auf dem Dach. Auf dem Flur, auch in heißesten Tagen, lag eine schattige Kühle, weiß gescheuerte Stufen führten in den ersten Stock und durch die offen stehende Tür, die in den altmodischen, nach hinten hinausführenden Torweg eingeschnitten war, sah man, über den Hof weg, in einen wenig gepflegten, aber desto behaglicheren Garten hinein. Dies stille gelbe Mansardenhaus, einst das Wohnhaus Hitzigs, das Nachbarhaus Chamissos, der hier halbe Tage lang verkehrte . . . Wir saßen unter dem Nußbaum im Garten, das Kaffeezeug, dazu eine Lampe und Kessel, standen auf dem Tisch, vor uns lag der Buchsbaumgang, in dem einst Chamisso, auf und ab schreitend . . . deklamiert hatte . . .«

Was hier in der Friedrichstraße 235 am längsten an Chamisso erinnerte, war sein Gartenhaus, niederer Bau mit großer Tür, beiderseits ein hohes Fenster, das ganze flankiert von Kastanienbäumen. Hier hat Chamisso in der schönen Jahreszeit am liebsten gearbeitet, viele Gedichte sind hier geschrieben worden. Der erinnerungsschwere Bau hat später einem Komödienhaus als Requisitenraum gedient; 1885 wurde er abgebrochen.

Chamisso war von Natur kein schlechter Haushalter. Er besaß eine eingewurzelte Abneigung gegen Schuldenmacherei. Als preußischer Beamter hatte er in seinem Staat einen sparsamen, jedoch ziemlich zuverlässigen, am Ende seines Lebens sogar ungewöhnlich großzügigen Partner. Die Rechte, die ihm das französische Restitutionsgesetz einräumte, hat er sorgsam wahrgenommen. Er hat jederzeit gewußt, was er seiner wachsenden Familie schuldig war. Legerer war er in Honorarfragen. Ein Brief an seinen Verleger aus dem Jahr 1831: »Über das Honorar werden wir uns leicht einigen; Sie werden es nämlich selbst bestimmen und ich unterschreibe im voraus Ihre Bedingungen. Ich wünschte wohl wie Lord Byron eine oder zwei Guineen für die Zeile zu bekommen und das nicht nur der Ehre, sondern auch des Vorteils wegen, den ich keineswegs verachten möchte. Da es aber nicht sein kann, schreibe ich nicht in Terzinen um reich zu werden, verzichte darauf vom Ehrensold zu leben und nehme ihn nur so neben der Ehre hin.«

Chamisso an de la Foye, 3. Juni 1835: »Mit mir, mein sehr teurer Freund, scheint es auf die Neige zu gehen. Ich habe von der Grippe ein Übel zurückbehalten, das mich untergräbt. Anscheinlich ein Geschwür in der Lunge in der Gegend der rechten Achsel, aus dem ich täglich etliche Tassen Eiter ausleeren muß. Ich magre ab und die Kraft schwindet – sonst ist selbst die Lunge ganz gesund. Verschiedene Versuche ... haben zu nichts gefruchtet und ich gehe jetzt nach dem Brunnenort Reinerz in Oberschlesien, wenig an die Wunder glaubend, die man davon erzählt . . . Ich bin indeß sehr ruhig und heiter, Vater von sieben gesunden Kindern, meine Frau ist wohl, und ›was man in der Jugend sich wünscht, hat man im Alter die Fülle‹ . . .«

Und am 29. März 1837 an denselben: »Ich komme schon spät und müde dazu, an Dich, mein lieber Geselle, zu schreiben, und dennoch will ich es heute tun, denn einmal muß es doch sein. Ich habe dir gesagt, wie elend es mir geht, ich schleppe mich hustend mit meinem Geschwür in der

Brust, aber, was ich nicht geglaubt hätte, die Ärzte haben doch recht, es wird daraus eine bloße Gebrechlichkeit, mit der man sich nur zu befreunden hat, weil man noch ein ganzes Stück Weges zusammengehen kann. Mittlerweile, mein Lieber, geschieht mir Leides am frischen Holze, meine arme Frau liegt mir seit fünf Monaten darnieder – ich will weiter nichts hinzufügen.« Aber auch hier: »Was ich dulde und trage, scheint mir nicht über das vollgestrichene Maß zu gehen . . .«

Der gewaltige Husten, der diesen unersättlichen Raucher durch seine späteren Jahre begleitet hatte, beherrschte mehr und mehr seine Tage und Nächte. Seine von Natur ungewöhnlich starke Gesundheit war seit jener »Grippe« untergraben. Aber er mußte noch den Tod seiner so viel jüngeren Frau erleben.

An Diotima, eine Dame, die Chamisso 1823 in Vorpommern kennengelernt hatte, und die später Gedichte für den Almanach schickte: »Es ist vollbracht. Sie hatte zu Anfang ihrer Krankheit sich mit dem Tode vertraut gemacht, ihn angeschaut, sich darauf vorbereitet und fest und heiter mit mir und andern ihn besprochen. Mit dem Fortschritt der Krankheit war wiederum die süßeste Lebenslust eingetreten. Wir sahen ihrem Hinscheiden zu; sie sprach von den Riesenschritten ihrer Besserung. Am 20. sah sie noch etliche Freundinnen, selbst Männer, die zu mir kamen, und scherzte auf das heiterste. Am 21. morgens nach 6 Uhr erstickte sie schnell ein Blutsturz; wie ich – herbeigeschrieen – hereintrat, bewegte sie noch zweimal ihren Arm, aber das Auge war gebrochen – sie war tot. Während des ganzen Verlaufs ihrer Krankheit ist sie frei von allen krankhaften, grübelnden Ideen und Phantasieen gewesen; gesund an Geist und Seele, der Blick hell, das Gemüt heiter . . .« Ihr Todestag war der 21. Mai 1837.

Später, am 3. April 1838, schreibt er an Christine Friederike Eschholtz in Dorpat: »Auch ich habe den Tod gelernt, und erwarte selber, des Gehabten noch genießend, meine Zeit. Aber ich habe nicht wie Sie alles verloren, meine sieben Kinder sind noch vollzählig da . . . Ich weiß Ihnen nichts zu sagen, Ihnen keinen Trost zu bringen. Das muß man mit Gott und mit sich selber abmachen . . .« Er meint dann, Männer hätten es leichter, solche Schicksalsschläge zu ertragen: »Mein ältester Sohn war mir einmal krank und ich sah seiner Auflösung täglich entgegen – die Mutter hingegen war ganz blind und verstand den Zustand des Knaben nicht. Wir wachten abwechselnd die halben Nächte bei dem Kranken und meine Tage im Hause waren fürchterlich – ich hatte mir aber meine Arbeitsstunden im Herbario vorbehalten, Schlechtendal sorgte dafür, mir alles bloß Mechanische aus dem Wege zu räumen, ich untersuchte, beschrieb, arbeitete mit dem Kopf auf das angenehmste. Das waren Schlafstunden meines Schmerzes. Das war, was mich emporhielt, was mich beschäftigte und stärkte.«

Als Antonie von Chamisso tot war – die Kinder standen im Alter zwischen sechzehn und zwei Jahren – hat eine ihrer älteren Schwestern die Sorge für die Familie übernommen, Chamisso nennt sie in einem Brief an de la Foye (23. Dezember 1837) eine schaffende Hausfrau und treue Mutter der Kinder. »Schwester Emilie hat in den schweren Pflichten, die sie als ein natürliches Erbe übernommen hat, augenscheinlich den Halt gefunden, dessen sie ihre verfehlte Bestimmung entbehren ließ, sie ist seelenberuhigt, befriedigt und bekräftiget . . .«

Die Frage nach Chamissos Religiosität ist von ihm selbst, zehn Wochen vor seinem Tode, in einem Brief an den alten Freund de la Foye beantwortet – so weit man auch beim ehrlichsten Menschen einer solchen Aussage trauen darf. Er bezieht sich zunächst auf sein Bekenntnis im VIII. Kapitel des *Schlemihl.* Es heißt dort, er habe erkannt, »seitdem ich den Philosophen durch die Schule gelaufen, daß ich zur philosophischen Spekulation keineswegs berufen bin, und daß ich mir dieses Feld völlig abgesprochen habe; ich habe seither Vieles auf sich beruhen lassen. Vieles zu wissen und zu begreifen, Verzicht geleistet, und bin, wie Du es mir selber geraten, meinem geraden Sinn vertrauend, der Stimme in mir, so viel es in meiner Macht gewesen, auf dem eigenen Wege gefolgt«.

Er fährt in dem Brief fort: »Unsere ganze Gesittung ist christlich, ich habe, der ich mich vorurteilsfreier als viele glaubte, andere Gesittungen angeschaut, und auch wohl saint-simonistisch versucht, mir eine zusagendere zu erdichten; ich habe mich immer beschämt auf die christliche zurückgeführt gefühlt; auf die Ehe und die Familie, das Verhältnis der Geschlechter, wie sie uns geordnet sind. Papsttum und Pfaffentum widern mich an, meine Vernunft begehrt Volljährigkeitsrecht, ich bin dem Katholizismus entwachsen, und dennoch soll eine Kirche sein, und ein Glaube, scheint es mir, ist nur auf katholischem Wege zu erzielen; mit dem Schlüssel des Gewölbes stürzt das Gebäude ein und ist eingestürzt. Der Zopfprediger, der vom Seidenbau predigt, und der protestantische Mystiker und Zelot (ein widervernünftiges Ding, das es doch gibt) sind nicht mehr von einander zu sichten. Worin soll denn das Christentum bestehn? Jeder antwortet anders . . . Bin ich selber ein Christ? – Ich weiß es nicht.«

Er war nicht frei von Schuldgefühlen, besonders gegenüber der Familie, aus der er stammte. Wie stark diese Bindungen auch in seinem späteren Leben gewesen sind, dem Leben eines Berliner Familienvaters, preußischen Beamten, deutschen Dichters, werden neueste, noch im Gang befindliche Forschungen (Feudel, Pille) deutlicher machen; so die bisher wenig beachtete Bindung an den ältesten Bruder Hippolyte, den Chef der Familie.

Nun hatte Adelbert das Bedürfnis und die Gabe, ganz Persönliches im Gedicht auszusprechen – es ließe sich sehr wohl eine biographische Skizze allein durch eine Auswahl von Gedichten fertigen.

Da ist aus später Zeit, März 1837, das Gedicht »Traum und Erwachen«, in dem alte Bindungen unheimlich stark zu spüren sind. Lebensbilder gleiten im Traum vorüber – das »schwanke Bretterhaus«, ferne selige Inseln, Kadu, »liebwerte, treue Seele sonder Gleichen«, der Kasernenhof, »Herr Leutnant, nach der Wache!«. Endlich: die Heimat, Boncourt, die Schloßkapelle:

Dort kniet ein Weib und betet am Altar.
O meine Mutter! ja du weinst im Stillen
Vor Gott um des verlornen Sohnes willen.

Der einzge bin ich unter deinen Söhnen,
An welchem du nur Schmerz erlebet hast;
Ich konnt an diese Welt mich nicht gewöhnen,
Die sich verschloß dem ungefügen Gast;
Ich taugte nicht in einem Amt zu frönen –
So fiel ich allen und mir selbst zur Last.
Laß, Mutter, mich in Demut und in Treuen
Dir dienen und den Brüdern, und bereuen.

Dunkle, dem hellen Bewußtsein ferne Schuldgefühle. Seltsam auch die letzte Strophe dieses Gedichts, dessen Rhythmen das Leben des Dichters durchschweifen, und das sich nun am Ende mit der nahen Zukunft verknüpft:

So hat euch wohl die Angst zu mir getrieben?
»Wir sind um dich versammelt.« – Alle? – gut!
Laßt mich euch überzählen: sechse, sieben –
Und – sagt mir – eure Mutter? – »Mutter ruht.« –
Das will auch ich; bin müde, meine Lieben.
Drum, fahret wohl! wir sind in Gottes Hut.
Fahrt wohl, ich geb euch allen meinen Segen.
Ich will bequemer mich zur Ruhe legen.

Ungefähr zwei Monate, nachdem diese Verse geschrieben waren, ist die Mutter seiner Kinder gestorben; der Dichter hat ihr Todesdatum nachträglich auf die Handschrift gesetzt. »Gewissermaßen mein Schwanenlied« hat er dieses Gedicht in einem Brief an Freiligrath genannt, und: »Ich kann es nur Freunden mitteilen.« So schrieb er, noch bevor der Tod sein Siegel unter die letzte Strophe gesetzt hatte.

Er hat seine Frau um nur fünfzehn Monate überlebt. Im Frühjahr 1838 erbittet er seine Versetzung in den Ruhestand. Mit dem Rest seiner Kräfte arbeitet er wieder am Musenalmanach; schreibt am 28. Mai an Freiligrath: »Ich habe mich an diesen Musenalmanach gewöhnt, mit dem ich, nach einem tiefen Witz unserer lieben Sprache, meine liebe Not habe. Wenn Rückert, Sie und Lenau sich zurückziehen, muß die Bude zugeschlossen werden«. Zwölf Tage später, im letzten seiner Briefe an de la Foye, aus dem wir seine religiöse Confessio zitiert haben, heißt es noch: »Geistiges Schaffen ist die tragendste, die wohltuendste Tätigkeit, wer sie sich nur immer erhalten könnte!« Er hat sie sich erhalten fast bis zum letzten Atemzug.

Am 16. August legt sich der Kranke zu Bett und versinkt alsbald in eine tiefe Bewußtseinstrübung, aus der heraus er bisweilen in fremden Zungen, wie hawaiisch, phantasiert; in seinen letzten Stunden redet er unausgesetzt französisch. Nur für die Dauer einer halben Stunde hat er noch einmal das Bewußtsein erlangt; der sofort herbeigeholte Hitzig findet ihn aufrecht sitzend, mit einem den Almanach betreffenden Brief beschäftigt. – Am 21. August, früh um sechs Uhr, geht er auf jene letzte Reise, zu der wir alle abgeholt werden.

Die Berliner *Vossische Zeitung*, der Text wurde von anderen deutschen Blättern übernommen: »Diesen Morgen hat unsere Stadt durch den Tod Adelbert von Chamissos einen in dem Gebiete des Wissens wie der Dichtkunst gleich schmerzlichen Verlust erlitten. Als Dichter hatte Chamisso in den späteren Jahren seines Lebens eine Popularität gewonnen, wie sich wenige Deutsche deren rühmen durften . . .« Es folgt ein Abriß des Lebenslaufs . . . »Seit mehreren Jahren schon war er von einem peinigenden Brustübel heimgesucht, das schon vor drei Jahren eine traurige Krisis erwarten ließ. Dennoch mußte er den Schmerz ertragen, daß seine anscheinend in Gesundheit blühende Lebensgefährtin ihm voranging. Ein Nervenfieber, das sich seinem chronischen Leiden zugesellte, zerstörte seinen übrigens noch kraftvollen Körper im Laufe einer einzigen Woche. Seine letzte literarische Arbeit war eine mit von Gaudy gemeinschaftlich herausgegebene Übersetzung der Lieder Bérangers. Sie konnte nicht in glücklichere Hände fallen.«

Seine Beisetzung erfolgte nach seinem letzten Willen »ganz ohne Prunk und in der Stille« an der Seite seiner Frau auf dem

Friedhof am Halleschen Tor. Das Grab deckt ein einfacher Stein, getreu den Versen von der Rückkehr:

> Wann müd am Abend seine Augen sinken,
> auf deinem Grunde laß den Stein ihn finden,
> darunter er zum Schlaf sein Haupt verberge.

Er hatte sein Haus bestellt. Nach dem Tode seiner Frau hat er ein ausführliches Testament gefertigt; verantwortungsbewußt, altväterisch. Er vermacht sein kleines Vermögen den Kindern, setzt hinzu: »Ich ermahne Euch, meine Kinder, ernst und nachdrücklichst, wohl eingedenk zu sein, daß Euch, Eurer Seits ganz unverdient, solches zu Teil wird, und daß Ihr den Vorschuß, den Euch das Leben liefert, als eine heilige Schuld abzutragen habt. Ich erbete auf das Haupt meiner Kinder den Segen Gottes und die Gnade der Fürsten, unter denen sie leben werden.« Es folgen Bestimmungen und Bitten, die Schwägerin Emilie betreffend. Man liest dann: »Ich bestimme nichts über die Zukunft meiner Kinder. Die Welt, in der ich gelebt habe, ist eine andere gewesen, als die, für die ich erzogen worden, und so wird es ihnen auch ergehen. Meine Söhne sollen sich befähigen, sich auf sich selbst, in verschiedenen Lebensbahnen und Landen, vertrauen zu können. Tüchtigkeit ist das zuversichtlichste Gut, das sollen sie sich erwerben. Ich wünsche, daß sie studieren, insofern sie dazu die Mittel haben; bin es aber ganz einverstanden, wenn der eine oder der andere zum bürgerlichen Gewerbe übergehen will. Die Zeit des Schwertes ist abgelaufen, und die Industrie erlangt in der Welt, wie sie wird, Macht und Adel. Auf jeden Fall, besser ein tüchtiger Arbeitsmann, als ein Scribler [Schreiber] oder Beamter aus dem niederen Trosse.«

In einem Codicill regelt er noch Näheres über die Fortsetzung des Haushalts. Es steht darin der Satz: »Namentlich soll Emilie nie des gewohnten und ihrer Gesundheit nötigen täglichen Glases Weines entbehren.« – Das Testament ist unterzeichnet: Französisch »Louis Charles Adelaide de Chamisso de Boncourt« und deutsch »Adelbert von Chamisso«.

Die Beschreibung des Lebens dieses denkwürdigen Mannes ist beendet. Die Schicksale der sieben Kinder sind nicht Gegenstand dieser Biographie. Gesagt sei nur, daß alle herangewachsen sind und ein nicht unwürdiges Leben geführt haben. Nachkommen leben noch heute, wenn auch nicht so zahlreich wie die blühenden Geschlechter der nach Frankreich heimgekehrten Geschwister.

Aus der späteren Zeit soll nur eine Episode um ihres anekdotischen Reizes willen erzählt werden. Im Kriege 1870 haben auf beiden Seiten Männer aus diesem Clan gekämpft. Ein französischer Chamisso, Offizier, fiel in preußische Gefangenschaft und wurde bis zum Friedensschluß auf Ehrenwort zu seinen deutschen Verwandten entlassen. Adelberts zweitältester Sohn Max, wiewohl bereits 48 Jahre alt, war als Rittmeister dabei, und der Zufall hat sein Regiment durch die Kinderheimat seines Vaters geführt. Jahre später hat ihm das ein französischer Cousin, Frédéric de Chamisso de Villers (1805-1882) in einem gravitätischen Brief vorgeworfen. »Mon cher ami« spricht er den Preußen an, um sodann mit ihm umständlich ins Gericht zu gehen. Erstens macht er ihm zum Vorwurf, überhaupt an dem Krieg gegen das Land seiner Väter teilgenommen zu haben. Vor allem aber: Max habe sich in der Stammheimat der Chamisso »anmaßender aufgeführt als die anderen Preußen«, er spricht von »einigen Anekdoten zu Deinen Lasten« (leider nur mit dieser allgemeinen Wendung) und macht ihm endlich den Vorwurf, er habe in Malmaison – einem Besitz der Familie – den Champagner aus dem Keller ausgetrunken, dies im Zimmer seiner Cousine Caroline, wo er zudem die Schubladen aufgezogen habe. – Mein Gott, seufzt, wer die Kriege unsres Jahrhunderts erlebt hat, was für Kavaliere müssen anno 1870 die Klingen gekreuzt haben!

Der Brief des alten Herrn schließt mit Familienneuigkeiten und Artigkeiten. Die Vorwürfe erlauben den Schluß, daß Max – ein gewaltiger Bursch, stark, fest, unbändig, hat ihn der Vater genannt – sich auf dem Grund und Boden seiner Familie in der Champagne wie zu Hause gefühlt hat.

Epilog

Das Leben eines ganz und gar ungewöhnlichen Menschen liegt vor dem Leser ausgebreitet. »Die Persönlichkeit eines solchen Mannes würde der allgemeinsten Teilnahme wert sein, auch wenn er nie einen Vers gemacht hätte«, bemerkt Gustav Freytag. Viele Zeitgenossen und Nachgeborene haben ihn erkannt – Heinrich Heine, Friedrich Hebbel, Thomas Mann –, um von seinen Bewunderern die scharfsinnigsten, scharfzüngigsten zu nennen. Bismarck wollte seine Gedichte stets griffbereit haben.

Dichtung und Wahrheit durchdringen sich in Chamissos Leben aufs innigste. Er flieht aus einer dunklen Lebensstunde in die Märchenfigur seines Peter Schlemihl und schickt diesen Pechvogel, um ihn nicht im Gram versinken zu lassen, in Siebenmeilenstiefeln in Tundren und Tropenwälder. Wenig später nimmt sein Leben dieselbe Wendung; drei Jahre hindurch umkreist er die Erde in einer Nußschale von Segelschiff. – Dutzende seiner Gedichte spiegeln gänzlich Persönliches.

Er war ein Mensch in seinem Widerspruch – das ist freilich nichts Ungewöhnliches, aber die Widersprüche sind tief angelegt in diesem Mann. Die Sehnsucht des Enterbten, Unbehausten nach Heimat und Geborgenheit. Der lebenslange innere Widerspruch des Franzosen-Deutschen. Die begnadete Fähigkeit zur Freundschaft und die Manieren eines Igels (seine fürchterliche Raucherei ist ja auch ein Mittel, sich die Leute vom Leib zu halten; mehr als ein Mittel, eine Demonstration). Die Flucht vor dem Geschrei und dem Gehabe der Menschen als die tiefe Ursache seiner Wendung zur Botanik. In seiner Poesie »der schroffe, fast pathologische Gegensatz zwischen der sylphidischen Zartheit . . . und einer wahren Sucht nach starken, ja gräßlichen Gegenständen auf der anderen Seite« (Thomas Mann).

Männliche Härte und überquellendes Gefühl, auch das ist ein Widerspruch (oder scheinbarer Widerspruch) im Charakter dieses Mannes. In dem Chamisso gewidmeten Gedicht »Einem Toten« von Dingelstedt heißt es:

> Er selbst ein Fels mit scheitelrechten Wänden,
> »Salas y Gomez« ragt er aus der Flut
> Von Wellendrang umbraust an allen Enden.
> Doch in dem Steine schlägt ein Herz voll Glut,
> Ein Herz, das hält die ganze Welt umschlungen,
> Dran, wie an Vaterbrust, die Menschheit ruht.
> Wer hat ihr Leid so laut, wie du, gesungen . . .

Heine hat ein ähnliches Bild gebraucht: »Chamissos Tränen sind vielleicht rührender, weil sie, gleich einem Quell der aus dem Felsen springt, aus einem weit stärkeren Herzen hervorbrechen.«

Ein solcher Mann ist wert, daß man sich seiner erinnert. Es ist einem wohl in seiner Gegenwart.

Anhang

Dank des Verfassers und Literaturnachweis

Der Verfasser wurde von verschiedenen Seiten aufs bereitwilligste unterstützt. Dank schulde ich besonders Frau Dorothea von Chamisso, die mit mündlichen und schriftlichen Auskünften meine Arbeit aufs schönste gefördert hat. In Herrn Prof. Volker Hoffmann habe ich einen so sachkundigen wie hilfsbereiten Gesprächspartner gehabt. Dank schulde ich ferner Damen und Herren vom Deutschen Literaturarchiv Marbach, von der Württembergischen Landesbibliothek Stuttgart und der Handschriftenabteilung der Staatsbibliothek, Preußischer Kulturbesitz, Berlin.

An *Werkausgaben* wurden benutzt in erster Linie: Adelbert von Chamisso, *Sämtliche Werke in zwei Bänden,* Textredaktion Jost Perfahl, Anmerkungen und Nachwort von Volker Hoffmann, München 1975.
Weiter wurden herangezogen:
Chamissos Werke, 3 Bände, Hg. Hermann Tardel, Leipzig und Wien o. J.
Adelbert von Chamisso, *Werke in zwei Bänden,* Hg. Ulrike Wehres und Wolfgang Deninger, Zürich 1971.

Chamisso-Literatur.

Chamisso, Adelbert von, *Reise um die Welt* (Hg. Walther Migge), Stuttgart 1970.

Leben und Briefe von Albert von Chamisso (Hg. Julius Eduard Hitzig), 2 Bände, Leipzig 1839.

Chamisso/Schwab, *Musenalmanach,* Leipzig 1832, 1833, 1834, 1835.

Chamisso, Adelbert von, und Chézy, Helmina von, *Bruchstücke ihres Briefwechsels,* Berlin 1923.

Chamisso, Dorothea von/Timler, Friedrich Karl, *Chamissos Berliner Zeit,* Berliner Forum 4/82.

Chamisso, Actes des journées franco-allemandes des 30 et 31 mai 1981, Centre d' Études Argonnais, Sainte-Menehould 1982.

Feudel, Werner, *Adelbert von Chamisso,* Leipzig 1980.

Hoffmann, Volker, »Künstlerselbstzeugung durch Metamorphose«, in: *Gedichte und Interpretationen,* Bd. 4, Stuttgart 1973.

Hoffmann, Volker, *»Drücken, Unterdrücken – Drucken« Zum Neubeginn von Chamissos politischer Lyrik,* in: Jahrbuch der deutschen Schillergesellschaft 20/1976.

Rath, Philipp, *Bibliotheca Schlemihliana,* Berlin 1919.

Schmid, Günther, *Chamisso als Naturforscher, eine Bibliographie,* Leipzig 1942.
Schneebeli-Graf, Ruth (Hg.), *Adelbert von Chamisso: »... und lassen gelten, was ich beobachtet habe«,* Naturwissenschaftliche Schriften, Berlin 1983.
Schulz, Gerhard, *Zu Chamissos 200. Geburtstag,* FAZ 31.1.81
Ferner konnte ich Einblick nehmen in die Inaugural-Dissertation von Jürgen Schwann, *Vom Faust zu Peter Schlemihl,* Mannheim 1982.
Ausgewertet wurden weiterhin die Chamisso-Sammlung E. F. Kottmann in der Staatsbibliothek Berlin sowie der Bestand in der Handschriftenabteilung des Deutschen Literaturarchivs Marbach.
Texte von Goethe, Heine, Herder, Alexander von Humboldt sind nicht näher bezeichnet.

Reisen, Naturwissenschaftliches

Bitterli, Urs, *Ethnologie und Kolonialismus.* NZZ 22.7.83
Cook, James,*Entdeckungsfahrten im Pacific. Die Logbücher der Reisen von 1767 bis 1779,* (Hg. A. Grenfell Price), Stuttgart 1975
Ebel, W., *Vorlesungen über Land- und Seereisen, gehalten von Herrn Professor Schlözer, nach dem Kollegheft des stud. jur. E.F. Haupt (WS 1795/96),* Göttingen 1964.
Egli, Emil, *Johann Reinhold Forster,* NZZ 15.10.82
Futer, Eduard,*Zum hundertsten Todestag Alexander von Humboldts,* NZZ 2.5.59.
Gette, Paul-Armand, *Der zweite Adam, Carl von Linné,* FAZ 7.1.78.
Jessen, Karl, *Botanik der Gegenwart und Vorzeit,* Leipzig 1864, Neuausgabe Waltham, Mass. 1948
Koeppen, Wolfgang, *Peter Schlemihl, Weltumsegler,* FAZ 14.6.75.
von Kotzebue, Otto, *Entdeckungsreise in die Südsee und nach der Bering-Straße,* 2 Bde, Weimar 1821.
Schlechtendal, Dietrich Franz Leonhard von (Hg.), *Linnaea. Ein Journal für die Botanik, Bd. 1-9,* Berlin 1826-1834.
Minaty, Wolfgang , *Die ersten Eisenbahngedichte,* NZZ o.D.
Schneebeli-Graf, Ruth, *Bericht über eine Expedition,* NZZ 11.9.81.
Schramm, Percy E., *Kaufleute zu Haus und über See,* Hamburg 1949.
Scurla, Herbert (Hg.), *Auf Kreuzfahrt durch die Südsee,* Berlin (Ost) 1980.
Timler, Fr. Karl, *Der Berliner Botanische Garten,* Berliner Forum 7/78.
Wuthenow, Ralph, *Reise, Vernunft, Republik* (Gg. Forster), FAZ 19.4.69.

Berlinisches

Ausstellungskatalog *»Preußen, Versuch einer Bilanz«,* 5 Bände, Hamburg 1981.
Deutsches Archäologisches Institut, Ausstellungkatalog *»Berlin und die Antike«,* Ergänzungsband Aufsätze, Berlin 1979.

Arendt, Hannah, *Rahel Varnhagen,* München 1981.
Arnim, Achim und Bettina von, *Briefwechsel,* 2 Bde, Frankfurt 1961.
Brost, H. und Demps, L., *Berlin wird Weltstadt,* Stuttgart 1981.
Burckhardt, Jacob, *Briefe* (Hg. Max Burckhardt), Bd. 1, Basel 1949.
Fontane, Theodor, »Zwischen zwanzig und dreißig, Die Märker und die Berliner«, in: *Wanderungen durch die Mark Brandenburg,* Sämtliche Werke (Hg. Walter Keitel), Bd. 3, München 1968.
Hensel, S., *Die Familie Mendelssohn,* Bd. 1, Berlin 1908
Hermann, Georg, *Das Biedermeier im Spiegel seiner Zeit,* darin Beiträge von Felix Eberty, Ludwig Feuerbach, Caroline von Fouqué, Joel Jacoby, Paul de Lagarde, Oldenburg 1965.
Kleist, Heinrich von, *Werke und Briefe* (Hg. Helmut Sembdner), 2 Bde. München 1961.
Knobloch, Heinz, *Herr Moses in Berlin,* Berlin (Ost) 1982.
Köhler, R. und Richter, W., *Berliner Leben 1806-1847,* Berlin (Ost) 1954.
Scurla, Herbert, *Rahel Varnhagen,* Düsseldorf 1978.
Varnhagen, Rahel, *Briefwechsel,* (Hg. Friedhelm Kemp), 4 Bde, München 1979.

Sonstiges

Abegg, Johann F., *Reisetagebuch 1798,* München 1981.
Allgemeine deutsche Biographie, Bd. 12, Leipzig 1880.
Becker, Sophie, *Elise von der Reckes Reisen durch Deutschland,* Stuttgart o.J.
Champigneulle, Bernard, *Loire-Schlösser,* München 1965.
Fontane, Theodor, *Wanderungen durch die Mark Brandenburg,* 3 Bände, in: Sämtliche Werke (Hg. Walter Keitel), München 1966.
Freytag, Gustav, *Aufsätze zur Geschichte, Literatur und Kunst,* Bd. 16 der Gesammelten Werke, Leipzig 1897.
Hebbel, Friedrich, *Kritische Arbeiten,* Bd. 10 der Sämtlichen Werke, Berlin 1904.
Hoffmann, E. T. A., *Briefe* (Hg. R. Wiener), Wien 1922.
Huch, Ricarda, *Die Romantik,* Tübingen 1956.
Laukhard, F. C., *Leben und Schicksale,* (Hg. V. Petersen), 2 Bde, Stuttgart 1908.
Mann, Thomas, *Schriften und Reden zur Literatur, Kunst und Philosophie,* Bd. I, Frankfurt 1968.
Pange, Pauline de, *August Wilhelm Schlegel und Frau von Staël,* Hamburg 1940.
Schmidt, Arno, *Fouqué,* Frankfurt 1975.
Schubart, C. F. D., *Chronik 1790,* Stuttgart 1790
Varnhagen von Ense, K. A., *Denkwürdigkeiten des eigenen Lebens,* Berlin (Ost) 1951.

Personenregister

D

E

F

N

O

P

R

W

Z

Peter Lahnstein im List Verlag

Schwäbisches Leben in alter Zeit
Ein Kapitel deutscher Kulturgeschichte (1580 – 1800).
475 Seiten mit einer Zeittafel, einem Literaturnachweis und einem Ortsregister sowie einer historischen Karte auf dem Vorsatz. Leinen.

»Vergangene Lebenswirklichkeit erschließt sich so konkret und unmittelbar. Kurz: Lahnstein hat ein vorbildliches historisches Sachbuch geschrieben.«
Südwest Presse

Auf den Spuren von Karl V.
352 Seiten mit 38 Abbildungen, davon 11 in Farbe. Leinen.

»... So kann man, höchst sinnvoll, über versunkene Zeiten schreiben ... Eine Kulturgeschichte der Zeit also, neben der politischen. Des weiteren – und diese Verbindung hätte ich kaum für möglich gehalten – ein Reiseführer. Für Spanien der beste, den ich mir überhaupt denken kann.«
Golo Mann in der FAZ

Schillers Leben
479 Seiten mit Register. Leinen.

»... das macht Lahnsteins Darstellung nicht nur lebendig, sondern auch prägnant: auch der mit Schiller einigermaßen Vertraute erfährt immer wieder Neues, aber es wird ihm nicht in der schwerlötigen Angelegenheit des auf seine Belesenheit stolzen Dozenten vorgetragen, sondern, gleichsam nebenbei, im Vorbeigehen zugesteckt.«
Stuttgarter Zeitung